目 录
CONTENTS

中小学教师

美育八堂课

柯汉琳　　主编

何为美育　　美育何为　　如何美育

……

本书和你说……

SPM
南方传媒　岭南美术出版社

中国·广州

图书在版编目（CIP）数据

中小学教师美育八堂课 / 柯汉琳主编. —广州：
岭南美术出版社，2024.1
ISBN 978-7-5362-7639-0

Ⅰ.①中… Ⅱ.①柯… Ⅲ.①中小学—美育—
师资培训—研究 Ⅳ.①G40-014②G635.12

中国国家版本馆CIP数据核字(2023)第000592号

主　　编：柯汉琳
副 主 编：周小蓬　陈立群　林　晖
参编人员：（按姓氏笔划排序）
　　　　　王晓通　古晓君　吕珍珍　刘宇翔　沈文秀
　　　　　陈醒芬　林炜娜　夏雪景　董　娜　韩　后
　　　　　曾　洁　谢　诚　熊怀苑
出 版 人：刘子如
责任编辑：王效云　彭　辉
责任技编：谢　芸
责任校对：王　悦

中小学教师美育八堂课
ZHONGXIAOXUE JIAOSHI MEIYU BA TANG KE

出版、总发行：岭南美术出版社（网址：www.lnysw.net）
　　　　　　　（广州市天河区海安路19号14楼　邮编：510627）
经　　　销：全国新华书店
印　　　刷：广州市一龙印刷有限公司
版　　　次：2024年1月第1版
印　　　次：2024年1月第1次印刷
开　　　本：787 mm×1092 mm　　1/16
印　　　张：15.75
字　　　数：264.5千字
印　　　数：1—3000册
ISBN 978-7-5362-7639-0
定　　　价：65.00元

五

学校美育

六

教师素养

七

艺术欣赏

八

阅读推荐

时代
呼唤
美育

近年来，"美育"成了一个热门话题，大家都在谈论美育，中小学美育的氛围空前浓厚，美育实践分外活跃。这是对时代呼唤的回应——时代呼唤着美育，我们回应着时代的呼唤。

我们期盼着美伴随着美育的广泛开展遍布我们的生活，永驻人的心灵之中。

如果说，没有美，世界是残缺的，生活是枯燥的，人生是乏味的；那么，没有美育，教育就是蹩脚的、不完整的。

我在《美学原理》中曾写道：社会进步的标志，不仅仅体现在物质文明上，而且体现在人的精神文明上；社会主义的现代化，不仅仅表现于科学技术、物质生产的现代化，也表现于人的现代化，而且首先在于人的现代化。没有高素质的现代化的人，就没有社会主义的现代化。

所谓高素质的现代化的人，应该是具有与现代科学文化水平相适应的道德情操、专业知识修养、身体素质和人文素养、审美素养的人。

我们教育的培养目标，从根本上说，就是要"培养德、智、体、美、劳全面发展的社会主义建设者和接班人"。这里的"美"指的是人的审美素质，包括正确的审美观念、高尚的审美情操、健康的审美情趣和丰富的美感能力、审美创造能力。没有"美"的素质、"审美"的素质，人就不健全，就不是全面发展的人。

人的"美"的素质要借助客观存在的"美"来培育。因为美是纯洁道德、丰富精神的重要源泉，而美育就是用"美"陶冶人的情操、提高人的审美素质的特殊教育方式。

所以，要造就高素质的全面发展的现代化社会主义新人，不仅要有切实的道德教育、智力教育、劳动教育的推进，也要有以培养人正确的审美观念、高尚的审美情操、健康的审美情趣和丰富的美感能力、审美创造能力为目标的生动的审美教育。

学校是最重要的教育阵地，美育是学校教育不可或缺的组成部分。没有美育的学校，教育是不健全的；学校美育做得好不好，直接关系到能否培养出高素质的全面发展的现代化社会主义新人的战略目标。党中央和国务院一直高度重视美育工作，20世纪90年代以来颁布了一系列专门文件，对加强学校美育工作问题提出了很多重要的指导性意见。例如：

1999年6月13日，《中共中央国务院关于深化教育改革全面推进素质教育的决定》明确把美育纳入教育方针，作为全面素质教育的一个重要组成部分，指出：

> 美育不仅能陶冶情操、提高素养，而且有助于开发智力，对于促进学生全面发展具有不可替代的作用。要尽快改变学校美育工作薄弱的状况，将美育融入学校教育全过程。

2015年，国务院办公厅发出了《关于全面加强和改进学校美育工作的意见》（国办发〔2015〕71号），提出：

> 2015年起全面加强和改进学校美育工作。到2018年，取得突破性进展，美育资源配置逐步优化，管理机制进一步完善，各级各类学校开齐开足美育课程。到2020年，初步形成大中小幼美育相互衔接、课堂教学和课外活动相互结合、普及教育与专业教育相互促进、学校美育和社会家庭美育相互联系的具有中国特色的现代化美育体系。

2017年，党的十九大报告中再次重申，我们的教育方针是培养德、智、体、美、劳全面发展的社会主义建设者和接班人。

2019年，教育部发出《关于切实加强新时代高等学校美育工作的意见》（教体艺〔2019〕2号），强调：

美是纯洁道德、丰富精神的重要源泉。学校美育是培根铸魂的工作，提高学生的审美和人文素养，全面加强和改进美育是高等教育当前和今后一个时期的重要任务。

以习近平新时代中国特色社会主义思想为指导，全面贯彻党的教育方针，坚持马克思主义指导地位，坚持中国特色社会主义教育发展道路，坚持社会主义办学方向，坚持明德引领风尚，落实立德树人根本任务，引领学生树立正确的审美观念、陶冶高尚的道德情操、塑造美好心灵，切实改变高校美育的薄弱现状，遵循美育特点，弘扬中华美育精神，以美育人、以美化人、以美培元，培养德智体美劳全面发展的社会主义建设者和接班人。

2020年10月，中共中央办公厅、国务院办公厅联合发出《关于全面加强和改进新时代学校美育工作的意见》，提出：

以习近平新时代中国特色社会主义思想为指导，全面贯彻党的教育方针，坚持社会主义办学方向，以立德树人为根本，以社会主义核心价值观为引领，以提高学生审美和人文素养为目标，弘扬中华美育精神，以美育人、以美化人、以美培元，把美育纳入各级各类学校人才培养全过程，贯穿学校教育各学段，培养德智体美劳全面发展的社会主义建设者和接班人。

党中央对美育工作的高度重视，有力地推动了学校美育工作的深化发展。

美育不仅对于培养高素质的现代化的社会主义新人具有重大意义，而且对提高整个民族的审美素质、促进社会文明的发展具有深远的意义。一个社会如果不重视美育，这个社会就不可能成为一个文明的社会，甚至会成为一个野蛮的社会。

我们的学生乃至我们的国民、族群，大部分人是具有一定的审美素质的，但是仍然存在着不少"美盲"。那种美丑不分、以丑为美的现象，在我们的生活中、在我们的青少年学生中仍然屡见不鲜。

从正反两方面来看，加强审美教育，是我们的迫切任务，是时代的呼唤。我们要通过美育，把美带进我们的生活中，融进我们每个人的心灵中，特别是让美永驻青少年的心灵中，使青少年健康成长。

这些道理，我们从事中小学基础教育的老师们是非常清楚的，对美育工作也是非常重视的。但是，由于一些条件的局限，我们有些老师对美育的基本理论和知识还缺乏深入了解，在实施美育的过程中仍感到有不少困惑亟待解答。为此，我们编写了这本书，试图与大家分享我们的理解、认识，也许我们解答不了所有困惑问题，但通过交流，一定可以有所收获。

　　本书的编写力求摒弃高头讲章的学究做派，尽力做到深入浅出、通俗易懂，也颇希望采用生动活泼的语言表达，但书成之后回头阅读，仍不尽人意，我们期待着老师朋友们和广大读者批评指正。

柯汉琳

2022年10月

何为
美育

什么是美育？美育与美学是同一个概念吗？美育与艺术教育的关系如何？美育是理论还是实践活动？美育的根本目标和任务是什么？……下面我们就先从这些常识性问题说起。

（一）美育内涵

1. 美育概念

美育（英文Aesthetic Education；德文Aesthetische Erziehung），也叫审美教育、美感教育，即以美育人、以美化人、以美立人的教育。

美育这个概念，在西方是德国美学家、戏剧家席勒（J. C. F. Schiller，1759—1805）于1795年出版的第一部以美育为研究对象的理论著作《美育书简》一书中首次提出来的，他给美育下此定义："由美的对象产生美，这就是美育。"[①]他说的"美的对象"指用作教育手段的"美"，就是"以美育人"中的"美"；"产生美"中的"美"，指"人的美"或"美的人"。就是说，在席勒看来，美育是一种以"美"为手段，即以作为"美的对象"的艺术美等为手段教育人而产生美的、完整的人的教育。

---

① 席勒. 美育书简[M]. 徐恒醇，译. 北京：中国文联出版社，1984：93.

席勒给美育下的定义，有其特定的内涵（下文阐述），但基本表述是中肯的。

"美育"这一概念在使用上有两种不同意义：

一种是实践意义上的"美育"，指用美对人实施教育的活动及其过程，如进行"诗教""乐教"等实践活动。

另一种是理论意义上的"美育"，指对用美实施教育活动这种实践的规律、特点、方法、途径等问题进行研究所形成的理论形态，即"美育论"或"美育学"。普通美学原理、美学概论中一般都有一章"美育"或"审美教育"的内容，那就是"美育论"或"美育学"。

美育理论来自美育实践，美育实践离不开美育理论的指导。美育的完整内涵应该是上述两种意义的统一。正如《哲学大辞典》指出的：

> 美育将理论教育与美的形象教育结合起来……将抽象思维的教育与形象思维的教育结合起来，培养审美感受力、想象力、判断力、理解力和美的创造力。[1]

这就是说，不能把美育仅仅理解为只用艺术和其他美去熏陶、滋润受育者的形象思维而忽视美育理论和知识的教育，更不能把美育仅仅理解为"教"或"学"唱歌、画画、写字、跳舞的技巧、技能教育。美育应该在进行美的欣赏或接受美的熏陶的过程中与美育理论的学习结合、统一起来。这才是"完整的美育"。

必须指出的是，美育固然有实践意义的美育与理论意义的美育，当我们在普通意义上谈论"美育"时，虽然并不把两种意义的美育截然分开，但多指实践意义上的美育，这要根据具体语境来理解。对本书在阐述过程中运用的美育概念，也必须根据具体语境来把握。

与美育概念和内涵相关的，是美育的主客体问题。

在美育活动中，何为"美育主体"，何为"美育客体"？如何理解两者的关系？弄清楚这两个问题，有助于加深对美育概念的理解，也有助于教师在实施美育活动中正确处理"教"与"学"的关系。

---

[1] 金炳华. 哲学大辞典（修订本）·上[M]. 上海：上海辞书出版社，2001：988.

我们知道，一般来说，所谓"主体"，就是作为活动的施动者、承担者；所谓"客体"，就是作为活动的对象、受动者。在一般教育活动中，从"教"的角度说，"教育主体"（"教"的主体）就是承担对他人实施教育的教师，称为"教育者""施教者"；"教育客体"（"受教"的客体）就是接受教育的学生，称为"受育者"。但在美育中，情况是特殊的。前面说过，完整的美育包括美的欣赏、美的熏陶和美育理论、知识的学习，那么，教师"教"学生相关美育理论和知识时，教师无疑就是"教"的主体；但是，在学生进行美的欣赏、接受美的熏陶的过程中，教师不能作为"教"的主体，因为美的欣赏、接受美的熏陶的活动实质上是一种审美活动，而审美活动是一种自我体验活动，是任何他人都不能代替的精神活动，美育教师可以在课堂上提供"美的对象"，例如艺术作品，引导学生欣赏，可以组织学生进行交流，但教师始终无法用自己的审美感受代替学生的审美活动，学生始终是对"审美对象"进行审美的主体。由此可见，美的欣赏、接受美的熏陶的美育从根本上说不是也不能通过他人的说教去实施。

总之，在课堂美育中，当教师对学生传授美育理论知识时，教师是"教"的"美育主体"，学生是"受教"的"美育客体"；当美育进入美的欣赏、接受美的熏陶即审美活动的时候，作为"欣赏者"的学生是"审美主体""美育主体"。

很多时候，美育活动并非一定要在课堂上进行，并非一定要有教师作为主体的存在，美育的"受育者"往往不需要他人在课堂上引导和组织，而是自发地主动进行活动，例如自己打开手机听音乐、自己翻画册欣赏绘画、自己阅读吟咏诗词等，进行"自我美育"。此时，你自己既是美育的"受育者"——美育客体；又是美育的"施动者"——美育主体。

2. 美育思想溯源

要深入理解美育概念及其内涵，必须对人类的美育观念、美育思想和美育理论的渊源有所了解。

前已指出，美育这一概念的提出和系统的美育理论的建立始于近代席勒的《美育书简》。近代以前，西方没有"美育"这个概念，也没有形成比较系统的美育理论形态，但美育观念、美育思想和美育实践却早已存在。

古希腊的美育思想非常丰富，西方美育思想和理论源于古希腊哲学和美学。古希

柏拉图

腊不论是斯巴达的武士教育、雅典的艺术教育，还是柏拉图、亚里士多德等的教育理论，都非常重视美育。

柏拉图（Plato，前427—前347）是西方最早对审美教育提出较为系统看法的古希腊哲学家和美学家。他的美育思想是与其美学思想和政治主张紧密联系在一起的。

柏拉图将理想中的公民分为三等：最高的是哲学家，即国家的最高统治集团的成员；其次是武士；最低的是农工商。这三个等级的人只有各安其位，各司其职，毋相逾越，国家才能有正义和秩序。他认为，国家如此，人性也如此，人性可分为理智、意志、情欲三个等级。理智是人性中最高等级，意志次之，情欲则是人性中最低劣的部分。人性要达到"正义"，也必须像国家一样，使情欲跟意志一直服从理智，受理智的支配和统辖。他理想中的教育就是要培养出"理想国"里的理想的人，而艺术教育、美感教育是培养这种理想的人的重要手段，因为他把艺术看作是感性教育的重要手段，认为艺术能够深入人的心灵深处，使人敏感地看出一切艺术作品和自然事物的美丑，通过赞赏美的事物，并用以滋养自己的心灵，使之高尚优美。所以，他主张寻找一些有本领的艺术家，要"把自然的优美方面描绘出来，使我们的青年们像住在风和日暖的地带一样，四周一切都对健康有益，天天耳濡目染优美的作品，像从一种清幽境界呼吸一阵清风，来呼吸它们的好影响，使他们不知不觉地从小培养起对于美的爱好，并且培养起融美于心灵的习惯"[①]。他特别提到音乐的教育意义，认为从小受到音乐美滋润的人，"性格也会变得高尚优美"[②]。为此，他设想的教育蓝图是，7岁前的教育主要是音乐（儿歌和摇篮曲使人敏感地看出一切艺术作品和自然事物的美丑，并赞赏美的事物等）和儿童游戏的教育；7—

---

① 柏拉图. 文艺对话集[M]. 朱光潜，译，北京：人民文学出版社，1963：62.
② 柏拉图. 文艺对话集[M]. 朱光潜，译，北京：人民文学出版社，1963：63.

18岁的教育是以体操锻炼身体，以音乐陶冶心灵的教育；此后经两年的军事训练，其中大部分成为战士，少数才智优异者再接受10年的心智教育，以培养他们对理念世界绝对真理的兴趣，发展他们的理智，这些人将成为理想国度的政府官员。其中出类拔萃者将继续接受5年的哲学教育，以培养少数能依理念世界的绝对真理治理国家、制定法律的最高统治者。柏拉图的以艺术为手段的审美教育从根本上说是为了节制情欲，使感性服从理性的支配与辖制。

亚里士多德

柏拉图的学生、古希腊哲学家亚里士多德（Aristotle，前384—前322）在审美教育的思想观念上比柏拉图前进了一大步。如果说，柏拉图美育思想中的理想人格是理智处于绝对统治地位，而情感与欲望受到压抑的话，那么，亚里士多德却是主张理智与感性两种心理功能全面和谐发展的人格。

亚里士多德认为，人的本能、情感、欲望与理性一样都是人性固有的，应给予适当的满足，而不应受到排斥或压抑。艺术教育和审美教育只有满足人的这一自然要求，才能有利于人格的健康发展，有益于社会。亚里士多德是历史上第一个肯定快感的合理性并为之辩护的思想家，他认为人的快感有几种来源，有因模仿而来的快感，有因节奏与和谐而产生的快感，还有因情感受到净化而产生的快感。音乐、悲剧等艺术都具有这种对人的情感的净化作用。他在《诗学》中认为悲剧是借引起怜悯和恐惧来使这种情感得到陶冶；在《政治学》中特别论述了音乐对情感的净化作用，认为不同音乐的乐调可以净化不同的情绪，如宗教的迷狂情绪。过度的热情、哀怜与恐惧的情绪受到音乐的触动，得到净化，心理就感到一种轻松、舒畅的快感，"一种无害的快感"①。可见，在亚里士多德那里，审美教育不是压抑情感强调理性的教育，而是情感的教育，是一种对情感的陶冶和净化。这种

---

① 北京大学哲学系美学教研室. 西方美学家论美和美感[M]. 北京：商务印书馆，1980：45.

席勒和他所著的
《美育书简》

陶冶和净化，可以使过分强烈的情感和情绪得到宣泄而趋于平静，以保持情感的适度和心理的平衡。

到了古罗马，诗人、文艺理论家贺拉斯（Horatius，前65—前8）提出了艺术教育要"寓教于乐"的著名论断。他在概括文艺的社会功能时说："寓教于乐，既劝谕读者，又使他喜爱，才能符合众望。"[①]他认为，诗人的愿望应该是给人以益处和乐趣，应当把愉快和有益的东西结合在一起，对生活有帮助，使人在快乐中受到教育。贺拉斯通过"寓教于乐"的表述揭示了审美教育的特点，这是有意义的。但他毕竟是一个理性主义者，审美教育在他那里仍然是理性教育的一种手段。

近代西方随着生产力和科学的发展，以及资本主义生产方式的兴起，一方面生产力提高了，社会物质财富增加了；另一方面也造成了劳动的异化和人性的分裂。在这一背景下，德国剧作家、美学家席勒于1795年出版了《美育书简》，在这部被后人称为"第一部美育的宣言书"中，席勒首次提出了美育的概念，并把美育作为克服人性的分裂和实现完善的人格的途径展开阐述。这是西方美学史上第一部把美育作为独立的对象进行理论研究的美学著作，本书的出版标志着独立的美育理论体系的诞生和形成。

在《美育书简》中，席勒从理论上系统阐释了美育的本质、任务及社会意义。席勒从抽象的人性论出发，认为理想的人性应是和谐、自由发展的"完整的人"，这种人的完整性主要表现为感性与理性的统一、必然与自由的统一，以及理想与现实的统一。古希腊人就是这样理想的人。但是，近代文明社会科学技术的严密分工和国家机器造成的等级差别却使人性的内在和谐与完整遭到破坏。"国家与教会、法律与习俗都分裂开来，享受与劳动脱节、手段与目的脱节、努力和报酬脱节。永远束缚在整体中一个孤零零的断

---

① 贺拉斯. 诗艺[M]. 杨周翰，译. 北京：人民文学出版社，1982：155.

片上，人也就把自己变成一个断片了。"①他认为，解决这一危机的根本出路不是进行社会政治、经济领域的改革，而是要改造人性，实现"人格的高尚化"，而只有通过审美教育才能恢复完美的人性。他说："我们为了在经验中解决政治问题，就必须通过审美教育的途径，因为正是通过美，人们才可以达到自由。"②席勒进而指出，人生来有两种冲动：感性冲动和理性冲动。感性冲动的对象是广义的生活，它包括一切物质存在和呈现于感官之前的东西，它要求理性形式获得感性内容，使潜在能力变为现实。理性冲动（又称"形式冲动"）的对象是形象，它包括一切理性形式和理性的法则，它要求感性内容获得理性形式，使变化着的客观世界显出和谐。两种冲动，产生了人的两种相反的要求，造成了感性和理性、个人和社会、主体与客体的分离。也就是说，人性是分裂的。人在自然力量、物质需要和理性法则的双重压迫下，是不自由的。要清除这种人性的分裂和不自由状态，必须实行第三种冲动，即"游戏的冲动"，也就是实施审美教育。因为游戏冲动的对象是活的形象，是美、是艺术，游戏与强迫是对立的，游戏冲动可以使人们从感性与理性、现实与道德分离的束缚中解放出来，使人成为完整的人。"只是当人在充分意义上是人的时候，他才游戏；只有当人游戏的时候，他才是完整的人。"③席勒把美育看作是培养完美人性和理性的人的一种手段，通过审美教育，"使人由素材达到形式，由感觉达到规律，由有限存在达到绝对存在"。当然，这种通过审美教育来建立自由王国的设想，只能是一种虚幻的空想。尽管席勒的美育理论存在着这种那种局限，但他第一个提出了美育的概念，第一个建立了系统的美育理论，毫无疑问，席勒是现代美育理论的奠基人。

中国古代的美育思想非常丰富，而且"美育"一词早在汉代已经出现。在收入《钦定古今图书集成》第二卷礼乐总部的《中论·艺纪》中，徐干在论述"艺"的教育意义在于其"事成德"与育"艺能"的统一时指出："美育人材，其犹人之于艺乎？"④可见，中国"美育"概念的提出远远早于西方。

不过，美育理念和实践的产生早自先秦时代就开始了。

① 席勒. 美育书简[M]. 徐恒醇，译. 北京：中国文联出版社，1984：51.
② 席勒. 美育书简[M]. 徐恒醇，译. 北京：中国文联出版社，1984：39.
③ 席勒. 美育书简[M]. 徐恒醇，译. 北京：中国文联出版社，1984：90.
④ 徐干. 中论解诂[M]. 孙启治，解诂. 北京：中华书局，2014：124.

孔子

　　中国最早谈及审美教育的是大教育家孔子（前551—前479）。孔子的人格理想的核心是"仁"。《论语·颜渊》云："颜渊问仁。子曰：克己复礼为仁。一日克己复礼，天下归仁焉。为仁由己，而由人乎哉？""克己复礼为仁"是把遵守奴隶制社会等级制度的"礼"作为自觉要求的那种思想境界。

　　在孔子看来，人要达到"仁"的境界必须经过自我的主观修养，而诗与乐就是用来修养自己以达到仁的最高境界的重要手段。孔子说，只懂得"仁"的道理还不行，还要爱好"仁"，更重要的是要对"仁"产生一种内在的愉悦的情感，这就需要诗教与乐教，因为它们可以深入人的内心，感发人的心灵，改变人的性情，使之自觉接受和实行仁道。这就是孔子诗教、乐教美育思想的由来。他说："诗，可以兴，可以观，可以群，可以怨。"朱熹《四书章句集注》说，"兴，起也"，即"兴起好善恶恶之心"。所以，"兴"就是一种感发人的意志、洗涤其胸襟、激励其精神的情感教育作用，也就是一种情感的净化和陶冶作用。孔子认为人的修养是"兴于诗，立于礼，成于乐"，即由诗开始，由乐来最后完成，而这三项实际上都是美育，正如朱光潜在《谈美感教育》中所说："诗、礼、乐三项可以说都属于美感教育。诗与乐相关，目的在怡情养性，养成内心的和谐；礼重仪节，目的在使行为仪表就规范，养成生活上的秩序。蕴于中的是性情，受诗与乐的陶冶而达到和谐；发于外的是行为仪表，受礼的调节而进到秩序。内具和谐而外具秩序的生活，从伦理观点看，是最善

孟子

的；从美感观点看，也是最美的。"[1]

总之，孔子主张要通过诗歌之兴、观、群、怨和音乐的感动来端正人的行为。据《礼记·经解》记载，孔子说："入其国，其教可知也。其为人也，温柔敦厚，《诗》教也。"可见，孔子认为，诗教是培养温柔敦厚的理想人格的方式，诗教与乐教作为审美教育在人格教育中具有重要意义。

孟子（约前390—前305）的美育思想继承了孔子"仁"的理念，一样以"善"为核心，但进一步把"仁"与"爱""美"联系起来。孟子的名言是"仁者爱人"，他在《离娄章句下》中说："君子所以异于人者，以其存心也。君子以仁存心，以礼存心。仁者爱人，有礼者敬人。爱人者，人恒爱之；敬人者，人恒敬之。""仁者爱人"的意思是，"仁者"是充满慈爱之心、满怀爱意的人，是具有大智慧的善良的人。在孟子看来，人格的美就在于以仁为核心的善德观念的充实和表现。在《尽心章句下》中，他说："可欲之谓善，有诸己之谓信，充实之谓美，充实而有光辉之谓大，大而化之之谓圣，圣而不可知之之谓神。"这是孟子提出的"人格美"六境界说。其中"充实之谓美"是孟子对美的本质的认识，即认为人能够把仁、义、礼、智的道德原则扩大到具体的形象和行为上去，把内心的善在言行中表现出来就是美。其美学观是，美必须符合善，善是美的基础。那么，人怎样才能达到这种人格美呢？孟子认为，这就要通过教育来实现。但关键要"善教"，如《尽心章句上》所说，"仁言不如仁声之入人深也，善

① 朱光潜. 朱光潜全集（第4卷）[M]. 合肥：安徽教育出版社，1988：145.

荀子

政不如善教之得民也，善政民畏之，善教民爱之；善政得民财，善教得民心。"其中"仁声"所指，赵岐注曰："仁声，乐声《雅》《颂》也。"显然，孟子强调，"善教"是通过艺术审美如诗、乐之教等艺术教育，即美育的方式去教化大众。

荀子（约前313—前238）也是孔子美育思想的继承者和发挥者。他认为对美的要求是人的本性，具有人类的普遍性，只有符合"礼"，对人来说才有益，才是合理的。他强调通过"乐"的教育作用，使人与人保持和谐、协调的关系。他认为，喜怒哀乐是人先天具有的情欲，但情欲任其发展也是不行的，必须给情欲以引导和节制。诗与乐的审美教育就是要给人的情欲以理性的规范，使之合乎道的要求。

荀子的美育思想在后来的《乐记》（一说《乐记》为公孙尼子作）中得到进一步说明与发挥。《乐记》是中国第一部美学著作，也是儒家美学的重要经典。《乐记》第一次明确提出音乐（艺术）是情感的表现。"乐者，音之所由生也；基本在人心之感于物也。"正因为艺术是情感的表现，所以运用艺术进行审美教育，其直接的作用即在打动人的情感。《乐记》指出艺术的功能是"和同"："乐者为同，礼者为异。同则相亲，异则相敬。"艺术的这种美育功能就是要影响人的情感，使不同的人在情感上融合协同起来，在整体人格上符合社会伦理要求。

中国古代的美育思想虽然非常丰富，但是对美育做较为系统的研究的，却发生于近代以后。

近代随着西方哲学、美学及教育理论的传入，中国美育思想的发展出现了新的契机。这一时期，梁启超、王国维、蔡元培等在继承中国传统美育思想的基础上，吸收了西方的美学和美育理论成果，经过开拓和创新，促进了中国独立的美育理论体系的逐步形成。

近代中国最早提出和使用"美育"一词的学者是蔡元培（1868—1940）。1901年，蔡元培在《哲学总论》中说："教育学中，智育者教智力之应用，德育者教意志之应用，美育者教情感之

蔡元培

应用是也。"①

1912年2月，蔡元培发表了《对于教育方针之意见》，提出"军国民教育""实利主义教育""公民道德教育""世界观教育""美感教育"五育并举的教育方针，他认为，"军国民主义、实利主义、德育主义三者，为隶属于政治之教育"，而美感教育是一种"超轶政治之教育"②。他主张利用美育陶冶人们性情，纯洁人们志趣和品格，提高人们精神境界。该年7月在北京召开的全国临时教育会议，通过了他倡导的民国教育方针，蔡元培将自己的新式教育方针总结为德、智、体、美四育，并论述了四育的关系："注重道德教育，以实利教育、军国民教育辅之，更以美感教育完成其道德"，即德育、智育、体育、美育四育之中，德育是中心，但德育必须有智育和美育的帮助，"美育者，与智育相辅而行，以图德育之完成者也"③。总之，美育就是通过陶养人的感情，使人的情操高尚，智育、德育完成的人格教育。

蔡元培在该文中也称美育为"美感之教育"，并深刻阐述了美感的超然特点和意义。他说："虽然，世界观教育，非可以旦旦而聒之也。且其与现象世界之关系，又非可以枯槁单简之言说袭而取之也。然则何道之由？曰美感之教育。美感者，合美丽与尊严而言之，介乎现象世界与实体世界之间，而为津梁。此为康德所创造，而嗣后哲学家未有反对之者也。在现象世界，凡人皆有爱恶惊惧喜怒悲乐之情，随离合生死祸福利害之现象而流转。至美术则即以此等现象为资料，而能使对之者，自美感以外，一无杂念。例如采莲煮豆，饮食之事也，而一入诗歌，则别成兴趣。火山赤舌，大风破舟，可骇可怖之景也，而一入图画，则转堪展玩。是则对于现象世界，无厌弃而亦无执着也。人既脱离一切现象世界相对之感情，而为浑然之美感，则即所谓与造物为友，而已接触于实体世界之观念矣。故教育家欲由现象世界而引以到达于实体世界之观念，不可不用美感之教育。"

1917年，蔡元培在北京神州学会做了"以美育代宗教说"的演讲，演讲词在1917年8月《新青年》三卷六号上发表。该文比较了美育与宗教的区别，详细分析了宗教的起源和作用。他说："宗教之原始，不外因吾人精神之作用而构成。吾人精神上之

① 欧阳哲生. 中国近代思想家文库·蔡元培卷[M]. 北京：中国人民大学出版社，2014：8.
② 欧阳哲生. 中国近代思想家文库·蔡元培卷[M]. 北京：中国人民大学出版社，2014：111.
③ 蔡元培. 蔡元培美育论集[M]. 长沙：湖南教育出版社，1987：291.

作用，普通分为三种：一曰知识；二曰意志；三曰感情。最早之宗教，常兼此三作用而有之。盖以吾人当未开化时代，脑力简单，视吾人一身与世界万物，均为一种不可思议之事。生自何来？死将何往？创造之者何人？管理之者何术？凡此种种，皆当时之人所提出之问题，以求解答者也。于是有宗教家勉强解答之。"①他认为人类之所以信仰宗教，是因为脑力简单，知识低下，视一切事物均不可思议，于是有"宗教家勉强解答之"，故宗教在社会上形成特别之势力。以后社会文化日渐进步，科学日趋发达，现代人根据科学知识寻求解答，不再以宗教为知识。随着时代的变迁，道德、意志亦与宗教脱离而独立。宗教所余下的只有感情作用，或称"美感"。所以，"以美育代宗教"是历史的必然趋势。作者提出"以美育代宗教"的理论，认为"鉴激刺感情之弊，而专尚陶养感情之术，则莫如舍宗教而易以纯粹之美育。纯粹之美育，所以陶养吾人之感情，使有高尚纯洁之习惯，而使人我之见、利己损人之思念，以渐消沮者也"②。美育是自由的，而宗教是强制的；美育是进步的，而宗教是保守的；美育是普及的，而宗教是有界的；所以应该以美育代替宗教。在此基础上，1930年和1932年，他又先后发表了两篇文章，即《以美育代宗教》和《美育代宗教》，进一步阐述这一基本观点。

此外，蔡元培还发表了一系列谈及美育的其他著作，如《文化运动不要忘了美育》《美育实施的方法》《中国新教育的趋势》《美育》《二十五年来的中国之美育》《美育与人生》等，足见其美育理论之丰富。

王国维（1877—1927）也是中国近代最早提出"美育"概念的学者之一。王国维1904年至1906年在江苏师范学堂任教期间就曾

王国维

---

① 欧阳哲生. 中国近代思想家文库·蔡元培卷[M]. 北京：中国人民大学出版社，2014：219.
② 欧阳哲生. 中国近代思想家文库·蔡元培卷[M]. 北京：中国人民大学出版社，2014：221.

力倡在文科大学的经学、理学、中国文学、外国文学等科中设立"美学"科目。1904年，王国维发表《孔子之美育主义》，提出："夫岂独天然之美而已，人工之美亦有之。宫观之瑰杰，雕刻之优美雄丽，图画之简淡冲远，诗歌音乐之直诉人之肺腑，皆使人达于无欲之境界。故秦西自雅里大德勒以后，皆以美育为德育之助。"[①]

王国维对孔子的美育思想特别肯定，认为"孔子之学说，其审美学上之理论虽不可得而知，然其教人也，则始于美育，终于美育"[②]。在他看来，孔子不仅注重以诗育人、以乐感人的美育，而且倡导学生去体察天然之美，"习礼于树下，言志于农山，游于舞雩，叹于川上，使门弟子言志，独与曾点"[③]，就是主张通过自然的美育达到道德教育的观念。王国维对孔子美育思想的阐释，实际上也表达了自己的美育思想。

1906年，王国维在《论教育之宗旨》中又说："美育者，一面使人之感情发达，以达完美之域；一面又为德育与智育之手段，此又教育者所不可不留意也。"[④]

王国维对审美教育在教育中的独立价值及其特殊性也做了深入的探索。他认为教育的宗旨在于培养"完全之人物"，即"身体能力"和"精神能力"两个方面都得到和谐与全面发展的人。因此，教育也应分为体育和心育两大部分。他认为："最高之理想存于美丽之心（Beautiful Soul），其为性质也，高尚纯洁，不知有内界之争斗，而唯乐于守道德之法则，此性质唯可由美育得之。"[⑤]就是认为美育对促进、培养人的高尚品德具有重要作用。他还对美和美的情感教育的特殊性做了深入的阐述，认为美是无功利性的，即只"可爱玩"而"不可利用"，由美的对象而引起的情感也是一种与功利和欲求无关的"纯粹之乐"，是一种高尚的情感。因此，审美教育在于以美的事物诉诸感情领域，引起无利害的高尚纯洁的快乐，从而达到陶冶情感、完善人格的目的。

梁启超（1873—1929）是最早引进西方美学并把它与中国传统美学思想结合起来的尝试者之一。

1922年4月10日，梁启超在"直隶教育联合研究会"所做的演讲"趣味教育与教育趣味"中虽然没有使用"美育"一词，但他提出了"趣味教育"的概念。梁启超认

①⑤　王国维. 孔子之美育主义[A]// 佛雏. 王国维学术文化随笔[C]. 北京：中国青年出版社，1996：152.

②③　王国维. 孔子之美育主义[J]. 教育世界，1904（1）.

④　王国维. 论教育之宗旨[J]. 教育世界，1906（56）.

梁启超

为，趣味有"下等趣味"和"高等趣味"的区别，有好有坏的区别，高等的趣味、好的趣味才能培养高尚情操；我们的教育就是要把人引导到"高等趣味的路上"①。他认为，"人生在幼年、青年期，趣味是最浓的，成天价乱碰乱进，若不引他到高等趣味的路上，他们便非流入下等趣味不可。没有受过教育的人，固然容易如此；教育教得不如法，学生在学校里头找不出趣味，然而他们的趣味是压不住的，自然会从校课以外乃至校课反对的方向去找他的下等趣味；结果，他们的趣味是不能贯彻的，整个变成没趣的人生完事。我们主张趣味教育的人，是要趁儿童或青年趣味正浓而方向未决定的时候，给他们一种可以终身受用的趣味"。这种教育办得圆满，能够令全社会整个永久是有趣的。在《中国韵文里头所表现的情感》中，梁启超提出、论述了"情感教育"问题，认为"天下最神圣的莫过于情感"，当然，情感也有善恶之分，"情感教育"的目的就是要"将情感善的美的方面尽量发挥，把那恶的丑的方面渐渐压伏淘汰下去"②。就是说，情感教育是一种内在的感化，其根本目的在于培养人的高尚情操，推动人类的进步。梁启超所谓"趣味教育"和"情感教育"同义，实际上就是审美教育。

梁启超还认为艺术和自然景物都是趣味教育和情感教育的有力手段，艺术尤为重要，特别是音乐、美术和文学。他说："文学是人生最高尚的嗜好。""文学的本质和作用，最主要的就是'趣味'。"③他特别指出，小说对人的情感具有"熏""浸""刺""提"的作用，而这种作用正是养育的作用。

---

① 北京大学哲学系美学教研室. 中国美学史资料选编（下）[M]. 北京：中华书局，1981：420、421.
② 北京大学哲学系美学教研室. 中国美学史资料选编（下）[M]. 北京：中华书局，1981：417.
③ 北京大学哲学系美学教研室. 中国美学史资料选编（下）[M]. 北京：中华书局，1981：423.

3. 马克思主义美育思想

在美学史上，马克思主义美育思想具有划时代的意义。

马克思主义美育观是马克思主义美学的重要组成部分，是马克思主义美学思想和教育思想结合的产物。马克思主义经典作家在批判吸收人类以往优秀理论遗产的基础上，建构了马克思主义的美育观。

（1）对人的全面发展问题做了深刻的唯物主义的论述

马克思在《1884年经济学–哲学手稿》中指出，人是一个"自由的存在物"，劳动作为人的"生命活动的性质"，"包含着一个物种的全部特性、它的类的特性，而自由自觉的活动恰恰就是人的类的特性"。"自由自觉"意味着"人以一种全面的方式，也就是说，作为一个完整的人，把自己的全面的本质据为己有"。他又指出：人作为社会的存在物，"已经产生的社会，作为自己的恒定的现实，也创造着具有人的本质的全部丰富性的人，创造着具有深刻的感受力的丰富的、全面的人"[①]。马克思的这些论述告诉我们，人的本质、特性是自由自觉的，全面发展的人应该是自由发展的人，具有人的本质的全部丰富性的人。美育的根本目的是促进人的自由与发展。与以往的理论不同，马克思的基本出发点是唯物史观而不是唯心史观的抽象人性论。在他看来，生产劳动实践是人类社会发展的动力和基础，人只有通过劳动实践活动，实现对客观世界的改造时，才会获得真正的自由。生产劳动是人区别于动物之所在，人认识和改造客观世界的程度，即马克思所说的自然人化的程度，是人获得自由的程度的标志。人类的劳动促进了人类的手、脑等的发展及完善，也进一步提高了人征服自然和按照美的规律创造世界的能力，从而使人得到了更大的自由。因此，离开生产劳动实践的发展就没有人的自由发展。这是美学史上关于美育问题的观点的根本转变。

马克思认为，劳动的实现，就是劳动的对象化，就是人的本质的实现。人的本质是自由自觉性，但是，在资本主义和私有制的条件下，劳动的对象化成为劳动的异化，导致了人的自由自觉的本质的丧失，"劳动为富人生产了珍品，却为劳动者生产了赤贫。劳动创造了宫殿，却为劳动者创造了贫民窟。劳动创造了美，却使劳动者成

---

① 马克思. 1884年经济学–哲学手稿[M]. 刘丕坤，译. 北京：人民出版社，1979：49–80.

为畸形。劳动用机器代替了手工劳动，同时却把一部分劳动者抛回到野蛮的劳动，而使另一部分劳动者变成机器。劳动生产了智慧，却注定了劳动者的愚钝、痴呆"；"对劳动者来说，劳动是外在的东西，也就是说，是不属于他的本质的东西。因此，劳动者在自己的劳动中并不肯定自己，而是否定自己；并不感到幸福，而是感到不幸；并不自由地发挥自己的肉体力量和精神力量，而是使自己的肉体受到损伤、精神遭到摧残"①。马克思认为，人只有从异化劳动中解放出来，向着具有人类特征的感觉复归，"不仅通过思维，而且以全部感觉在对象世界中肯定自己"②，人才回归自己的本质。就是说，通过自由自觉的创造性实践来实现人的五官从非人的感官向人的感官的丰富性展开，使人具有"感受音乐的耳朵、感受形式美的眼睛，简言之，那些能感受人的快乐和确证自己是属人的本质力量的感觉，才或者发展起来，或者产生出来"。包括所谓的"精神感觉、实践感觉（意志、爱等）"③，都发展起来，人才能得到真正的解放和自由，人的本质的丰富性才充分发展起来，人们在艺术、科学等方面的才能才得到充分的发展。就是说，美育的根本目的是消除异化劳动带来的人的自由自觉性的丧失，促进人的本质全面和谐发展。

马克思谈人的感觉的发展，实际上就是谈人的审美素养的提升问题，例如音乐审美素质，"对于不辨音律的耳朵来说，最美的音乐也毫无意义，音乐对它来说不是对象，因为我的对象只能是我的本质力量之一的确证"④。就是说，音乐审美素质不是天生的，而是需要通过音乐教育与鉴赏获得的。所有艺术审美素质都必须通过艺术教育才能具备："如果你想得到艺术的享受，你本身就必须是一个有艺术修养的人。"⑤

（2）提出了人也按照美的规律来塑造物体的观点

马克思在论述人的自由自觉的类的特性时，提出了人塑造美的事物的规律问题。马克思说："诚然，动物也进行生产，它也为自己构筑巢穴或居所，如蜜蜂、海狸、蚂蚁等所做的那样"，但"动物只是按照它所属的那个物种的尺度和需要来进行塑造，而人则懂得按照任何物种的尺度来进行生产，并且随时随地都能用内在固有的尺

---

① 马克思. 1884年经济学-哲学手稿[M]. 刘丕坤，译. 北京：人民出版社，1979：46-47.
②③④ 马克思. 1884年经济学-哲学手稿[M]. 刘丕坤，译. 北京：人民出版社，1979：79.
⑤ 马克思. 1884年经济学-哲学手稿[M]. 刘丕坤，译. 北京：人民出版社，1979：108-109.

度来衡量对象；所以，人也按照美的规律来塑造物体"①。这里，"任何物种的尺度"指的是实践对象包括人在内的任何物种本身所具有的不以人的意志为转移的本质特性、客观规律及其与他物的相互联系、相互作用所形成的规律，即"真"。而"内在固有的尺度"特指作为实践主体的人的尺度，包括两个方面：一是人的需要的尺度，如温饱、生存、发展和精神享受、信仰、知识等的需要尺度。恩格斯说："人只需要了解自己本身，使自己成为衡量一切生活关系的尺度，按照自己的本质去估价这些关系，真正依照人的方式，根据自己本性的需要，来安排世界。"②人的需要是客观存在的，当人意识到自身的需要并作为一种尺度去衡量和创造对象时，需要就转化为人主观上的目的观念，即"善"的观念，就是合目的的问题。这是"内在固有的尺度"的一方面。二是实践主体的智慧，即对物种（作为实践对象）的客观规律的认识，也就是把物种尺度内化为主观观念，作为衡量和创造对象的"内在固有的尺度"的另一方面，即"真"的观念。正确的认识，就是合规律。内在尺度就是主体的智慧、主体对对象的认识与需要、目的的统一。

当"物种的尺度"和人"内在固有的尺度"达到统一时，就是真与善的统一、合规律性与合目的性的统一，这就是美的规律的根本内涵。当人在文化活动中实现了这"两个尺度"的观念统一并运用于创造文化产品的实践活动中时，或者说，当人将这"两个尺度"的观念统一起来并通过实践对象化于文化产品（物质文化产品或精神文化产品）中，并通过生动的形象表现出来时，该文化产品就是美的，否则就是丑的。因此，审美创造必然是一种遵循美的规律进行的创造活动。人的美的教育，实际上也是美的创造，同样必须遵循美的规律去教育人、塑造人。只有遵循美的规律开展美育，才能真正实现美育的目的。

总之，马克思主义美育观，是在实践理论中展开的，是以人的劳动实践和人对客观世界的认识与改造为出发点的美育观，是遵循美的规律、立足于实现人的自由本质和全面发展的理想追求的美育思想。

马克思主义的美育理论是我们理解美育内涵的重要指引，也是我们开展美育实践的指导思想。

---

① 马克思. 1884年经济学-哲学手稿[M]. 刘丕坤，译. 北京：人民出版社，1979：79.
② 马克思，恩格斯. 马克思恩格斯全集（第一卷）[M]. 中共中央马克思恩格斯列宁斯大林著作编译局，译. 北京：人民出版社，1956：651.

（二）美育与相关学科

1. 美育与美学

理解美育的内涵，必须弄清楚美育与美学的关系。这是两个关系密切而不同的概念。

先说说美学。

美学，源远流长，无论是西方还是中国，两千多年前就有了美学思想，其后不断丰富，不断发展。在西方，美学长期作为哲学的一部分。早在古希腊时期，希腊人就把人的心灵世界分为三部分——知、情、意，并作为哲学研究的对象；当时已有了对"知"的研究，形成了逻辑学，还有了对"意"的研究，形成了伦理学；对"情"的研究的学科虽未形成，但其研究也从古希腊开始了，并涌现出了相当丰富的美学思想，如毕达哥拉斯的"美是和谐"说、柏拉图的"美是理念"说、亚里士多德的"美是形式整一"说等，但那时直到18世纪中期以前，这些美学思想一直从属于哲学研究的范畴，没有形成独立的学科。在中国古代也有着丰富的美学思想，如先秦时代就有了儒家学派的"美即善"的美论、道家学派的美在于"自然无为"的"道"的境界的美论等，但这些美学思想长期分散存在于伦理学、艺术论和文论中，也没有形成独立的学科。

西方美学思想发展至18世纪中叶，德国哲学家、美学家鲍姆加登（A. G. Baumgarten，1714—1762）于1750年出版了《美学》（*Asthetik*）一书，"美学"一词才第一次出现，美学作为一个独立的学科才正式形成和诞生。鲍姆加登因此被称为"美学之父"。

在《美学》一书中，鲍姆加登把"美学"称为"感性学"，即"关于感性认识的科学"，又是"以美的方式去思维"的科学。鲍姆加登认为，艺术是人对世界的审美认识，这种认识是一种感性认识，"美学"主要研究的是艺术这种感性认识。所以，"美学"是一门"艺术的理论"。《美学》的出版虽然标志着美学作为一个独立学科诞生、发展了，美学完全隶属于哲学的时代已结束了；但

鲍姆加登

鲍姆加登的《美学》

是，美学与哲学仍然存在着密切的血缘关系，哲学对美学的影响仍然是深刻的。

再说美育。

18世纪末以前，用"美"教育人的实践早就存在，如中国古代的"诗教""乐教"，西方"缪斯教育"的音乐、美术教育等，但都没有形成系统的美育理论，更没有形成独立的美育学科。18世纪美学学科形成、诞生时，其理论体系中也没有专门的美育研究。1795年席勒出版了《美育书简》一书，这是比较系统的美育理论形态的诞生，接着，作为美育的艺术教育研究也逐步发展起来。随着美学本身的发展，现代美学作为一个学科的理论体系也更加完善，内容更加丰富，美育研究所形成的"美育学"也成了美学的一个重要部分。现当代大多数较流行和较有影响的教科书《美学原理》《美学概论》《美学导论》，都有"审美教育"或"美感教育"的专章。

如前所指出，美育这一概念在使用上有两种不同意义，一种是指用美教育人的实施活动及其过程，是实践意义上的"美育"；另一种是指对这种实践活动的规律、特点、方法、途径等问题进行研究所形成的理论形态，这是理论意义上的"美育"，即"美育论"或"美育学"。"美育论"或"美育学"只属于美学的一个环节、一个组成部分，可以说是"美学中的教育学"。

美育既然是"美学中的教育学"，那么，美育与美学两者就存在着密切的关系。一方面，美育的理论研究和实践都必然是在美学理论的指导下展开的。苏联教育家马卡连柯曾经说过，美育就是和美学联系起来并与美学规律相符合的教育，也就是把美学观点贯彻到教育工作的各个方面的教育。就是说，美学是美育的理论基础。例如，美育以美育人，美作为美育的手段何以可能，这就涉及美的本质、特征、功能等问题，而这些问题恰恰是美学研究的重要内容，美学对这些问题的研究成果就为这些问题的回答提供了理论依据；又例如，美育实际上是受育者的一种审美活动，那么，美学关于审美活动、关于美感的特点的研究和理论概括就是理解和阐述美育特点的理论基础；再例如，美学关于审美理想的理论建构与阐发，对促进美育在现实实践中沿着正确方向展开，避免审美目标的庸俗化、世俗化必然产生积极作用，在审美理想的引领下，受育者不仅能够从中获取实践的动力，而且能够超越现实功利性的桎梏，追求更高层次的自由的精神境界，促使其审美人生的达成，凡此等等。另一方面，美育实践中积累的新经验和对新发现的问题的研究，既可以丰富美育理论自身，也必然为美学理论的完善与发展提供新的营养。

2. 美育与教育学

"教育"作为一种行为而言,指的是有目的、有计划、有组织地培养人的一种社会活动及其过程;"教育学"指的是对这种社会活动的规律、特点、方法、途径等进行研究所形成的系统理论,这就是"教育学"。"教育学"是一门学科。

实践意义上的美育是作为培养人的社会活动的"教育"的一种方式,而理论意义上的美育即美育学则是"教育学"中重要的一环或组成部分,当代《教育学原理》一般都设置了"美育"专章,可谓"教育学中的美学"。

美育作为美学的教育学,又作为教育学的美学,美学原理中有美育专章,教育学原理中也有美育专论,这说明,美育与美学和教育学两个学科的关系都非常密切,美育成了连接美学和教育学的纽带。实际上,美育正是美学与教育学融合产生的"审美教育学"。美学和教育学作为两门独立的学科,都经历了漫长的发展过程,都有着丰富的理论资源,它们在学科发展过程中逐渐融合,并对美育理论的形成和美育实践的发展分别起到了重要作用。所以,无论美育如何发展,都必然受美学和教育学的双重影响和指导。

就教育学之于美育的影响和指导而言,教育学关于教育的一些基本问题,例如教育与人的发展的关系、教育与社会发展的关系等的理论,教育学对人的全面发展的研究、对教育培养人的人性和人的本质依据的研究,以及对人接受教育的心理特点和过程的研究、对教育本身及其功能实现的方法和途径的研究等所形成的一般教育理论,都直接为美育的研究和实践提供了理论指导,特别是作为狭义教育的学校教育研究对学校美育的指导作用更为直接。反过来,美育作为一种教育方式所具有的审美特征,如形象性、情感性、体验性、愉悦性、自由性等,也往往渗透于各科教学的教育;美育对一般教育方式的审美化,比如开展情景教育、愉悦教育等,也有很好的启示作用,可以促进教育学研究与美学的融合,改变美的教育在传统教育中有所缺失的状况。

3. 美育与艺术教育

美育常常被人们称为"艺术教育",即把美育等同于艺术教育。

这种理解不能说不对。美育史上历来视艺术为美育的主要手段。这既见之于东方和西方，也见之于一切时代。中国先秦时代的"诗教""乐教"和古希腊倡导的"音乐教育""故事教育""悲剧教育"等就是最早用艺术对人进行教育的方式，即所谓"艺术教育"；后人所说古希腊的"缪斯教育"，其主要内容也是"艺术教育"。当然，那时没有"美育"的概念，也没有独立的美育科目，无所谓美育即艺术教育的观念。

1795年席勒在他的《美育书简》一书中首次提出了美育的概念，同时首次提出，美育是一种艺术教育。这一观念主要建立在他对人、对美和对艺术的自由本质的认识上。席勒从抽象的人性论出发，认为理想的人性应是和谐、自由发展的"完整的人"，这种人的完整性主要表现为感性与理性的统一、必然与自由的统一以及理想与现实的统一。古希腊人就是这样理想的人。但是，席勒深刻分析了他所处时代的弊病，指出随着生产力和科学的发展、资本主义生产方式的兴起，一方面生产力提高了，社会物质财富增加了；另一方面也造成了劳动的异化和人性的分裂。近代科学技术的严密分工和国家机器造成的等级差别，使人性的内在和谐与完整性遭到破坏。他认为，解决这一危机的根本出路不是进行社会政治、经济领域的改革，而是要改造人性，实现"人格的高尚化"，恢复完美的人性。那么，改造人性路在何方？他的答案是，只有通过美育："我们为了在经验中解决政治问题，就必须通过审美教育的途径，因为正是通过美，人们才可以达到自由。"[①]席勒认为，游戏是自由的，与强迫是对立的，通过游戏冲动，人们便可以从感性与理性、现实与道德分离的束缚中解放出来，成为自由的人、完整的人。席勒的观点很明确，美育的手段是游戏，游戏是自由的，而艺术与游戏本质一致，"艺术是自由的女儿"，所以美育的手段是艺术。

19世纪末20世纪初，欧洲从英国到德国，继而由法国、荷兰、瑞典、芬兰到美国掀起了一场为对抗近代科学与技术的压迫而发生的"艺术运动"，经过这场运动，人们普遍把"艺术教育"视为美育的发展方向，认为美育就是"艺术教育"。直到当代，一些教育家仍持这种观点，如英国艺术教育家里德指出，美育就是"艺术教育"，既包括美术、音乐，也包括文学与诗（语言的）、舞蹈、戏剧和工艺等的教育。

在中国近代，最早倡导美育的蔡元培、王国维、梁启超等也基本上认为美育就是艺

---

① 席勒. 美育书简[M]. 徐恒醇，译. 北京：中国文联出版公司，1984：39.

术教育。例如，梁启超就明确指出："情感教育最大的利器，就是艺术。音乐、美术、文学这三件法宝，把'情感秘密'的钥匙都掌住了。"[①]王国维从人生境界的角度，强调人生之快乐在于"超然于利害之外""忘物我之关系"，而能使人达到这种境界的，艺术之美优于自然之美，所以，美育的最好手段一定是艺术。[②]蔡元培提出"以美育代宗教说"时谈美育与宗教的区别，特别指出，"纯粹之美育，所以陶养吾人之感情，使有高尚纯洁之习惯，而使人我之见、利己损人之思念，以渐消沮也也"，而艺术"渐离宗教而尚人文"，且"皆足以破人我之见，去利害得失之计较，则其所以陶养性灵，使之日进于高尚者，固已足矣"[③]，所以，艺术应该成为美育之手段。

但是，随着美与人类生活的关系越来越密切，一方面，现实世界的美对人们的审美观念、审美情趣、审美人格的影响越来越大；另一方面，人们的审美视野越来越宽，越来越发现美的世界除了艺术美，还有繁复无穷的自然美、丰富多彩的社会美，包括人和人生的美、人际关系的美、人的实践活动的美及艺术作品之外的人的其他创造性劳动产品的美等，美无处不在，多种多样，其范围无限宽广，可以作为审美教育的资源和手段的"美的对象"也是多种多样的，一切具有审美属性的对象都是美育的资源和手段，不再局限于艺术了。正如苏联美学家斯托洛维奇所说"审美教育必须以艺术本身的教育为前提，艺术教育是审美教育的一个部分、一个方面"，而且是最重要的部分；"艺术教育的意义特别巨大，因为艺术是对现实的审美关系的最集中的表现，是审美教育的最重要的手段"，但是，"把审美教育归结为艺术教育是不正确的，因为首先必须培养人对生活本身的审美关系，而不仅仅是对艺术作品的审美关系"，"培养人对生活本身的审美关系"，意味着美育要培养人对生活、对人生、对整个客观世界的审美认识、审美情趣和审美创造，这并非单靠艺术教育就可以达到的。所以，"无论是自觉的还是在自发的审美教育中，都利用同样的因素——现实的审美属性"，这样，人才能在生活中体验和认识美与丑、漂亮与畸形、悲与喜等。[④]这一观点是切合实际的。"培养人对生活本身的审美关系"，意味着美育要培养人对生

---

① 北京大学哲学系美学教研室. 中国美学史资料汇编（下）[M]. 北京：中华书局，1981：417.
② 北京大学哲学系美学教研室. 中国美学史资料选编（下）[M]. 北京：中华书局，1981：431—434.
③ 北京大学哲学系美学教研室. 中国美学史资料选编（下）[M]. 北京：中华书局，1981：460、462.
④ 斯托洛维奇. 现实中和艺术中的审美[M]. 凌继尧，等，译. 北京：三联书店，1985：89.

活、对人生、对整个客观世界的审美认识、审美情趣和审美创造。进一步说，"社会主义时期美育的任务是提高整个民族的素质，培养有理想、有文化、有道德、有纪律的全面发展的一代新人，创造社会主义的物质文明和精神文明"[①]。这并非单靠艺术教育就可以达到的。

综上所述，可以这样说：艺术是美育的主要手段，艺术教育是美育的核心内容；但美育不等于艺术教育，美育是一种以艺术教育为核心内容、以艺术为主要手段的多种手段的教育方式达到审美目的的特殊教育。

---

① 金炳华. 哲学大辞典（修订本）·上[M]. 上海：上海辞书出版社，2001：988.

美育
何为

在上面关于美育概念及其思想溯源的阐述中，我们已对美育的目标、内容等有所了解。下面进一步从人格理想的目标出发，阐述美育的任务及其与德育、智育、体育"三育"的关系。

（一）美育与人格理想

人的心灵世界或心理功能可以分为知、情、意三个部分，分别追求的是真、善、美的价值，由之形成的对应学科为逻辑学、美学、伦理学。真、善、美是人类的三大价值追求，也是人类对自身的三大素质追求。

所谓"真"，就客观事物来说，就是事物本身不以人的意志为转移的客观规律，如一年四季春夏秋冬的变换。就人的认识来说，指的是人的认识与实在——事物的客观规律相符合，如我们对气候变化的认识与大自然自身气候的变化规律相契合。所谓"真理"，就是人的认识符合事物的客观规律。科学追求就是人对事物客观规律"真"的认识的追求，在心理上以理性展开为特征；求真是目的。

所谓"善"，是对象与人的一种关系的体现。当对象能符合人的某种意志追求、满足人的某种需要的时候，这个对象就被称为是善的。或者说，对象就体现了善。就主体的人来说，善是人的某种需要的满足、某种意志目的的实现。体现在调节、规范人与人的关系上的需要和目的追求，就形成了道德。符合人性的普遍需求和社会的普遍利益的道德，就是"善德"。需要的满足的追求、人际关系的调节、伦理规范的制定等，在心理上以意志展开为特征；求善是目的。

所谓"美"，是对象能够满足人的情感需要并引起精神愉悦、产生美感的某种属性。所谓"审美"，是人对美的感性认识，在心理上以情感体验为特征；求美是目的。

人类在对真、善、美的价值追求过程中逐步把真、善、美作为自身的素质要求，并形成了真、善、美统一的人格理想。

智育、德育、美育正是培养真、善、美和谐统一的理想人格的重心不同的教育方式。智育侧重于教人求真，德育侧重于教人向善，而美育侧重于教人爱美，三者重心不同，但互相渗透、互相影响、互相促进，都是参与真、善、美和谐统一的理想人格教育不可或缺的重要教育方式之一。

在中西文化传统中，真、善、美人格理想的追求各有侧重。西方从古希腊开始，侧重于真的追求，他们认为理想人格应该是"知"性高的人，即理性的人、智慧的人。智慧，指人的认识能力，主要指思维能力或思想能力。赫拉克利特说，"最美丽的猴子与人类比起来也是丑陋的"，因为"人人都禀赋着认识自己的能力和思想的能力"①。亚里士多德说人和动物都有感觉能力，但人却有理性，所以他把人定义为"理性动物"。在古希腊人看来，智慧的人就是美的人；而知识越多，就越有智慧，越有智慧的人就越美。这种理想人格美的观念一直延伸下来，到了文艺复兴时期，培根提出"知识就是力量"；18世纪德国古典美学时期黑格尔说："'思想'确是人类必不可少的一种东西，人类之所以异于禽兽者以此。所有在感觉、知识和认识方面，在我们的本能和意志方面，只要属于人类的，都含有一种思想。""禽兽没有思想，只有人类才有思想，所以只有人类——而且就因为它是一个有思想的动物——才有'自由'。"②这些观点都是侧重于对理想人格的真的崇尚与追求。

人类能驾驭自然、改造自然，能制造工具、扩大自己征服宇宙的能力，能创造符号、

---

① 北京大学哲学系外国哲学史教研室编译. 古希腊罗马哲学[M]. 北京：三联书店，1957：27.
② 黑格尔. 历史哲学[M]. 王造时，译. 北京：三联书店，1956：46、111.

创造文化，能辨是非真假、识美丑善恶等。这些才能正是人的智慧的现实体现。

偏重于真的人格理想，在促进人的理性思维、推动科学研究方面具有积极意义。

中国传统文化更重视人的道德的善。孔子讲的是有理想人格的人是"仁、义、礼、智、信"（"五常"）的人，是以"仁"为核心的道德高尚的人，所谓"君子"，就是要具备"惠而不费""劳而无怨""欲而不贪""泰而不骄""威而不猛"的高尚品德的人（《论语·尧曰》）。孟子讲"四端"：恻隐之心，仁之端；羞恶之心，义之端；辞让之心，礼之端；是非之心，智之端。即"仁、义、礼、智"四种德行（《孟子·公孙丑上》），都把道德的善视为立人之本。

在中国古代哲人看来，道德即"人道"，人道与天道、地道并立，都与宇宙的本根"道"相通。宇宙本根的天道是天地万物的最高准则，也是人道的最高准则；人之道德（指善德）乃宇宙本根的体现，又与天地之道一致，因而也就是人的精神世界的根本。道德是人的精神世界的根本，立人先立德便成为中国传统理想人格的基本要求，人生有立德、立功、立言的追求（"三立"），但立德居首。这就是中国传统文化偏重于善德的伦理型人格理想。

伦理型人格理想的追求和塑造，有利于建构和谐的人际关系、社会关系，促进社会的稳定。

但是，无论是偏重于理智型的人格理想还是偏重于伦理型的人格理想，都有片面性，马克思主义关于人的"全面发展"的理论和我们关于培养德、智、体、美、劳全面发展的人的教育方针，就是培养真、善、美统一的人格理想的方针，这才是教育的根本目标。

美育作为一种特殊的教育形式，在这种理想人格的建构中具有重要的意义。美，尽管给它下定义是困难的，但事实证明，美离不开真，也离不开善，真与善是美的基础，美在本质上是真与善的统一。因此，美不仅能够以它特有的审美属性令人悦目悦耳、悦情悦志、悦心悦神，培养人的审美素质，而且能达到善的教育和真的启迪。明白了这个道理，就能顺理成章地理解美育的任务及美育与德育、智育的关系。

（二）美育的任务

据上，美育的任务总的来说，就是美育作为一种教育方式，它以美为手段，以美为目的，旨在提高人的审美素质，提升人的审美化程度，同时与德育、智育、体育等相结合，共同推进真、善、美和谐统一的全面发展的理想人格的培养和社会文明的发展。正如《哲学大辞典》所阐述的，通过美育，要"树立正确的审美观点、健康的审美情趣、崇高的审美理想，培养审美、创造美的能力，推动美和艺术的发展，克服人性的异化，充分发展人的本性，使人由生物的人发展为社会的人，并使社会进入高度文明的社会"。"社会主义时期美育的任务是提高整个民族的素质，培养有理想、有文化、有道德、有纪律的全面发展的一代新人，创造社会主义的物质文明和精神文明。"①

归纳起来，美育的任务或内容主要有如下三个方面：

1. 审美情操教育

美育作为审美的人格教育，主要是一种情操教育。换句话说，美育的主要任务是通过情操教育以实现审美的人格教育。

情操，这里指的是审美情操，是一种审美化的"高度的精神生活所伴随的高等情感或人格情感"②，它包含着情感与操行两个因素，因此情操教育是包含着道德操行内容的情感品质的教育。

首先是情感教育或情感品质教育。美育本质上是一种情感教育，是通过对人的情感熏陶而实现人格教育的。对此，可以从以下几个角度来理解：

第一，从"美学""美育"概念提出的特定内涵看，美育主要涉及人的情感领域。如前所说，从古希腊开始，传统哲学都认为人的心灵世界包括知、情、意三个领域，知、意分别由逻辑学、伦理学所研究，那么情也应该由专门的学科来研究。到了18世纪中期，德国美学家鲍姆加登才把这个专门学科定名为"美学"，对情的研究才有了专门学科。无论是鲍姆加登还是后来的美学家，都形成一种共识：美学的对象是感性认识（情感）所理解的完善，而这种理解到的完善就是美；与此相反的就是感性认识（情感）的不完善，就是丑。可见，"美学"概念的提出及其作为独立学科的建

---

① 金炳华. 哲学大辞典（修订本）·上[M]. 上海：上海辞书出版社，2001：988.
② 竹内敏雄. 美学大辞典[M]. 池学镇，译. 哈尔滨：黑龙江人民出版社，1987：400.

立是与人的情感领域紧密相连的，美学实际上就是"情感学"。再说美育，席勒提出这个概念时指出，美育的性质和任务就是要在感性和理性的领域之外开辟一个新的消除了感性和理性束缚的高尚的情感领域，使人获得精神上的解放，培养完美的人格。由此可见，从"美学""美育"概念的提出及其作为两个理论系统最早建立时的定位，可以看出它们都主要涉及人的情感领域，这就从一个方面印证了美育作为情感教育的性质。

第二，从审美的性质特点看，美育是在审美活动中展开的教育，美育本身就是一种审美活动，而审美活动的性质和美感的特点决定了美育是一种情感教育。审美活动实质上是一种情感体验活动、审美主体对美的把握，在心理上展开的主要是情感而不是理性认识或道德意志，审美对象引发的愉快主要是情感愉快。就是说，审美对象对审美主体的作用是由悦目悦耳进而悦心悦情，审美过程就是一种情感自我陶冶的活动，美育作为一种审美活动也是一种情感自我陶冶的活动；而从教育学的角度看，美育就是借助于美对受众进行情感教育的教育方式。

第三，从教育价值观看，美育也不同于德、智、体的教育。德育主要是对人们进行思想和伦理道德方面的教育，它体现着"善"的要求；智育主要是传授知识、技能，开发人们的智能，它体现着"真"的要求；体育主要是通过运动和锻炼，提高人的健康水平，它体现着"健"的要求。而美育则主要是通过对人的情感美化作用培养人的美感情操，使人的审美心理结构完善、人格完美、个性和谐发展，它体现着"美"的要求。

在中西美学史和教育史上，不少美学家和教育家都认为，美育是一种情感教育。

在西方，如古希腊的柏拉图、亚里士多德，古罗马的贺拉斯，法国的卢梭，德国的鲍姆加登、席勒、黑格尔等人的美育思想都证实了这一点。柏拉图虽然把情欲视为人性低级的部分，但他要求优秀的艺术家用优美的作品教育人，滋润人的心灵，目的就是要使人的情欲高尚起来。这说明，在柏拉图看来，美育是一种情感的教育。亚里士多德的"净化说"就非常直接地肯定了美育的情感教育的性质。他说，要通过艺术的陶冶和净化，使过分强烈的情感和情绪得以宣泄而趋于平静，以保持情感的适度和心理的平衡。这是美育的目的，也是美育作为情感教育的性质的鲜明表述。

在我国，从古代的孔子、荀子、朱熹到近代的梁启超、王国维、蔡元培等人都把美育视为情感教育。孔子虽然更强调的是艺术的社会功能和言志作用，但从他对《诗经》的"乐而不淫，哀而不伤"的评价和把《诗经》视为教育人的手段看，孔子也肯定了"诗教"的情感教育性质。荀子认为诗与乐的审美教育就是要给人的情欲以理性的规范的观点，恰恰也说明了审美教育的情感教育意义。《乐记》说得就更直接，它指出艺术的美育功能就是要影响人的情感，使不同的人在情感上融合协同起来。《乐记》显然把艺术的美育视为情感教育。到了近代，如前所述，梁启超提出的"趣味教育"即审美教育，就是"情感教育"。他所说的小说对人的"熏""浸""刺""提"的作用，其实就是情感教育的作用。王国维明确指出美育的性质是"情育"，即情感教育。蔡元培也说："美育毗于情感。"[①]"美育者，应用美学之理论于教育，以陶养感情为目的者也。"[②]朱光潜也说："美感教育是一种情感教育。"[③]

可见，美育是通过情感教育实现人格完美化的教育。就是说，美育的任务首先是通过审美教育丰富和感化受育者的情感，帮助人们培养和发展积极、健康的情感，抑制和克服消极乃至邪恶的情感，从而美化人的心灵，完善人的人格。这就是美育的情感感化任务。

情感不只是一种感性认识，而且是一种与人的道德操行密切相连的心理现象，情感体现了人对社会、对他人、对自我、对自然的态度，体现了人对对象的评价。这种态度、评价往往包含着某种道德感。情感是伴随着道德认识而产生的一种内心体验，它既可以表现为个体根据道德观念来评价他人或自己行为时产生的内心体验，也可以表现为在道德观念的支配下采取行动的过程中所产生的内心体验，这就是道德情感，或谓道德情操。所以，情感教育包含着道德情操的教育。美育的任务不是单纯的情感感化，而是包含着对人的道德操行的教育。正如苏霍姆林斯基所说的："美育最重要的任务是教会孩子从周围世界（大自然、艺术、人的关系）的美中看到精神的高尚、善良、真挚，并以此为基础确立自身的美。"[④]例如，当我们引导学生欣赏祖国山水的美，激发学生对自然美强烈的爱的情感时，也自然而然地对学生进行了爱国主义的道德情操的教育。

① 蔡元培. 蔡元培美学文选[M]. 北京：北京大学出版社，1993：5.
② 蔡元培. 蔡元培美学文选[M]. 北京：北京大学出版社，1993：174.
③ 朱光潜. 朱光潜美学文集（第二卷）[M]. 上海：上海文艺出版社，1982：505.
④ 李范. 苏霍姆林斯基论美育[M]. 长沙：湖南人民出版社，1984：7.

2. 审美创造力教育

创造力是首创前所未有的新事物的能力，与想象力密切相关，没有想象就没有创造；创造力教育就是培养与想象力相关的创新能力的教育。

"富有诗意的创造开始于美的幻想。"[①]此话说得多好！它说出了创造与美、美的想象的亲密关系。

美育的目的就是创造人类更加美好的世界。创造是一种超越的实践活动，也是人的本质特性，一个人只有进行创造性的活动，才能够真正认识自我的力量，也才能够更好地生存和发展。所以，美育的任务之一就是激发、培养人的创造力。

美育之所以能够培育人的创造力，是因为美育是一种审美活动，美育过程的审美活动的自由性能够使人摆脱深层的心理压抑和束缚，情感获得自由释放，生命力突发旺盛，创作个性自由伸张，想象力充分发挥，创造才华纵情展示。艺术创造作为一种审美活动就具有这样的特点，而艺术教育往往会产生这种神奇的效果，比如开普勒发现了著名的行星运动第三定律，很大程度上就得益于他从古老乐曲中得到的灵感。1681年，开普勒从大量废乱的观察资料中，通过反复计算和分析，发现水星、金星、地球等行星的运动速度与它们的轨道半径有关，而且比例关系很有节奏，像音乐的和声一样，受此触动，他发现了神秘莫测的行星运动定律。可见，美育的形象领悟对于抽象思维的发展，对于激发人们的创造力，具有很大的促进作用。

创造力一方面是指发现和解决新问题的思维能力，发明与制作新事物的实践能力等；另一方面是指不断实现和更新着的生命活力，是健康的个体生命的基本特质与能力。后者是创造性的基本内涵，又是前者的基础与源泉。创造性思维，是超越常规而有新意的思维活动，是人才素质中最重要的组成部分之一。创造力的培养主要表现在激发和丰富个体生命，使之具有自发涌现的创造欲望和动力，从而为思维和实践的创造力打下基础。

审美创造能力是人类按照美的规律进行物质创造和精神创造的能力，这种能力首先是在长期的社会实践中不断丰富和发展起来的，其次也可以通过美育来培养。

人的创造力的形成无疑是建立在社会实践包括艺术创作实践的基础上的。美学史

---

① 李范. 苏霍姆林斯基论美育[M]. 长沙：湖南人民出版社，1984：35.

上有人认为这种能力是先天的，或如柏拉图所说是神力凭附的结果，是先验的、神灵赐予的。这显然是一种错误的唯心主义世界观。现实生活中我们也常听到人们抱怨自己不是天才，所以缺乏创造性。实际上，先天的生理、心理素质只不过为创造性提供了可能性，而要真正获得创造性的才能，还得在不断的实践中刻苦学习和磨炼。黑格尔曾说过："最大的天才尽管朝朝暮暮躺在青草地上，让微风吹来，眼望着天空，温柔的灵感也始终不光顾他。"[①]著名画家黄永玉在展出他的《风荷》《白荷》《金线红荷》之前，床下卷了近万张的荷花写生，这些事实说明人只有坚忍不拔、持之以恒地实践、学习和训练，才能获得创造性的成果。美育的作用，在于可以引导人们积极参加审美创造的训练和实践，激发他们的个体创造热情，使之具有自发涌动的创造性欲望和动力、高度发达的创造性能力。

人的创造力也可以通过美育来培养，特别是通过艺术教育来培养。这是因为，"在人的精神、文化各领域中，艺术具有典型的基本的创造性"[②]。优秀的艺术作品，每一件都是创造性的。

个体创造性发展的关键期在童年，儿童时代是创造性发展最自由、最迅速的阶段。美育，特别是其中的艺术教育是开发和培育儿童青少年创造性的最佳教育形态。马斯洛曾写道："几乎所有的儿童，在受到鼓舞的时候，在没有规划和预先意图的情况下，都能创作一支歌、一首诗、一个舞蹈、一幅画、一种游戏或比赛。"[③]我国当代著名画家刘海粟也说过："我很喜欢小孩子的画，真正的大画家要学小孩子的画。我八十多岁了，还在儿童画中得到启发。小孩子的画有纯真的童心。可以说是正气流溢。"[④]确实，以自由创造为本性的审美、艺术活动可以充分促进人特别是儿童的创造力的发展，而且，有连贯性的审美教育还能使个人在成年之后，仍保持着活泼健全的"童心"，从而使创造性得到持续的发展。

3. 艺术个性教育

个性指的是一事物区别于其他事物的特殊性质，是一种"独立存在形态"。人

---

① 黑格尔. 美学（第一卷）[M]. 朱光潜，译. 北京：商务印书馆，1979：364.
② 竹内敏雄. 美学大辞典[M]. 池学镇，译. 哈尔滨：黑龙江人民出版社，1987：402.
③ 马斯洛. 存在心理学探索[M]. 昆明：云南人民出版社，1987：124.
④ 刘海粟. 人生岂能缺美育[N]. 文汇报，1982-4-26.

的个性指的是个体在受到性别、民族、自身条件、童年生活环境、家庭环境、文化教育和社会交往等因素的综合影响下，逐步形成的有别于他人的性格倾向。由于影响人成长的因素不同，个性具有独立性、独特性。每个人的个性都是独一无二的、不可代替的，尽管个性发展受到社会的趋同化影响，但其独特性是不可磨灭的，正如歌德所说："一棵树上很难找到两片形状完全相同的叶子。"人就是如此。即便在一万个人之中，你也很难找到两个在思想上、行为偏好上、情感选择上完全协调匹配的个体。人是具有个性的存在，也正因为富有个性而独特珍贵。

美育理论界有人认为，美育的个性教育指的是艺术家的创作个性，具体指艺术家对世界、对艺术的独特理解，艺术家独特的性格、气质、爱好、习惯使用的技巧与表现方式等的综合表现。但非艺术家也必须有个性，也需要个性教育。个性教育就是促进人对世界的独特感受、独特理解以及独特气质、爱好、习惯等构成的独特性格形成的教育。个性教育的手段、途径是多种多样的，而美育是极有效的个性教育途径之一。美育的任务之一就是进行个性教育。

美育之所以是极有效的个性教育途径之一，与美育能够激发人的创造力的道理是一致的。一方面，审美活动的自由性能减轻审美主体深层心理活动的压抑和束缚，使情感自由释放，使天性得到充分解放，从而促进个性的充分发展。另一方面，用作美育手段的艺术作品就是艺术家审美活动的产物，是艺术家在自由的审美活动中充分发挥创作个性所创造的产品，因此艺术教育作为美育的主要方式必然是个性教育的最佳方式。里德在他的《艺术教育》中的"个性教育论"就指出，艺术教育是适应社会人的个性的自我定位最有效的手段。[①]美育也把个性教育作为自己的重要任务。

美育是艺术个性的教育，美育在学生良好的个性发展过程中起到不可低估的作用，是学生个性认知发展过程中不可或缺的环节。我们要通过美育，特别是艺术教育，有深度地培育学生的艺术个性，使之具有独特的性格魅力。

（三）美育与德、智、体三育

美育与德育、智育、体育的关系，是深入理解美育的性质和任务的一个重要方面。

---

① 竹内敏雄. 美学大辞典[M]. 池学镇，译. 哈尔滨：黑龙江人民出版社，1987：407.

教育的功能和价值，一是促进人类社会的发展和完善，二是促进人类自身的发展和完善。这就是说，教育的根本任务是推动社会和人类自身的发展和完善。教育是一个系统工程，人的全面发展有赖于多方面的动力。

我们已知道，人的心理结构由智慧、意志、情感三种因素所组成。这三个方面在实践中分别表现为认识关系、伦理关系和审美关系。认识关系解释了主观与客观、认识与实践、感性与理性的发展过程，它是运用概念的普遍形式去把握事物的本质，这属于智育的范畴。伦理关系揭示了人与人之间、个人与社会之间的一般道德准则，它告诉人们什么样的行为是善的，什么样的行为是不善的或丑恶的，这属于德育的范畴。审美关系表现为一种情感关系，它揭示了人是怎样按美的规律与审美理想来改造世界和塑造人自身，这属于美育的范畴。这三个方面，对构成人的健全心理是不可或缺的，它们和侧重于人的体质锻炼、使人获得健康体魄的体育一起，共同构成了促使人全面发展的教育体系。

美育与德、智、体、美、劳各育是相互联系、相互促进的统一整体。就美育而言，因为美在本质上是真与善的统一，或者说，美体现着真与善的内容。因此，用美进行教育，在发挥审美素质教育作用的同时，也必然对人的道德、智力悄悄地产生积极影响。正如2000年《中国教育改革和发展纲要》指出的：美育对于培养学生健康的审美观念和审美能力、陶冶高尚的道德情操、培养全面发展的人才，具有重要作用。没有美育就没有完全的素质教育。

通过美育，以美辅德、以美益智、以美健体、以美促劳，促使学生全面和谐地发展，才是完整的美育观。只有把握好美育与德、智、体三育的关系，才能更好地开展美育。

1. 美育与德育

美育与德育的关系问题，从理论上讲，就是美与善的关系问题。正如本书前面所说，善是美的基础，在道德领域善即美。这就是说，美育与德育的关系是非常密切的，美育最终要达到人格的提升，与德育的最终目标具有一致性。

美育与德育虽然存在着密切的联系，但又各有特点，美育与德育的差别主要体现在以下几个方面：

第一，从性质上说，美育是通过美的事物、美的形象、美的理想陶冶人的情感，塑造美的心灵，培养全面发展人格的教育。与德育偏重于规范与约束的特点不同，美育具有自由和愉悦的特点，它注重发展受育者的审美感受力、创造力，使个性得到和谐而自然的发展；在最个性化的审美体验中，受育者往往超越了现实生活的某些限制，自发地投入受育过程中并乐此不疲。德育则是偏重于对善的行为的逻辑判断，注重发展受育者的意志约束力，是一种规范性的教育；德育偏重于培养个性对社会的服从，它努力使受育者以社会普遍的规范和法则作为自己的需要和准则，而这种由外向内的约束常常使个性的发展要求受到一定的限制。

第二，从方式上说，美育是一种感性的引导和诱发，它通过美感染人，使人的个性情感得到自由表现和升华，因而具有明显的情感性、形象性、自由性。在这个过程中，一切都得靠受育者自己去体验，这种体验是主动和创造性的，也是生动活泼的，受育者可从趣味满足中获得认同和教益。德育则主要是通过说理，言明大义，以理服人。它的重要特点是说服，尽管也可以采取一些生动活泼的形式，但它终究是理性化的，受教者也基本上处于被动地认识与接受的位置。

第三，从功能意义上看，美育偏重于培养个性人格，它通过培养敏锐的感受力，发展个性情感，养成人的自发性和创造性。德育偏重于培养社会人格，通过磨炼意志力，养成人的自觉性和遵从意识。因此，德育和美育在价值取向上有不同的侧重：德育侧重于社会尺度，它偏重于现实的原则以帮助受育者适应现实环境；美育则偏重于个性的尺度，偏重于超越的原则，它不能帮助受育者从现实环境中获得实利，但受育者在个性发展需要的基础上产生出变革现实、追求社会秩序更合乎人道的理想和动力。因此，美育包含着改造社会的超前的理想性。

美育和德育是辩证的关系，其主要体现在如下几个方面：

第一，美以善为前提。善，体现着人类普遍的利益要求。人的实践活动具有一定的目的性，而这种目的如果符合客观事物的发展规律，也就是合理的，就会给人类带来益处，同时，也是善的行为。美则是人们对事物的一种情感体验。美之所以以善为前提，是因为美并不是什么超然的、抽象的东西，而是事物的客观性和社会性的统一。亚里士多德曾说："美是一种善，其所以引起快感，正因为它善。"[①]雨果的名作《巴黎圣母院》中的敲钟人卡西莫多，从外形上看是丑得吓人，但由于他有一颗非常善良的心，所以仍能给人一种美感。所以说，美归根到底离不开善，有善才有美。美

---

① 周辅成. 西方伦理学名著选辑（上卷）[M]. 北京：商务印书馆，1964：166.

以善为前提，也决定了一切审美教育从根本意义上讲，是为了培养和诱发人们善的情感，使个体形成一种完善的人格。当然，这种善是广义的，不可从狭隘的功利主义上理解，否则，那也是难以实现的。

第二，道德状态是从审美状态发展而来的。席勒曾说："要使感性的人成为理性的人，除了首先使他成为审美的人，没有其他途径。"[1]又说："只有审美的过渡才能使社会成为现实，因为它通过个体的个性去实现整体的意志。"[2]这话有点绝对，但也说明了审美教育具有特别重要的道德意义。道德状态从审美状态发展而来，是由于道德实践是建立在一定的情感基础之上的；要提高人们的道德状态，不能就道德说道德，更重要的是提高人们的审美情操。所以，德育教育人不要做违反道德的事无疑也是非常重要的，但如果能使人从小就热爱美，厌恶一切丑行，这就具有更加直接和积极的意义。

第三，美最终是为了善。法国启蒙思想家伏尔泰说过："美德与罪恶，都是对社会有利或有害的行为；在任何地点，任何时代，为公做出最大牺牲的人，都是人们会称为最有道德的人。"[3]美最终是为了善，这是由人类社会的本质所决定的。孔子说："入其国，其教可知也。其为人也，温柔敦厚，《诗》教也……"一个地方的人如果性格、德行温和柔顺、朴实忠厚，那就是诗教的结果。这话正是指出了美育对道德教育的积极作用。审美活动也是人类实践活动的一个方面，如果审美活动不能给人们带来益处，那它也难以存在和发展。美最终是为了善，表明美学和伦理学的根本目的是一致的。把美学与伦理学用于社会实践的美育和德育，都是为了培养全面发展的人才，创造人类更加美好的世界。

2. 美育与智育

美育与智育的关系问题，从理论上讲，就是美与真的关系问题。美与真的关系非常密切，真、善都是美的基础，离开了真、善就没有美。所以，美育与智育也是不可分割的。

但是，美育与智育有着很大区别，主要体现在以下两个方面：

第一，教育的内容和目的不同。美育以感性的审美对象和审美形式为根据和手

---

① 席勒. 美育书简[M]. 徐恒醇，译. 北京：中国文联出版社，1984：116.
② 席勒. 美育书简[M]. 徐恒醇，译. 北京：中国文联出版社，1984：145.
③ 葛力. 十八世纪法国哲学[M]. 北京：商务印书馆，1963：84.

段，主要是一种培养审美能力，使受育者的情感得到表现和升华的过程。在这种过程中，受育者接触的是以"形式—情感"为特征的审美对象，例如自然景观和艺术作品等。当然，美育也包括知识的教育，但这不是最主要的，其主要目的是培养审美能力、陶冶情感。由于美育过程以受育者的自发性为基础，因此它能直接满足个体生命的发展要求，使个性得到和谐而自然的发展。智育则是知识的教学过程，它以特征为"概念—逻辑"的知识传授为依据，例如公式、定理、概念、定义、法则以及判断和推理等过程和环节，其目的在于促进受育者掌握科学文化知识与技能，发展受育者的智力结构，与受育者的生命要求、情感满足要求并无直接的关联。

第二，教育的功能意义不同。美育的功能旨在培养审美能力、促进情感的表现和升华。审美能力的发展虽也需要知识的帮助，但它在本质上不是由具体表象向抽象逻辑的发展，而是愈来愈深入具体的感性形象中去。智育的任务是促进观察力、想象力和思维力等方面的发展，其中以促进逻辑思维能力的进步为核心。皮亚杰的认知发展理论研究表明，逻辑思维能力的发展从一定意义上讲是一种抽象力的进步，是智力从具体表象向抽象逻辑的发展。审美能力与逻辑思维能力的这种不同发展方向决定了美育与智育的重要差异。以发展逻辑思维能力为主要目的的智育注重培养学生的逻辑判断和推理能力，它要摆脱认识中的主观性以符合客观性，对情感和想象力的发展往往有一定的抑制作用。

美育与智育虽然有着重要的区别，但是，美育与智育又是相互促进的。

美育对智育的促进作用如下：

首先在于它能够有效地促进人的认识能力的提高。我们知道，智育的过程是对规律的认识，是对知识体系的认识，而美育贯穿于个体的成长过程中，审美能力的发展一方面包含着认识能力的发展，另一方面也为认识能力的发展提供必要的基础和条件，因为从某种意义上来说，审美能力本身也是一种认识能力，只是它不同于逻辑思维的认识，而是一种特殊的悟解能力。任何审美形式都是个性情感的创造性表现，通过审美形式的体验，我们可以直接领悟到其中的情感生命，可以认识到主观世界的情感和情绪，成为对人生智慧的一种特殊领悟。这种领悟也意味着一种特殊的认识能力的发展，对人的智力的发展具有非常重要的意义。

其次，美育所具有的培养创造性思维的功能，对智力的发展具有积极的作用。创造是人类最可贵的力量。大千世界的一切物质文明和精神文明，都是人类的创造性成果。创造性思维能力是智力的高级形式，是在既有知识和经验的基础上有所发现和创新的能力，是人类智慧的集中体现。而美育具有心理的综合体验和整体性的品质，是人的感知、想象、情感和理智等多种心理功能的统一，往往在感性直观的体验中，能激发受育者的思维，使其深入发现事物内部的本质联系，体现出整体性创造能力。因此，在智育过程中引进美育的形象性和趣味性，引进体验、启悟机制，引进美育的诸多方法，可以促进受育者的观察力、想象力、体悟力和创造性思维能力的发展。很多科学家的思维、科学创造力与其艺术素养密切相关，虽然不能说得太绝对，但艺术素养对思维、科学创造力的积极作用是不可否认的，例如爱因斯坦，我们就无法否认音乐在他的科学研究中扮演的角色，他的妻子这样描述："当他思考理论的时候，音乐会帮助他。每天研究结束回家，他都要练练琴，然后回到书房继续研究。"爱因斯坦自己在谈到想象力时也说过，想象力不是常识，想象力比常识更重要，因为常识是有限的，想象力归纳了世界，促成了世界的前进，是常识进化的来源。而我们知道，艺术就是想象创造的产物，艺术更能培养人的想象力。所以爱因斯坦认为，艺术对于他而言比物理学更重要。我国著名的科学家钱学森也谈到艺术与科学创造的关系。2005年7月29日，温家宝总理到钱学森家里看望他时，交谈中钱学森说："我要补充一个教育问题，培养具有创新能力的人才问题。一个有科学创新能力的人不但要有科学知识，还要有文化艺术修养，没有这些是不行的。小时候，我的父亲就是这样对我进行

教育和培养的，他让我学理科，同时又送我去学绘画和音乐，就是把科学和文化艺术结合起来。我觉得艺术上的修养对我后来的科学工作很重要，它开拓科学创新思维。"[①]钱学森能够成为一位杰出的科学家，与他的艺术修养密不可分，他在音乐、绘画、摄影等方面都有较高的造诣。早年求学时，他学的是自然科学，但同时也学过钢琴和管弦乐，曾是上海交通大学铜管乐队的重要成员；他曾师从著名国画大师高希尧学习绘画，

爱因斯坦在练琴（图片来自百度）

① 李斌. 温家宝看望季羡林、钱学森侧记. 真情、真实、亲切[J]. 北京：中国新闻网，2005（7.30）.

得到高先生的赞赏。他常说，他在科学上的成就，得益于小时候不仅学习科学，也学习艺术，培养了全面的素质，因而思路开阔。

认识到这个道理，我们就不会把学生参加各种艺术活动与学习自然科学的课程对立起来。有科学家做过一组实验，他们对几所公立小学一些成绩不好的学生进行音乐和视觉艺术的培训，在短短几个月后，这些曾经成绩远远落后于同龄人的学生有了明显改进，其数学表现比正常学生高出22％。

智育对美育也有重要的促进作用。首先，美育需要有一定的智力准备。一个知识储备越多、对事物认识能力即智力越高的人，他在审美活动中对对象的领悟就越深刻，审美情感反应就越强烈。智育主要培养的正是人的智力，所以对美育必然具有促进作用。其次，美育离不开理性的指导作用，美育就是要把理性渗透到感性的个体存在中去。理性思维由于能够揭示事物的本质，从整体上把握事物，因而能更好地指导人的实践活动。美育作为一种教育实践同样离不开理性思维的指导。如此，为了深入把握美的本质，获得更深刻的美的感受，美育就不能停留在美的感性认识上，而必须上升到美的理性认识上。因此，美育和智育的结合是必不可少的。

3. 美育与体育

美育与体育的关系是，美育以提高人的精神素质为目标，体育则以提高人的身体素质为目标，二者密切相关。高尚的精神世界，有利于促进身体的健康；健康有力的体魄，是实现人的美好理想、促进人的精神生活提高的物质基础。所以，只有从人的全面发展的角度来认识美育和体育的关系，才能更好地把握美育与体育的关系。

现代体育的一个重要特点是注重身心协调发展，以人的全面发展为宗旨的现代教育决定了体育不应是单纯的身体教育，而应该是以身体教育为主要途径的人的教育。体育的一个重要目的是增进健康。而健康不仅是生理学意义的，它包含着身体机能的健康和心理功能的健康。美育通过美的熏陶和情感教育，恰恰可以使个体获得丰富的精神价值和心理功能的健康。就是说，美育和体育，在塑造人的内在美和外在美方面，起着互相协调、相互促进的作用。

从历史的发展来看，体育与美育往往是密切联系在一起的。原始的体育活动经常与娱乐或艺术活动融为一体。比如具有宗教礼仪性质的原始歌舞，既是情感的宣泄，又是身体的运动。在古希腊，体育的目的一是培养强壮的身体作为军事的准备，二是对人体进行健美的训练等。这种健与美完全统一的文化传统一直是后来体育和美育健

健与美统一的体育运动

康发展的重要源泉，也是如今将美育与体育相融合的一种文化方向。

美育对体育有着重要的促进作用。第一，在体育中引进美育原则，发掘体育实践和教学过程中的美育因素，可以克服单纯身体锻炼的片面倾向，从而促进身心的协调发展。第二，在体育过程中，培养必要的审美能力，是掌握某些运动技能与技术的重要前提。比如，音乐教育有利于培养人的节奏感，舞蹈教育有利于培养身体的协调能力等。所以，从美育的方式入手，发掘人的美感潜力，可为体育运动打下良好的基础。第三，美育可促进生理和心理的和谐与平衡，而良好的心理素质和状态，也是体育运动的基础。具有较高审美素养的人，往往能比较自如地调节内心的平衡，也能够使自己迅速地兴奋起来，这种心理能力正是体育运动非常需要的。

体育对美育也具有促进作用，表现在：第一，体育作为身体的教育，具有促进人体健美的功能。体育活动可以使身体发展充分健全，骨骼匀称，骨肉丰满，皮肤光滑而有弹性，这本身就具备了美的意义，比如健美操就是人对自己的身体进行健美塑造的一种创造活动。第二，体育作为身体协调自由的活动，使运动者和观赏者产生强烈的审美体验。体育活动常常伴随着审美的情感体验。在伴有音乐的艺术体操和滑冰中，人们可以获得视觉、听觉的审美愉快，就是运动者本身也会产生审美愉快。这种体验首先来自运动中的自我身体感受，运动的节奏感也蕴含着和谐自由的美感体验。随着人类文明的发展，体育愈来愈成为一种给人提供审美享受的运动，体育运动的观赏性愈来愈强，各种各样的体育运动项目为人们展示了精彩纷呈的审美对象，在这一点上，体育观赏也包含着促进个性情感表现和升华的美育功能。

三

PART 3

美育
特征

（一）美育作为一种审美活动

美育作为教育，是社会对人的规范和教化。

教育部《关于全面加强和改进新时代学校美育工作的意见》指出：美育"作为立德树人的重要载体"，要"坚持弘扬社会主义核心价值观，强化中华优秀传统文化、革命文化、社会主义先进文化教育，引领学生树立正确的历史观、民族观、国家观、文化观"，要"培养德智体美劳全面发展的社会主义建设者和接班人"。可见，美育作为新时代中国特色社会主义教育体系的一部分，它必须遵循国家的设计和社会的要求，按照一定的原则和目标，对人们进行规范、教化。在这一点上，它与另外几类教育组成——德育、智育、体育、劳动教育，并无二致。

但是，从另一方面来看，美育又与其他育人方式大为不同。如果说，智育主要是知识的传授、技术的练习，德育主要是观念的灌输、信仰的树立等，这当中，都需要依赖教育者的引导、示范。那么，美育则是审美活动的开启，教育者的职责只是带领、引导、推动教育对象进入审美活动之中。比如，教育者可以完美地演奏一曲古琴《高山流水》，但是，如果教育对象无动于衷，那么，这个审美教育就没有完成，甚至没有开始。再比如，教育者可以引经据典、头头是道地向教育对象传授阅读某部文学经典的方法技巧，但是，这与一般知识教育无异，如果教育对象没有进入对该作品的阅读欣赏，面对这部作品仍然懵懂不解，那么，美育活动也就没有展开。所以，美育的核心，就是审美活动。只有发生了审美活动，美育才算得上实施了。

所谓审美活动，也叫美感活动，是审美主体以直观的思维形式，以超越个人功利目的的心态，通过情感体验去把握审美对象、对对象的美做出情感判断而产生精神愉悦的一种心理过程。美育主要是教育对象的审美活动过程，没有这个过程就不能称为美育。

因此，作为一种审美活动的美育，必然具有与其他教育方式大相径庭的特征。这些特征主要是形象感染性、情感体验性和审美自由性。

（二）美育作为审美活动的特征

1. 形象感染性

美育的特征之一就是它的形象感染性。也就是说，美育是用感性形象的内容、手段来影响受教育者的。

这意味着美育教化的内容不是直接以观念、教条或逻辑呈现的，而是以形象呈现的。所谓形象，就是我们的视、听觉可以直接感受到的所谓的"样子"，这个"样子"有"形"有"象"，就叫"形象"。美学中谈"美是什么"的问题时，所谈的那个"美"即"美的本质"，即事物之所以美的普遍的"原因"，那是非常抽象的，是看不到、听不着的。但"美"又不是抽象的存在，美总要通过它的"感性存在"显现出来，让人看到、听到的，这个"感性存在"就是美的"样子"、美的"形象"。所以王国维说："美之感觉如何修养？曰：惟吾之耳目与灵魂，对人间及自然之事业，而觉悟其为完全之时，可以得之。譬如睹精巧之雕刻物，观神妙之绘画，闻婉转之音乐，读深邃高远之文学，山川日月，草木万物，贶我以和平之心情，畀我以昂藏之意气。于斯时也，吾人对耳目所接触者，感其物之完全，而悦乐生焉，而美之感觉克受修养之益矣。"[①]美感的修炼，来自对艺术作品与自然景物的精美形象的感官感受，这些形象带给人对完善、完美等观念的感悟，让人生发出愉悦的情绪，而获得审美享

---

① 王国维. 霍恩氏之美育说[A]// 俞玉滋. 中国近现代美育论文选（1840—1949）[C]. 上海：上海教育出版社，2011：16.

受。古罗马学者朗吉努斯谈崇高，也认为对崇高的认识和了解来自人们对壮丽的高山、大海、星空等自然景观的欣赏和感动。

因此，美育是以美的形象实现对人的教化的。比如，前两年网络上李子柒的走红，引发了许多人对传统文化的兴趣和对乡野田园的喜爱、对手工劳动的尊重。而这样的认识和观念的变化，并不是因为李子柒大张旗鼓地进行了什么正面宣传。实际上，她自己恐怕都没有这种意识和自觉。但是，她身着汉服、头挽发髻的复古装扮，她播种、收获、碾磨、蒸煮、制作年糕的过程，她骑马进入深山，在云雾缭绕的茶园采摘茶叶，然后深夜用大锅炒茶的模样，凡此等等，种种姿态，将传统、乡土、劳动等，以美、诗意、浪漫的形象展示，深深地感动了观众，感染了观众。人们通过对形象的审美，认同、肯定了这些事物，认同、肯定了其中蕴含的观念和价值，从而受到了感化。

所以，美育向来注重对美的环境的打造，务必使受教育者触目皆美的形象。例如，当前我国的社会主义新农村建设中一个重要的内容，就是居住环境的美化，许多乡镇都开展了最美乡村的评比。这些美好的家园形象，实质上就是积极向上的社会主义核心价值观念的传递。网上有位著名的花园博主伊朵，她家住山东菏泽市城区的一个小区。短短两三年间，她把自己的一楼小院子建成一座月季花园，震撼了整个社区。随后附近小区的居民纷纷模仿她，把自己的院子建成花园。她乡下老家亲戚也纷纷找她要来月季枝条，种到自己的院子里。一时间，邻近几个村庄都涌现出一片片绵延的月季花墙。2020年，伊朵把乡下父母的老房院子改造成花园，邻居过来参观之后，立马把自己院子里杂乱的果树和蔬菜都挖掉，也种上了鲜花。伊朵的花园，就是用一朵朵盛开的鲜花，向人们诠释一种美好的现代家园的形式、一种文明的现代生活方式、一种积极向上的生活态度。她的邻居们，也从这盛放的鲜花里感受到了这一切，而欣然接纳。这里，不需要道德或政治的说教，也不需要行政甚至刑法的奖惩，只需要一些鲜明靓丽的形象，就能感动人、说服人。

这让人不由得想起那个著名的故事：二战结束后，美国一家著名大报派记者采访战后的柏林。被盟军飞机轰炸过后的柏林，遍地废墟，许多人居住在地下室里，短衣少食。主编问记者："你觉得德国人还能恢复过来吗？"记者回答："能。"主编问："为什么？"记者说："我在地下室的窗台上看到了一盆鲜花。"这里，鲜花就是美好生活的象征，爱鲜花，就意味着对生活里一切美好的东西仍然有向往，而有提升的希望。而这种希望、这份信念、这个理想，是以鲜花的形象保存和传播的。如果换一个形式，它们或许就没有这样坚韧饱满的力量。康德曾说，美，是道德的象征。这个"象征"，不是指美是道德或意识形态观念的图解，而是说，在道德与理性以概念和律令昭明自身的时候，美却是以形象在闪闪发光。它所要说明的一切，都在它的光芒里闪耀着。

2. 情感体验性

美育的又一个重要特征是，美育教化的方式不是对律令的恪守，不是对逻辑的理解，而是情感的激发、共鸣。

这一特征是由审美活动是一种情感判断的性质所决定的。人对事物的判断主要有两种：当你说"这朵花是梅花"时，这是运用概念（这里的概念是"梅花"），通过逻辑推理，在心理上展开理性思维而对对象做出的"理性判断"。判断过程为：凡是如何如何的花就是梅花，眼前这朵就是如何如何的，所以这朵花就是梅花。这是一种判断。另一种是，当你见到这朵花时立刻说"这朵花真美啊"，这个判断不需要什么花的概念，也不需要进行逻辑推理，不凭借理性就能做出判断，那么凭什么？凭对对象形象（这朵花是形象的）的直观思维，凭情感去体验对象就能做出"美的判断"。因此，审美判断、审美活动说到底是一种情感体验。就是说，美育作为审美活动，受育的过程主要是情感体验的过程；所受教育是通过情感教育来实现的，美育的功能主要是情感教育功能。

中国古代很早就认识到审美活动的教育功能。《尚书·尧典》里，舜接受尧的禅让，继位为帝，便任命夔为乐官，掌管乐，用来教育贵族子弟。而教育的方式，就是用乐来陶冶子弟们的情感，从而"直而温，宽而栗，刚而无虐，简而无傲"——正直而温和，宽厚而威严，刚强而不暴虐，简易而不傲慢。总而言之，就是性情中正和平、温柔敦厚。这成为儒家乃至整个古代中国的人格理想。

现代中国对美育也有类似的认识。蔡元培为商务印书馆出版的《教育大辞典》中"美育"一条写道："美育者，应用美学之理论于教育，以陶养感情为目的者也。"[①]美育的目的，就是情感的塑造。王国维认为，作为"完全教育"，美育与德育、智育

---

① 蔡元培. 美育与人生[M]. 济南：山东文艺出版社，2020：156.

各司其职，美育负责的是人的感情，要"使人之感情发达，以达完美之域"①。"完全教育"就是培养全面发展的人的教育，而美育主要是在情感上培养人。

因此，美育作为审美活动，不能只停留在对美的形象的感官感知上，而是必须有深入的情感体验。仅仅停留在感官层面，这样的审美只是影像消费，只是耳目之娱、感官刺激。必须在情感层面上感动受教育者，展开情感的生产或再生产，才是美育。

而作为情感体验，美育首先是一种愉悦的情感感受。康德认为，美的首要特征，就是给人以愉快的感觉。汉语的日常口语表达视觉与听觉的审美判断时，常常用"好听""好看"这样的词，这里的"好"，就是在形容人的感官乃至心理对审美对象的舒适愉快的审美感受。这种快感，是审美活动最突出、最重要的特征。正因为美育作为审美活动有这样的特性，它才能发挥教化人的作用。孔子说："知之者不如好之者，好之者不如乐之者。（《论语·雍也》）"去学习、认识一个东西，不如爱好这个东西；爱好这个东西，不如从中得到乐趣。审美教育就是让人在快乐当中受教育，所以，它才有巨大的感染力。

其次，美育作为情感体验，同时是一种社会共通感的建构。

情感是人社会化的重要内容。社会是人的集合，是由人与人之间的联系构建的。这种联系，包括血缘的、权力的、利益的等。但是，如果仅止于此，这样的社会共同体的基石是脆弱的。必须以情感为基石，才能建立稳固的社会共同体。目下，作为解决当前整个人类的生态危机与生存危机的终极方案，习近平总书记提出了"人类命运共同体"的思想。这个"命运共同体"就是利益共同体、情感共同体、价值共同体、命运共同体的统一。其中，"情感共同体"起着黏合、调和不同利益集团的关系的重要作用。"从一定意义上讲，任何共同体都应当是情感共同体。"②

而情感共同体要求共同体中人们的情感体验的相通性、共同性，要求人们能够彼此理解、共鸣、认同。而美育作为审美活动，能够有效地培养这种情感共通。孔子就说过，"诗可以群"，人与人能够通过参与文艺活动，发生情感共鸣，而形成共同体。宋玉说，在城里唱起《下里》《巴人》的歌曲，能有上千人相和。司马迁记述刘邦与项羽

① 王国维. 论教育之宗旨[A]// 刘刚强. 王国维美论文选[C]. 长沙：湖南人民出版社，1987：3.
② 康健. 从利益共同体到命运共同体[J]. 北京大学学报（哲学社会科学版），2018，55（06）：5-10.

的垓下之战，汉军夜间唱起楚地的歌曲，引发被围困的楚军的思乡之情，纷纷开小差逃跑。这些历史典故中，歌曲都引发了不同的个体的相似、相通、相同的情感，而从感情上将他们集合起来了。当代，中央电视台有个著名的栏目《同一首歌》，邀请驰名国内外歌坛的明星、新秀、艺术家，重新演绎脍炙人口的优秀歌曲。播出10年间，它一直是中央电视台收视率领先的节目，它在各地举办的系列大型公益演唱会，万人空巷，受到群众的热烈欢迎。《同一首歌》就是用大家耳熟能详的歌曲，引发人们共同的时代回忆，沟通人们的心灵，从而加强了国家民族的凝聚力、向心力。

最后，美育作为情感体验，还是情感的创造性生产。

孔子说"诗可以兴"，朱熹注解说"兴"就是"感发志意"，即面对现实情境，把一种全新的情感生产出来。所以，"兴"就是人的情感的丰富、深化、拓展、提升。情感并不是人生而有之的禀赋，而是社会的产物、文明的结晶。动物面对客观环境只有生理本能的反应，而人却由此发展出感觉、认识、评价、抉择等复杂的心理活动，发展出知识、道德、情感等高级精神形态。所以，情感就是人类自由自觉的特性的体现，情感的成长就是人的自我成长。个体乃至人类本身，就是行走在情感进化的历史行程当中，不断生产出新鲜的情感体验，而不断趋向自由。在这个过程当中，审美作为人类的重要活动，发挥了独一无二的主导作用。而作为审美活动的美育，更是承担了引导、推动人的情感生产的任务。正是在这个意义上，王国维、蔡元培乃至当代美学家们才纷纷把美育视为情感教育。

电视剧《长征》中有一个令人难忘的场面。过草地的时候，衣衫褴褛、饥肠辘辘的红军领导人手挽手，高唱着《国际歌》，在大雨中前行。这是长征中红军最为艰难的时刻，前有阻敌，后有追兵，身陷草地，左右雪山，无援无粮，饥饿、疾病、寒冷，紧接来袭。而一曲《国际歌》，鼓舞斗志，唤起理想，唤起信念，唤起坚强面对困难、克服困难的勇气。最终，他们走出了草地，走向了胜利。这并不是电视剧的艺术夸张，这是一个真实故事，不过实际上唱的是《马赛曲》。不管是《国际歌》还是《马赛曲》，都是革命的歌曲，鼓舞人们为创造人类更美好的明天去奋斗，不畏牺牲。而此时此地，重温它们，无疑有一番新的感受体验，更明确、更坚定、更深刻、更远大的情感生发出来。这就是毛泽东同志的著名七律《长征》："红军不怕远征难，万水千山只等闲。"在这里，情感通过审美活动，传递、承续、再造、新生。而人得以突破自我，不断提升，从而超越当下，开创未来。

3. 审美自由性

美育的第三个特征，是它的审美自由性。这是由审美活动对功利目的的超越性所决定的。这种超越性主要指审美活动中审美主体不受某种功利目的所支配，心态处于无沾无碍、无拘无束的状态，如黑格尔所说："审美带有令人解放的性质。"①

因此，就个人而言，如果带着某种私心杂念去接受美育，他就无法进入审美状态，美育对他而言就不能实现；如果我们以急功近利的态度试图采取模式化的人格教化模式，那么，美育就失去了它的自由性质，也就失去了它的积极意义和功能。

教育部《关于全面加强和改进新时代学校美育工作的意见》指出："美育是审美教育、情操教育、心灵教育，也是丰富想象力和培养创新意识的教育，能提升审美素养、陶冶情操、温润心灵、激发创新创造活力。"这才是美育的宗旨。当然，最终也是为了"立德树人"。但是，这一切都是在自然而然的自由状态的教育中实现的。

康德反复强调，人是目的。也就是说，人类社会、人类历史的目标，是人的全面的、自由的实现。孔子也告诫人们，"君子不器"，"器"就是用具，就是具有固定模式、固定用途的有限性的存在，但人的理想，不是成为这样的"器"，而是要突破自我与社会的重重限制，趋向无限的超越。

在现实社会中，人往往是被异化的不自由的存在。社会越强大，文明越发达，人的异化就越严重、越深刻。席勒发现了这一点，他把人的这种异化描绘为感性与理性的分裂，认为这是现代文明发展的后果，因而他倡导美育，试图用审美教育来弥合现代社会造成的感性与理性的分裂，重现古希腊文明的光辉，成就完整全面的人。

马克思摒弃了席勒对古希腊完整的人的想象，他考察了人的现实历史，提出了关于人的全面发展的理论。他认为，人的异化，其根本原因不在文化或精神世界的问题，而在于社会政治制度以至于经济制度，在于人对人的剥削和奴役。唯有通过政治制度的革命与经济制度的更新，消灭一切剥削压迫，人才有可能实现自身的自由自觉的本质，获得人的全面发展。这就是共产主义。

而经历了两次世界大战与战后的科技浪潮，马尔库塞认识到，当代资本主义在

---

① 黑格尔. 美学（第一卷）[M]. 朱光潜，译. 北京：商务印书馆，1979：147.

科技革命与发达的文化产业的加持下，对人的异化程度加重加深。人们不是直接被剥夺、被限制了自由，而是被感性阉割、精神驯化，成为"单维人"。"单维人"就是审美趣味单一化、观念僵化、视野狭窄的人。他是当代资本主义刻意制造出来的雇佣劳动者，拥有专业知识和技术专长，却已经失去超越现实的能动力量。马尔库塞提出"感性革命"的口号，主张建设一种完整、全面的"新感性"，试图用感性、用审美革命来解放人。

因而，审美不是解放人的充分条件，而是必要条件。美育不仅仅是实施着社会对人的规范教化，也在培养人对社会、对现实的反思和超越。

当前社会中，人的异化现象仍然十分严重。工作对大多数人来说，是一种无可奈何的沉重负担。劳动者感觉不到劳动的快乐和自豪，他们把自己视为"打工人"，即为他人工作的人，工作、劳动不属于自己，不由自己决定，自己也不属于自己，被种种外在因素支配。于是，人成为工具人，劳动也成为没有创造性的、纯粹劳动力的消耗。作家自认是"码字的"，编程工作者自称"码农"等。所有的工作、所有的劳动，似乎都只是为维持社会这具庞大的机器的无效空转。要改变这种状况，单凭审美是无能为力的。但是，审美可以成为一系列斗争实践的先驱。当人们对这种生活现状感到厌恶，当人们在写字间渴望"诗与远方"，那就是战斗的开始。因此，一种完善的审美教育，一个良好的审美趣味的培养，一份远大的审美理想的建构，将是人抵制现实压迫的最有效的防御机制，也是开启人类美好未来的唯一钥匙。

所以，美育的目标不是一个固定的规范化的人格模式，相反，它的使命是要将人从这种模式中解放出去，为人生产更多的可能性，为人类的未来进行本质性基础的探索。这是美育根本性的功能与意义。

总而言之，美育作为审美活动，有自己独特之处。教育者应该充分认识美育的特征，依据它们来规划美育的目标、方式、具体操作程序等，这样，美育才能取得应有的效果。

四

PART 4

美育资源

美育以美育人，这里的"美"就是美育的育人手段，也是美育资源，包括艺术美、自然美、社会美。美育资源遍布于艺术世界、自然世界和社会生活中，也蕴含于各种文化典籍中，我们要充分发掘、整合和利用这些资源，发挥其在美育中的作用。

（一）美育资源的丰富性和主要类型

世界充满了各式各样的美，为美育提供了丰富多样的资源。除了艺术美之外，繁复无穷、丰富多彩的自然美、社会美等审美对象，它们作为美的不同类型，都是美育的重要资源和手段。这些资源各有不同的性质特征和美育功能，相较而言，自然美更偏向于"真"，社会美更加偏于"善"，而作为人类审美其中体现的艺术美则更为均衡地融合了真、善、美，因而也有不同的美育功能。

1. 自然美及其美育功能

（1）自然美的内涵与审美特征

自然美，即自然物理世界的美，"指的是以物理现象的集合所构成的，客观存在于人之外的、非人为的物质世界的美"[①]。自然美主要指外在的物理、生物世界的美，山

[①] 柯汉琳. 美学原理[M]. 广州：广东高等教育出版社，2015：58.

水之美、动植物之美、星辰日月之美、云霞雨露之美等。自然美是非人为的，不以人为目的而出现，也不因人的意图而存在，"自然美在于自然物本身的属性"[①]。如果说美是真与善的统一的话，那么，自然美偏于规律，偏于真。自然美本身不具有道德感。

著名美学家宗白华曾在《美从何处寻？》中引用了他自己写的一首诗："啊，诗从何处寻？/从细雨下，点碎落花声，/从微风里，飘来流水音，/从蓝空天末，摇摇欲坠的孤星。"[②]这里激发作者诗性审美意象的细雨、落花声、微风、流水、蓝天、孤星，都是自然之物，有些是视觉对象，有些是听觉对象（如"点碎落花声"），也有来自触觉（如"微风"的触感，"细雨"亦可诉诸触觉），还有嗅觉、味觉等，都向我们传递了自然之美。无论是崇高庄严的宇宙宏观之美，还是"皆若空游无所依"的潭中小鱼的微观之美，一花一叶，虫鸟鱼石，都可以纳入人们的审美视野；无论"仰观宇宙之大"，还是"俯察品类之盛"，我们都可以感受到自然造物给我们提供的丰富的审美对象。

自然美，可分为无机自然美和有机自然美。

无机自然美是非生物体的自然的美，除了地球上的物质、宇宙星空，还有穿越星际的"光"本身，这些无机自然都可以被人类纳入审美视野，构成丰富的美育资源。

例如宇宙星空之美。人类在很古老的时候就开始仰望宇宙星空，在面对浩瀚无垠的宇宙时，除了感到赞叹敬畏，也怀着对宇宙崇高与神圣之美的深刻体验。在中国古老的《易经》等典籍中，不只有神秘的占卜和幽玄的哲思，也有着对庄严、神圣的天地宇宙的审美性观察；曹操《短歌行》中的"日月之行，若出其中；星汉灿烂，若出其里"，将日月、星汉纳入诗歌审美，构成恢宏、壮阔的美的意象。同样，在古埃及、古代印度、古代巴比伦，这些人类早期文明中对宇宙美的表现都是其审美世界的重要组成部分。在科技高度发达的今天，我们对宇宙认识的深度和广度已远非古代文明所能比拟，对宇宙之美有着更深刻的体认，而且随着对宇宙了解得越深，宇宙之美也越来越成为重要的美育资源。

再如山川物华、江河湖海之美。在人类所栖身的自然环境中，山川、河流、湖泊、岩石、沙漠等，都是非常实在的自然美，常常进入我们的审美视野。西方对自然

---

① 　叶朗. 美学原理[M]. 北京：北京大学出版社，2009：178.
② 　凌继尧. 美学十五讲[M]. 北京：北京大学出版社，2014：1.

宇宙星空之美

海洋之美

黄山之美

的审美形成于文艺复兴时期，而中国对自然的审美始于魏晋，但零星的、朴素的审美愉悦其实古已有之。"江上之清风，与山间之明月，耳得之而为声，目遇之而成色"（苏轼《赤壁赋》），见到自然山水的一刹那，审美会自然而然地发生。中国人对自然山水的审美尤其体现在国画中蔚为大观的"山水画"中，"山水"居于最核心的位置，虽然"山水画"本身属于艺术美，但中国人的普遍接受和画师的反复呈现，足以说明中国人对山川风物悠远而广泛的审美观照传统。

又如雨露霜雪等气象景观之美。除了大地上的自然山水，天空的风、云、雨、露、霜、雪、雷、电等，都是重要的审美对象、美育资源。由于物质的匮乏和恶劣的生存条件，早先的人类无法对广泛的气象景观进行超功利的审美观照，在人类尚且弱小、物质环境极为艰难的情况下，很多自然力量让他们惊惧与无助，也就无法将其纳入审美视野，正如苏轼所言："山头只作婴儿看，无限人间失箸人。（《唐道人言天

丹顶鹤

草原之美

目山上俯视雷雨每大雷电但闻云中如婴儿声殊不闻雷震也》）"面对"雷电"这一自然现象，惊惧、失箸，就无法对其审美，但今天的我们在了解了雷电的原理，有了避雷针和结实的房屋之后，雷电也不会再让我们感到恐怖。相反，我们可以观赏、拍摄闪电之美，这正体现了审美的历史性发展。

有机自然美指的是有"生命"的自然的美。18世纪瑞典生物学家卡尔·冯·林奈以生物能否运动为标准，将生物界分为动物界和植物界。随着生物学的发展，后来的学者又陆续提出了包括原生生物界、菌界、原核生物界等微生物在内的三界、四界、五界甚至六界系统。传统上人们对有机自然界的审美主要包括动物、植物。

我们前面总体上将自然美分为无机自然美和有机自然美，但在实际的情形中，也经常遇到无机自然与有机自然综合、交融的审美体验，例如中国人对四时、节气的变化，有着独特的审美体验，而这其中，既有无机自然的风、雪、霜、雨、露，也有有机自然的花、木、鸟、虫在节气里的不同（如惊蛰等），而且，从宏大的时间尺度上看，地球上的无机自然风貌实际受到了有机自然（生命）广泛而深刻的塑造。

（2）自然美的美育功能

自然美的美育功能主要有如下几点：

第一，自然美的审美能激发人对自然的敬畏感和开阔人的胸怀。

在现实生活中，人或为了生存而忽略了自然美，或因人类的"自我中心主义"，把自然视为征服对象而失去对自然的敬畏感和美感。特别是在工业化时代忙碌而重复的日常生活中，人们容易陷入工具理性和过度的功利算计而对自然美视而不见，从而失去接受自然美的熏陶。自然美作为审美对象，天然地体现着纯洁、灵性、庄严、崇高、神圣，它能够洗涤人的心灵，开阔人的心胸，提升人的精神境界，在感性层面促使人向自然宇宙回归。所以，"自然审美歌颂自然的崇高伟大，使人产生一种崇敬自然之情"[①]。

人类对宇宙之美的欣赏不只是在"观看"的表象层面，恢宏而静穆的宇宙内在的庄严而神圣的秩序，会激发人们内心对这种"崇高美"的欣赏，即使是身边的美的现象，背后也可能隐藏着贯通于宇宙的普适性。例如古希腊时期的毕达哥拉斯，他被铁匠铺里传出的悦耳声音所吸引，称量后他发现铁锤的重量刚好符合一定的比例，后来，他进一步认识到弦的长度按照特定的比例组合在一起，便能发出和谐的乐音。毕达哥拉斯欢喜地认为自己发现了音声之美背后的数理规律。这种和谐的数理关系原本就存在于自然宇宙之中，只是被人"发现"而已，而这种对自然世界之美的庄严与崇高的体认，在一定程度上提升了人的精神境界。

第二，自然美的审美能够"培养一种人与自然平等友好的感情"[②]。

人与自然之间的关系是一个动态发展的历史过程，从最初的敬畏自然、崇拜自然，到工业革命以后征服自然甚至践踏自然，人类也越来越以自我为中心。自然孕育了人类，但人类跟自然的关系却日趋疏离、紧张。自然美的熏陶，有助于促进人与自然平等友好的和谐关系。

18世纪法国著名博物学家、作家布封在他的《动物素描·马》一文中认为，天然要比人工更美丽些。在一个动物身上，动作的自由就构成美丽的天然。他敏锐地批评以人为中心的审美判断，一步步还原出"马"的自然美，那些自由自在地生活着的马匹，它们无论是行走，还是奔驰腾跃，既不受拘束，又没有节制，而那些为了摆阔绰、壮观瞻而喂养着、供奉着的马，为了满足主人的虚荣而戴上黄金链条的马，都是侮辱了马的自然本性，较之它们脚下的蹄铁还有过之而无不及。我们在日常谈及马的美时，常常是涵盖了这样一部分"社会美"，"人是衣裳，马是鞍"是我们习以为常的说法，正如"四牡有骄，朱幩镳镳"（《诗经·硕人》），其实都

---

①② 曾繁仁. 美育十五讲[M]. 北京：北京大学出版社，2012：116.

是暗示了一种以人类自我为中心的审美评判，而对自然的审美，将有助于我们清除这种狂妄心理。

第三，自然美的审美能够培养爱国情怀。

在自然美的审美中，我们会沉醉于西湖、漓江的优美，会感叹长江、黄河的壮美，会惊呼五岳的崇高美……而此时此刻，我们常常会由之感慨、赞美祖国河山之美。自然而然地，一种对祖国强烈的爱的情感就会由衷而生。中国古代诗人写诗歌颂自然美，画家绘画呈现自然美，其中很多就蕴含着一种爱国之情，这种爱国之情有的是由眼前的自然美所激发的，有的是眼前的自然美加深了心中已有的爱国情怀。不管是哪种情况，自然美能够激发爱国之情、培养爱国主义精神是肯定的。

2. 社会美及其美育功能

（1）社会美的内涵与审美特征

社会美是体现在现实的"生活世界"的美，"'生活世界'是有生命的世界，是人生活于其中的世界，是人与万物一体的世界"[①]。这里的生活世界归根结底是人的世界。马克思说，人是一切社会关系的总和。因此，社会美是以人为中心的美。换言之，在社会美中，最主要的美就是人的美，或美的人。这里说的人是真实存在着的现实的人，是肉体与精神统一的人，既是单独的又是存在于一定社会关系中的人，同时又是活动着的人。因此，人的美，"既包括作为感性的对象的灵与肉统一的美，又包括人的'感性的活动的美'"[②]。

人作为感性对象的美，是由其形体的美和精神的美（包括道德的、智慧的、情感的、意志的美等）构成的；作为人的"感性的活动"的美，主要指的是自由自觉的创造性的实践活动，例如生产劳动的美。这是社会美的主要内容。而人在实践活动中创造的体现着某种审美属性的产品，包括物质文化产品和精神文化产品，也是社会美的重要构成方面。

此外，在人的生活中逐步形成并稳定化了的风俗、节日等的美也属于社会美。

---

① 叶朗. 美学原理[M]. 北京：北京大学出版社，2009：203.
② 柯汉琳. 美学原理[M]. 广州：广东高等教育出版社，2015：73.

风俗节日通常有着一种与情感、期望相关的指向性内涵，例如重阳登高追怀亲人，中秋赏月企盼团圆，端午吃粽子追思先贤，清明洒扫祭奠先人……这种感性的、群体性的追思和期许，承载了日常理性、功利的社会运行法则之外的群体情感，有着特别的审美意义。例如王羲之在《兰亭序》中所提到的修禊，是古时的一种习俗，时间一般在阴历三月上旬的巳日（在魏以后定为三月三日），人们成群结队地汇聚到水边，洗濯、嬉戏，目的是祛除不祥，一并祈福，这慢慢成为古人的一种游春活动，具有了超越其"祓除不祥"目的的审美价值。

社会美具有如下两个特点：

第一，社会美以人的美为中心。

人的美是社会美的中心，上文已提及，这里作为社会美的特点再来谈谈。古希腊学者德谟克利特曾说，人是一个小世界，是对应于宏大宇宙的一个小宇宙。到了近代，德国哲学家康德将人类崇高的道德法则与头顶永恒的星空并论，他推崇人的心灵在认识外在世界时的基础性作用，创造性地弥合了经验主义和理性主义之间的认识论的根本困境，确立了以人为中心的审美世界，提出："人类所能认识的唯一世界是经验的现象世界，'表象'世界，这个世界仅仅存在于人类参与其中并加以建构的范围以内。"[1]时间和空间构成了经验的前提条件和一切可以被观察到的事物的背景，正是人类的心灵将世界置于时间和空间的框架里面，"时间和空间是'人类感觉力的先天形式'：它们规定了一切通过感官获得的事物"[2]。黑格尔进一步发展了康德的思想，他认为人的美较之自然美更为高级。马克思主义哲学扬弃了康德、黑格尔思想中的唯心主义立场，考察处于"社会关系"中的人的"感性的活动的美"，但同样是以人为中心来分析社会生活领域的美。

第二，社会美与"善"的关联更为密切。

较之自然美更多地体现了"真"，社会美更多折射的是"善"。处于社会关系中的人的"感性的活动"，有些称之为美，有些则称之为丑，甚至是恶，这与善或不善有着深刻的内在关联，而关于"善"的判断又与利害关系、阶级区隔、文化观念等

---

① 塔纳斯. 西方思想史[M]. 吴象婴，晏可佳，张广勇，译. 上海：上海社会科学院出版社，2011：379.
② 塔纳斯. 西方思想史[M]. 吴象婴，晏可佳，张广勇，译. 上海：上海社会科学院出版社，2011：378.

息息相关。相对于自然美，社会美的主观性和相对性更为明显，更无法剥离自身的文化和阶级属性。例如，王羲之的《兰亭序》中描写的"群贤毕至，少长咸集""流觞曲水，列坐其次"，都可以归入社会美的范畴，但这里"群贤"之"贤"的标准是什么，依据怎样的秩序"列坐其次"？基于不同的文化和立场，对这些问题会有不同的回答。人们对社会美的判断与他心中的"善"的观念息息相关。

（2）社会美的美育功能

第一，社会美有助于增强人们向善的道德感。

较之自然美更多体现的"真"，社会美的背后隐含着更多"善"的内蕴。无论是温润如玉的君子品性之美，还是历史重大关头英雄人物所表现出的崇高或悲壮之美，都隐含着引导人向善的美育功能。北京天安门广场人民英雄纪念碑上的浮雕所反映的人民英雄就是社会美，表现了一种崇高之美，而这种美作为真、善统一的美，其蕴含的道德感就特别强烈。

此外，作为社会美的传统文化，例如中国传统文化的"四书五经"中有审美性质的道德内容，其引导、增强人们从善、向善的道德感就非常强烈。有些诗人的诗歌风格，也凝练着浓厚的道德内容，例如"'沉郁'概括了以儒家文化为内涵，以杜甫为代表的审美意象的大风格；'飘逸'概括了以道家文化为内涵，以李白为代表的审美意象的大风格；'空灵'则概括了以禅宗文化为内涵，以王维为代表的审美意象的大

楷模群像

焦裕禄

雷锋

风格"①。从而，文化中涵盖的知识、哲理等理性层面的内涵也映射到与之相关的感性体验，文化不仅是理性层面的知识背景，也包含着内在的"情感图式"。这样的社会美并非令人生厌的说教，而是春风化雨般浸润人的心灵，潜移默化中增强人们向善的道德感。

第二，社会美的熏陶有助于建构和谐有序的社会关系。

人并不是孤立地存在于这个世界上，作为一种社会性动物，我们天然地处于社会关系中。各种类型的社会关系，有的让我们觉得舒心愉悦，有的则让我们疲惫不堪，甚至有些还会让我们恐惧不安。有序和谐的社会关系能够带来一种令人安心舒适的美感。儒家思想向来主张的长幼有序和血缘亲情对中国人而言格外重要，少长咸集、和谐融洽的社会关系，正是社会美的一个重要侧面。王羲之在《兰亭序》中描绘了与朋友们"会于会稽山阴之兰亭"，长幼有序、彬彬有礼的一群人，相互谦让，列坐流觞曲水旁的情景，正体现了一种和谐有序的社会关系之美。

3. 艺术美及其美育功能

（1）艺术美的内涵与审美特征

艺术美是艺术家运用一定的物质材料，根据自己对现实的审美认识，在审美理想的指导下，利用从自然和社会中所获得的丰富素材，借助审美想象创造出来的美。

艺术美是介于物质文化和精神文化之间的一种美学形态。首先，艺术美是借助物质材料反映生活的一种方式，如：音乐借助人的发声器官或乐器，产生各种高低、强弱、长短不同的声音；绘画以布帛、纸张等作为载体，通过色彩、线条来塑造形象；雕塑则离不开青铜、大理石等材料。其次，艺术美是人类心灵的产物，而不单纯是对自然和生活的再现或模仿。艺术美融入了创作主体和欣赏主体的思想情感，是极具个体性、创造性的美。再次，艺术美是具有审美价值的技艺和作品，是人对客观世界的审美把握形式，给人以精神上的愉悦和快感，体现着人类的审美理想。

艺术美是一种创造性的美，也是最能体现人的本质力量的美。如果说，自然美的价值取向是求真，社会美的价值取向在于求善，艺术美则是真、善、美的统一，集中

---

① 叶朗. 中国的审美范畴[J]. 艺术百家，2009（05）.

马踏飞燕

体现了美的精华，是美的最为高级、最为典型的表现形态。

艺术包括建筑艺术、园林艺术、雕塑艺术、舞蹈艺术、绘画艺术、书法艺术、音乐艺术、文学艺术、戏剧艺术、影视艺术、曲艺和工艺美术等。艺术美广泛体现在以上各种门类的艺术作品中，具有以下共同特征：

第一，形象性艺术是按照美的规律塑造的具体形象。黑格尔说："艺术作品当然是诉之于感性掌握的。"又说："美是理念的感性显现。"[①]绘画、音乐、雕塑，分别是以色彩、声音、线条所构成的形象，这些都是能够用感官来感受，即能听到、看到、触摸到的事物。朱光潜认为，文艺是一种"象教"，即通过形象使人认识事物和道理，文艺与哲学科学的不同，即在于"在哲学科学中，理是从水中提炼出来的盐，可以独立；在文艺中，理是盐所溶解的水，即水即盐，不能分开"[②]。

诗歌虽然以文字作为载体，从形式上看似乎是抽象的，没有呈现出形象，但实际上诗人都是在对某一具体生活形象的感受的基础

① 黑格尔. 《美学》全书序论[A]// 章安祺. 西方文艺理论史精读文献[C]. 北京：中国人民大学出版社，2010：280、284.
② 朱光潜. 朱光潜谈美[M]. 桂林：广西师范大学出版社，2006：177.

维纳斯雕像

《独钓寒江雪》

上创造出来的，诗中的文字就承载着这些形象信息。在诗歌鉴赏中，读者通过想象，就可以将文字背后的形象"还原"出来（有主观创造的所谓"还原"），如见如闻形象画面。如唐代诗人柳宗元的绝句《江雪》（千山鸟飞绝，万径人踪灭。孤舟蓑笠翁，独钓寒江雪。），以及宋代画家马远的《独钓寒江雪》，就是借想象把抽象的文字还原、转化为视觉形象的佳作。

诗歌总是借助形象的描绘来表达思想感情、营造意境的。苏轼的《题西林壁》，首先描绘庐山千姿百态、移步换形的面貌和游赏者的体会，然后点出"不识庐山真面目，只缘身在此山中"的道理。可见，道理的阐释建立在对庐山形象和游山者感受的基础之上，借景说理，水到渠成。朱熹的《观书有感》二首，通过描绘飘荡着天光云影的池塘、江水中自由移动的艨艟巨舰等形象，来寄寓治学的道理。若脱离了具体可感的形象，以直白的语言讲述"要不断接受新事物，才能保持思想的活跃与进步""艺术创作需要灵感"等道理，便失去了形象的依托，成为干巴巴的说教，艺术美也就无从谈起了。

第二，情感性。

艺术离不开情感，没有情感的灌注，就无法产生有血有肉、栩栩如生的艺术形象，艺术也无法感染人、教育人。真正的艺术创作都源于强烈的情感，没有炙热的情感，艺术就会丧失其生命。

中国古人早就意识到诗歌源于情感："情动于中而形于言。"艺术家在创作的过程中，也往往有情感充溢胸中。巴尔扎克创作《高老头》时，写到高老头死在小阁楼上，他心里难受极了，竟然昏了过去。表演艺术更是如此，戏剧大师斯坦尼斯拉夫斯基对戏剧表演的基本要求便是情感的真实性，即演员要真实地体验到角色正在经历的情感，以此引起观众的共鸣。

艺术源于情感，以情感灌注了整个创作过程的艺术品，也必然包含着强烈的情感，如悲伤与喜悦、热爱与愤恨、赞美与批判、遗憾与向往等，使接受者产生情感的波澜，受到情绪的感染和心灵的震撼。曹雪芹的《红楼梦》"字字看来都是血""满纸荒唐言，一把辛酸泪"。白居易笔下的琵琶女，弹奏时"未成曲调先有情"，其情感寄托在琵琶声中，"弦弦掩抑声声思，似诉平生不得志"，使听者泫然泣下。最重要的是，艺术作品中的情感，是经过升华的审美感情，它不是狭隘的个人好恶，而是符合社会发展方向、能够表现出人类理想的情感。杜甫的《茅屋为秋风所破歌》，如果只是为屋破漏雨而嗟怨，那就是哀叹贫穷的平庸之作了，而"安得广厦千万间，大庇天下寒士俱欢颜"的宏愿，则使这首诗摆脱了个人痛苦，为天下所有寒士得到庇护而呐喊，宏大的胸襟和崇高的感情令人感奋。

第三，创造性。

艺术活动是一种富有创造性的精神劳动，具有鲜明的个性特征。从艺术发展史来看，任何一种艺术门类，都是在不断打破既有规范、开拓新的题材领域和表现手法的过程中前进的，因而艺术美的形态始终是流动不拘、富于变化的。艺术内部不断翻新的流派和代表人物的出现，无不建立在对前人的超越上。例如，仅在北宋时期，词体便发生了三次重大的变化，分别以柳永、苏轼、周邦彦为代表，其中苏轼更是以诗为词，使词挣脱以离情别恨、伤春悲秋为主要内容，以绮丽柔婉为艺术追求的藩篱，将丰富复杂的人生感受、阔大壮丽的景象和豪爽飘逸的气概纳入词中，开创了豪放、清旷的新词风。

北京西山曹雪芹故居前的雕塑

毕加索的油画《格尔尼卡》

郑板桥书法作品

从个体的艺术创作过程来看，艺术美是对他人已有艺术创作的超越。清代书法家郑板桥的书法被称为"六分半书"，郑板桥自幼酷爱书法，临摹古人各种书体，能够以假乱真，但依然不被欣赏，甚至被讥为"书奴"，后来进行自我创造，隶书参以行楷，用墨浓淡不匀，字形大小不一，总体错落有致而又浑然一体，形成了独树一帜的新书体。

艺术美的创造性也是指艺术家对自我的超越。今日之"我"，不可重复昨日之"我"。西方现代绘画的先驱毕加索曾经说过，如果想要有所成就，就得不断杀掉自己。所谓"杀掉自己"，就是要不断否定自己、超越自己。毕加索的绘画风格是多变的，立体主义、分析立体主义、新古典主义、象征主义……他的画作中，几乎可以看到整个西方绘画史嬗变的历程。这种不断超越自我的态度，带给观众的是始终新颖独特的艺术美。

（2）艺术美的美育功能

艺术美是实施美育的重要手段，较之其他各类美的形态，艺术美所能产生的感染和熏陶作用是最强的。孔子曾认为，《诗经》有"兴观群怨"的作用，即：抒发感情，表达心志；观察万物，了解盛衰；加强交流，沟通感情；批评上政，匡正时弊。这种认识不仅可以推及其他文学作品，也适用于所有门类的艺术。具体说，艺术美的美育功能主要体现在以下几个方面：

第一，审美功能。艺术作品的审美属性，是艺术审美功能的客观前提。美是艺术的根本特征和必然品质。[1]席勒说："一切艺术都是致力于给人愉悦的，而且没有比使人们感到幸福快乐更高尚和更严肃的任务了。那种努力获取最高乐趣的艺术才是真正的艺术。"[2]艺术美可以使人摆脱现实中功利是非的羁绊，沉醉在艺术作品营造的虚拟世界中，产生快适、欣喜、愤怒、悲哀、遗憾、震撼等各种情感，获得精神的自由感和心灵的陶冶与净化。不同范畴的艺术美，其审美功能也是不尽相同的。具体而言，优美的艺术多具有和谐、柔媚、秀雅的形式，令人赏心悦目、轻松愉悦。崇高之美，其风格庄严伟岸、刚健豪放、粗犷雄浑，给人惊心动魄的审美感受，能够激动人心、催人奋进。在艺术中，悲剧是崇高美最为集中的存在形态。亚里士多德说，悲剧的效应在于通过怜悯与恐惧，使观众的心灵得到疏泄。悲剧中主人公不屈不挠的抗争和最终毁灭的结局，既能引发接受者的悲伤和叹惋之情，更能让人感受到人类精神的高贵与伟大，唤起对未来的希望。

第二，认识功能。艺术是对现实生活的形象反映。优秀的艺术作品，必然具有深广的社会历史内容。《三国演义》以"七分实、三分虚"的手法，形象地描绘了从东汉末年黄巾起义、天下三分到西晋建立、天下重归一统的巨幅历史画卷。即使是《西游记》这样的神话小说，也可以使人看到中国封建社会的若干侧面：森严的封建等级秩序，被金钱污染的佛家净土，乃至"自在不成人、成人不自在"的成长规律。优秀的艺术作品，可以使人获得丰富的社会历史知识，更透彻地观察社会和人生。

第三，教育功能。优秀的艺术作品在以具体生动的形象反映社会现实、以真挚细腻的情感打动观众心灵的基础上，能够在春风化雨般的审美感受中，用高尚的精神感化教育观众。狄德罗曾说，在戏院的池座里，"坏人会对自己可能犯过的罪行感到不安，会对自己曾给别人造成的痛苦产生同情。……那个坏人走出包厢，已经比较不那么向于继续作恶了，这比被一个严厉而生硬的说教者痛斥一顿要有效得多"[3]。这种描述虽然略显

---

① 柯汉琳. 艺术本质三论[A]. 柯汉琳. 篱侧论稿[C]. 北京：中国社会科学出版社，2007：4.
② 席勒. 论悲剧合唱队的作用[A]// 周靖波. 西方剧论选（上册）[M]. 北京：北京广播学院出版社，2003：226.
③ 狄德罗. 狄德罗美学论文选[M]. 张冠尧，译. 北京：人民文学出版社，1984：137.

凡·高的《向日葵》

夸张，但艺术美的教育作用却是毋庸置疑的。

艺术美的各种功能当中，审美功能是首要的，也是认识功能和教育功能赖以产生的基础。这是因为，对艺术美的理解和领悟，必须建立在与审美相关的感受力的基础之上。席勒认为："必须经过心灵才能打开通向头脑的道路。感受能力的培养是时代最急迫的需要，这不仅因为它是完善的洞察力作用于生活的一种手段，而且因为它本身就会唤起洞察力的改善。"①丰富的人生智慧、深刻的思想启迪，都要借助于审美形象和审美情感，渗透于接受者的审美感受和审美体验中，才能发挥作用。甚至，一些认识功能和教育功能不甚明显的艺术作品，却仍然具有审美功能。比如，无标题音乐能够通过强弱、长短、高低不同的声音的排列组合，形成节奏、旋律、和声，传达某种情绪或感情。面对凡·高的《向日葵》，即使不了解绘画史和创作背景的观众，也不难从画面上绚丽的色彩、旋转的线条、饱满的轮廓和昂扬的姿态中感受到画家心中的激情，心灵为之震颤。脱离了审美功能，只具有认识功能和教育功能，艺术美是不能存在的。

总之，艺术美是美育的主要内容和途径。它可以提高人们的审美感受能力、想象能力、判断能力、鉴赏能力，陶冶情操，形成健康、高尚的审美情趣，激发创造美的欲望，最终走向求真、向善、尚美的境界。

（二）美育资源的发掘与利用

如前文所指出的，美育资源遍布于艺术世界、自然世界和社会生活中，也蕴含于各种文化典籍中，要充分发掘、整合和利用这些

---

① 席勒. 美育书简[M]. 徐恒醇，译. 北京：社会科学文献出版社，2016：72.

资源，发挥其在美育中的作用。

下面主要从民族传统文化、革命文化、社会主义先进文化、西方文化几个方面谈谈美育资源的发掘和利用问题。

1. 民族传统文化美育资源的发掘

文化是民族的血脉，人民的精神家园。在五千年历史长河中，中华民族创造了灿烂辉煌、博大精深、独一无二的传统文化，为世界文明的发展做出了卓越贡献。中华民族传统文化蕴含着丰富的美育元素，积淀着丰厚的美育资源，并形成了独特的中华美育精神和特有的审美感知、审美体验、审美表现方式等。新时代美育工作要弘扬与继承中华优秀传统文化，积极发掘民族优秀传统文化中的审美元素，用这些审美元素滋润学生的心灵、陶冶学生的情操、提升学生的审美素养和增强民族文化自信。

民族传统文化美育资源，可以从以下几个方面进行发掘。

（1）传统文化技艺，包括艺术和各种工艺

中华传统技艺作为一种文化现象，绚丽多彩、风格独特。传神写意的书法、气韵生动的国画、空灵幽远的古琴、蕴含玄理的棋弈；以秦陵兵马俑为代表的陵墓雕塑，以敦煌莫高窟为代表的宗教雕塑，以苏州园林为代表的中国园林，以故宫为代表的中国宫廷建筑，以京剧为代表的综合性舞台艺术，以汝窑、官窑、哥窑、钧窑、定窑为代表的瓷器艺术等，都是中国的美育宝藏。充分发掘这些宝藏，用以培养学生的民族审美意识和民族精神，提高学生的审美素养，具有深远的意义。

要指出的是，中华民族是由五十六个民族构成的，在漫长的历史发展和民族融合中，各民族都形成了自己特有的艺术和工艺文化，蕴含着各个民族的思想情感和审美

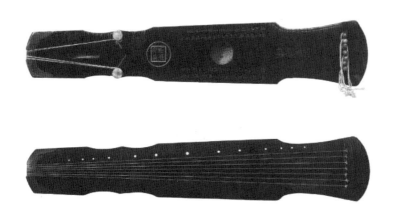

唐"九霄环佩"琴

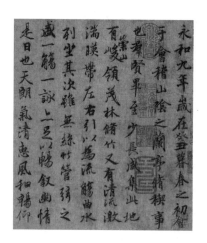

《兰亭序》神龙本
唐　冯承素摹本（局部）

情趣，各有自己的审美风格。除了对汉民族传统艺术与工艺文化的审美资源的发掘，还要重视、发掘少数民族传统艺术与工艺文化的审美资源，例如我国维吾尔族、蒙古族、藏族以能歌善舞闻名，其音乐（包括民族乐器马头琴等）、舞蹈艺术富有特色，审美属性鲜明，具有很强的艺术魅力，是极为宝贵的美育资源，应充分利用。对传统民间艺术也要充分重视，如江苏民歌《茉莉花》、四川民歌《太阳出来喜洋洋》、湖南民歌《浏阳河》、山东民歌《沂蒙山小调》、广东的客家山歌和渔歌等，以及剪纸、皮影、年画、花灯、泥塑、木刻版画、印染花布、陶瓷、嵌瓷等民间美术和工艺，都可以利用并引入课堂美育中，让学生感受民族音乐之美、民间艺术和工艺的

皮影

剪纸

石湾公仔《捉鬼钟馗像》
刘　传

潮州陶瓷《丹凤朝阳》花篮
叶竹青

美，体会民间艺术的审美情趣，培养学生的审美想象力与创造力，也能让学生深刻认识到中华民族文化的悠久历史，增强民族自豪感与认同感。

（2）中华传统民俗文化活动

中华优秀传统文化中的民俗风情、岁时节令等活动异彩纷呈、千姿百态，是传承民族文化、寄托民族感情、体现民族认同感的重要舞台，包含着深刻的历史文化内涵，具有重要的美育价值。

中国传统节日春节、元宵节、中秋节、重阳节等已成为民族文化的象征，"二十四节气"中蕴涵的中国生活美学，都是中国人民智慧和经验的积累。教师可以运用这些传统节日作为学生的课外体验活动，让学生在春节、元宵节、中秋节的贴春联、包饺子、品元宵、吃月饼、赏秋月等日常生活活动中，领悟中华民族对美好生活的向往，引导学生养成积极乐观的人生心态。例如，教师可以让学生了解端午节是为了表达人民对屈原所代表的爱国忧民精神的敬仰，在课外参与吃粽子、赛龙舟、挂艾

春节饺子

赛龙舟

元宵花灯

中秋月饼

草等活动中，体会中华民族团结向上、奋力拼搏的追求，培养学生的爱国精神与集体意识；也可以鼓励学生课后积极参与清明节的扫墓、祭祀活动，在重阳节讲解敬老爱老的中华传统美德，不仅能使学生懂得感恩、珍爱生命，塑造学生丰盈和谐的人格精神，也能传承与弘扬中华优秀传统文化。

不同的民族形成了独具特色的民族节日，如蒙古族的年节——"白节"（也称"白月"），有吃五更饺子、手扒肉，放鞭炮、点篝火，互相敬酒、纵情歌舞等习俗活动，以示合家团圆，辞旧迎新，吉祥如意；藏族的"赛马会"中有赛马、射箭、摔跤等民风民俗；彝族、基诺族、纳西族等民族的"火把节"中有牛王争霸、斗羊比赛以及激情热闹的祭火仪式，人们纵情欢聚，放歌畅饮，祈求六畜兴旺、五谷丰登；白族的"三月三"（又称"三月街"）中，人们对歌跳舞、赛马欢歌，举办灯展、花展，进行丰富多样的物资交易；傣族的"泼水节"（又名"浴佛节"），有浴佛、诵经、赛龙舟、放高升、赶摆、文艺表演等各种活动，展示了感悟自然、温婉沉静的民族特性。这些各民族传统节日不仅是娱乐活动，也是各民族深厚文化底蕴的体现，以其进行审美教育，不仅能培养学生的审美乐趣，也能增强其对民族文化资源的传承与弘扬。

（3）民族地域文化

一方水土孕育一方文化。地域文化是特定时空中的文化，岭南文化、齐鲁文化、湖湘文化、巴蜀文化等共同构成了中华民族自强不息、爱国务实、开放进取、兼容并蓄、经世致用的基本精神，这些独具特色的民族地域文化也是美育的重要资源。泰山的人文遗产、曲阜孔庙、邹城孟庙、嘉祥曾子庙等文化资源，不仅可以让学生领略崇高雄伟的

广州陈家祠

自然之美，体验人文景观的建筑特色，而且可以培养学生"以天下为己任"的爱国情怀和"成仁取义"的奉献精神等；北京故宫博物院、北京长城、西藏布达拉宫、乐山大佛、广州陈家祠、武汉黄鹤楼等人文景观，都可以作为审美对象，培育学生的审美心胸，激发学生热爱祖国的感情。此外，中国传统礼仪文化、节庆服饰文化、饮食文化、茶文化等，包含着礼仪待人、以和为贵、互敬互重的文化内涵，对于学生美好行为和审美情操的塑造也具有重要的美育价值。

八达岭长城

李大钊

2. 革命文化和社会主义先进文化美育资源的发掘

革命文化指反映百年来中国人民反帝反封建的新民主主义革命斗争历史，讴歌中国人民的革命精神、讴歌革命领袖、颂扬革命英雄人物的文化建构及其文化产品。它既是中国人民革命精神的高度文化凝聚，也是中国精神在革命年代的主要表现形式。社会主义先进文化指社会主义时期体现着社会主义核心价值观，反映中国人民建设社会主义的成就，讴歌劳动模范、先进人物、时代楷模的文化建构及其文化产品。革命文化和社会主义先进文化两者本质上是一致的，其内核表现为四个方面，即革命乐观主义、革命理想主义、革命英雄主义与革命集体主义，它根植于中华优秀传统文化。革命文化和社会主义先进文化蕴涵着丰富的美育资源，是中华民族文化精神和美德的复合体，具有显著的人文价值和审美价值，是重要的美育资源。从革命文化和社会主义先进文化中发掘美育资源用以培育学生，必将为新时代美育落实"立德树人"根本目标增添助力。

革命文化和社会主义先进文化的美育资源可以围绕革命人物（革命英雄人物和社会主义时期的先进人物、模范人物）及其事迹、革命遗存和革命作品三个方面进行发掘。

第一，革命人物（革命英雄人物和社会主义时期的先进人物、模范人物）及其事迹。中国历史上的革命人物往往是以英雄的形象出现在大众视线中，他们身上独有的红色革命精神鼓舞和激励一代又一代年轻人。例如李大钊、瞿秋白等早期革命者，英勇献身的黄继光、董存瑞等人和社会主义时代的楷模雷锋、孔繁森等人，这些革命人物、先进人物为国家和民族的独立、为中国人民的解放事业以及社会主义建设事业，以不怕牺牲、敢于探索的开拓精神，坚忍不拔、攻坚克难的奋斗精神，创造了一个又一个的奇迹，他们留存于历史的感人故事是最好的美育资源。

黄继光

延安革命纪念馆　　　　　　　毛泽东用过的椅子

第二，革命遗存。革命遗存是革命精神的物质载体，也是革命文化的重要组成部分。革命遗存包括革命先烈、英雄模范人物遗留的物品，革命博物馆、纪念馆、纪念场地，革命园林，伟人或革命家生活和战斗过的地方、故居，以及附设的革命建筑设计、雕塑、绘画等艺术，都具有美育价值。如陕西的革命圣地延安，是革命文化遗存的集中地，中共中央和毛泽东等老一辈革命家曾经在那里生活战斗了十三年，每当人们来到延安，无一不对这里的每一处革命建筑、每一处旧址和宝塔山、纪念馆等感到无比的崇敬而产生审美联想，从而让人受到真正的美感教育。

第三，革命作品。在革命文化的宝库中，革命战争年代、社会主义建设时期以至当代，一些革命工作者和文艺工作者创作了许许多多的革命歌谣、革命歌曲、革命小说、革命电影、革命歌舞剧等，这些革命作品深受中国老百姓的欢迎和喜爱，能让人产生审美情感而受到审美教育。如《黄河大合唱》《义勇军进行曲》《南泥湾》等音乐作品，《暴风骤雨》《红岩》《红旗谱》《创业史》《回延安》和语文教材所选的《吃水不忘挖井人》《为人民服务》《朱德的扁担》《中国人民站起来了》《长征胜利万岁》等文学作品，或反映了中国革命的历程，赞颂了中国人民的革命精神、斗争精神和革命情怀；或讴歌了革命领袖、英雄人物、先进人物和工农群众等；其中体现的悲壮之美、崇高之美和信仰之美能够以美引真、以美引善、以美悦情，陶冶人的情操，净化人的灵魂，升华人的思想境界。这正是发掘这类革命作品的审美元素用于美育的深远意义。

长篇小说《红岩》封面

电视剧《觉醒年代》海报

3. 西方文化美育资源的利用

新时代美育不仅要面向当代现实，吸取中华民族优秀的传统文化与革命文化、社会主义先进文化的审美元素；同时，要在立足中国立场、坚定文化自信的前提下，充分考虑美育的跨文化特性，遵循"各美其美、美人之美、美美与共"的原则，吸收西方美育文化的营养，丰富中国当代审美教育的资源，建构具有中国特色的、体现中西文化融合的新时代美育体系。西方文化资源可以从以下方面进行借鉴与利用。

（1）和谐美的理想

中西文化对美的理解各有特点。古希腊是爱美的民族，古希腊文化艺术崇尚和谐之美。例如，古希腊雕刻家阿历山德罗斯的《米洛的维纳斯》中维纳斯雕像双臂已失，但身材健美，容貌端庄，整个雕像以1：1.618的黄金比例创作，雕像身体微微扭转，构成了和谐优美的螺旋式上

古希腊建筑帕提侬神庙

升体态，富有音乐的韵律感，凸显了真善美的高度统一，她的美超越时空，让人感受到永恒的生命力。同样，被称为古希腊艺术殿堂的帕提侬神庙是雅典卫城主体建筑，为歌颂雅典战胜波斯侵略者的胜利而建，庙高与底宽接近黄金分割比例，也展现了和谐之美。还有如埃及的金字塔、法国的埃菲尔铁塔和巴黎圣母院等建筑艺术都接近黄金分割比例的构造；意大利文艺复兴时期著名画家达·芬奇的代表作《蒙娜丽莎的微笑》的构图尤其完美地体现了黄金分割比例在绘画艺术中的运用。西方文化艺术中的这种美，不仅能引导学生直观地认识形式美的规律，也能加深学生对人的内在精神和外在形式的和谐之美的理解，有助于引导学生身心和谐发展。

悲剧《奥狄浦斯王》封面

（2）人文精神的追求

审美是人的自由的生命活动，对人的尊重与肯定也是审美教育的目标。美育不仅要提升学生的审美能力，而且要培养学生健康的审美情趣、崇高的审美理想。审美教育工作者可以利用西方文化中的人文精神资源，对学生进行美的教育。例如，古希腊文学是西方文学中人文精神的源头，《荷马史诗》《奥狄浦斯王》等文学作品，讲述在人与命运的冲突中，人类反抗命运的努力与斗争，可以借以引导学生正确对待命运，树立积极向上的人生观；文艺复兴时期拉斐尔的《披纱巾的少女》、米开朗琪罗的《最后的审判》、达·芬奇的《抱银鼠的女子》等绘画作品，可以引导学生对人的内在心灵的关注；音乐作品中，贝多芬《第九合唱交响曲》终曲乐章《欢乐颂》表现"从斗争到胜利、从黑暗到光明、从苦难到快乐"的人文精神历程，舒伯特的声乐套曲《冬之旅》取材深刻、结构紧密，多以小调为主调，具有暗淡、忧伤的色彩，巧妙地刻画了漂泊者的孤独和感伤，反映了处于梅特涅统治下的人们的忧虑和不安，马勒的声乐交响套曲《大地之歌》对人生意义和死亡的思考达到了极深境界，这些作品的人文主义精神，体现出对人生意义的深思、对生命价值的肯定、对人类命运的关怀，不仅能拓展学生的审美视野、丰富学生的审美知识，也能引导学生树立正确的人生理想。

拉斐尔的
《披纱巾的少女》

（3）理性启蒙的艺术展示

贝尔尼尼的《四条河的喷泉》

西方近现代文化艺术形式多样、内涵深刻，有启蒙主义、新古典主义、浪漫主义、现实主义、印象派等多种类型，具有丰富的美育价值，应该批判地、充分地利用这些资源对学生进行审美教育。例如意大利巴洛克艺术家、建筑家、雕塑家贝尔尼尼为罗马城设计的装饰雕刻《四条河的喷泉》《多利多之泉》，将建筑、雕刻和绘画结合为一个完整的艺术整体来装饰城市空间，能够拓展学生的审美视野，使其体会审美创造性的价值。法国现实主义画家米勒的《拾穗者》《播种者》歌颂农民的艰苦劳动和勤劳品德。俄国现实主义画家列宾的《伏尔加河上的纤夫》描绘了俄国纤夫的苦难生活，表达了对下层人民群众悲惨生活的同情。法国浪漫主义画家德拉克洛瓦的《自由领导人民》展示了夺取七月革命胜利关键时刻的巷战场面，歌颂了人民争取自由和权利的革命斗争。这些绘画作品能够启发学生养成热爱人民、关怀现实的良好品格。

米勒的《拾穗者》

学校
美育

（一）美育途径与学校美育

1. 美育三途径

美育途径指的是进行美育教育的途径和方法。我们通常说美育有三大途径：一是家庭美育，二是学校美育，三是社会美育。在新时代的背景下，只有通过家庭、学校、社会三种美育途径的互补和衔接，才能将家庭培养、学校教育、社会资源三者有机融合，形成全民美育的终极目标。

家庭美育途径指的是在家庭教育中，面向子女开展的美育活动的方式和方法。常见的家庭美育形式有胎教、家长的言传身教、家庭环境布置、亲子旅游等。家庭美育的目的是促进子女的全面发展，包括思想美、品德美、语言美、行为美等，目的在于早期建立儿童基本的审美与情操。

学校美育途径指的是在学校教育中，面向学生开展的系统美育活动的方式和方法。常见的学校美育形式有美育课程开展、校园环境建设、艺术实践活动组织等。学校美育的目的是提高学生的审美水平和人文素养，弘扬中华美育精神，培养德、智、体、美、劳全面发展的社会主义建设者和接班人。

社会美育途径指的是在社会教育中，面向公民开展的美育活动的方式和方法。最常见的社会美育途径有：开放图书馆、博物馆、艺术馆、音乐厅等场所；开放名胜古迹、自然风景区等场所；美化城乡人居环境，提升街道、建筑、绿化带、橱窗、广告牌等的艺术性；设置并维护公共场所的文化、体育、艺术等设备或装置等。社会美育的目的是提高公民的审美能力，最终促进社会和谐进步。

美育的三个途径各施其能，覆盖了一个人不同的生活空间，在不同的人生阶段，家庭美育、学校美育和社会美育所起的作用各不相同。如果以学生的在校身份作为参考坐标，那么在学龄前阶段，家庭美育是最主要的途径；在学校适龄阶段，学校美育是最主要的途径；在毕业之后，社会美育是最主要的途径。那么这三种途径之间有什么特点和作用呢？

家庭美育是美育的根，也是美育的起点。习近平总书记指出："家庭是社会的基本细胞，是人生的第一所学校。不论时代发生多大变化，不论生活格局发生多大变化，我们都要重视家庭建设，注重家庭、注重家教、注重家风。"①苏联著名教育学家苏霍姆林斯基直接说："一个人以后美感和情感的发展，在很大程度上取决于儿童时期对审美能力的培养。"②由此可见，家庭美育具有重要性和基础性的特征。同时，与学校美育、社会美育相比，家庭美育具有早期性、长期性的特征。家庭美育的早期性是指家庭美育的实施时间要早于学校美育和社会美育；家庭美育的长期性是指其作用时间的长度，家庭美育的实施是终身性的，家庭是人生的起点，一个人的成长离不开家庭的影响与熏陶，随着年龄增长不会终止；同时，家庭美育对人的影响也是终身性的，一个人从原生家庭受到的教育，将对他之后的学习、工作和生活等各个方面产生十分重要的影响，且这种影响很容易伴随一生。

学校美育是美育的干，也是美育的核心。蔡元培曾提出"美育的基础，立在学校"，学校美育凭借其有目的、有计划、有组织地对学生施加影响的优势，把美潜在的影响力有效地转化为育人效应，真正造就受教育者全面和谐发展的个性，进而对于提高整个民族的精神文化素质具有不可忽视的重要价值。与家庭美育和社会美育相比，学校美育更具目的性、合规律性和系统性，因此学校美育成为美育体系中最有效的途径之一。

社会美育是美育的枝，也是美育的支撑点。社会美育是一项综合性的社会工程，是构成美育的重要组成部分，对于提升全社会成员的审美素质、思想道德素质、科学

① 习近平. 习近平在2015年春节团拜会上的讲话[N]. 人民日报，2015-02-18（02）.
② 苏霍姆林斯基. 学生的精神世界[M]. 吴春荫，林程，译. 北京：教育科学出版社，1981：66.

文化素质都功不可没。朱光潜在《谈美感教育》中说："一个民族在最兴旺的时候，艺术成就必伟大，美育就必发达。"可以看出，美育发展与民族生命力、社会文明水平相关。与家庭美育和学校美育相比，社会美育更具有广泛性、地域性和政策性，即社会美育与公民的有效参与、地方文化的建设和财政的投入相关。

从家庭美育、学校美育和社会美育三者的关系来看，家庭美育是学校美育和社会美育的基础；社会美育是家庭美育和学校美育的继续；而学校美育上承家庭美育，下启社会美育，在整个美育系统中占据十分核心的地位，也是各级各类学校整体教育的重要组成部分。

对于中小学教师而言，最主要的任务首先就是抓好学校美育，其次是建立起沟通学校美育—家庭美育、学校美育—社会美育之间的桥梁。如创造条件邀请家长进入校园参与美育活动，让家庭的美育成果得到交流和分享；积极发掘社会美育资源，搭建合作平台，鼓励师生或家长参与优质的社会美育项目等。

2. 学校美育的地位

新时代以来，我国的学校美育经历了一场从思想到制度的改革，学校美育的地位逐步上升，获得了持续强劲的发展动力。

近几年，党中央、国务院、教育部连续出台重要文件，持续确立学校美育的重要地位：2015年国务院办公厅出台第一份国家级美育文件《关于全国加强和改进学校美育工作的意见》（以下简称"2015年《意见》"），指出"学校美育取得了较大进展，对提高学生审美与人文素养、促进学生全面发展发挥了重要作用"。2020年中共中央办公厅、国务院办公厅出台第二份国家级美育文件《关于全面加强和改进新时代学校美育工作的意见》（以下简称"2020年《意见》"），提出要把美育"纳入各级各类学校人才培养全过程，贯穿学校教育各学段"。

（1）学校美育是促进学生全面发展的主要阵地

人的全面发展是教育最本质的目标。苏霍姆林斯基说"没有美的教育就不可能有完整的教育"，过去有许多学校过分看重学生的考试成绩，并将升学作为学校教育工作中唯一重要的目标，从而推崇应试教育，忽视和曲解美育在学校教育中的地位和作用，认为美育对提高学生学习成绩并无实质性的帮助，将其视为与主要学科对立的、可有可无的环节，或是片面地将美育等同于音乐课和美术课。这些都是当下社会对美育极为常见的误解。然而，美育既不是毫无作用，也并不等于教授学生绘画、唱歌、跳舞和演奏乐器。相反，美育的"美"具有更为广阔的范畴，包括自然美、社会美、艺术美等。这使得它不仅带给学生艺术美的熏陶，还在促进个体个性化发展和全面发展的过程中发挥着不可替代的作用。

王国维曾在其《论教育之宗旨》中指出："德育与智育之必要，人人知之，至于美育有不得不一言者。盖人心之动，无不束缚于一己之利害；独美之为物，使人忘一己之利害而入高尚纯洁之域，此最纯粹之快乐也。"美育关乎情感与道德，但并不局限于此，它能够提升学生的审美素养、陶冶个人情操、温润个体心灵、激发青少年创新创造活力。[①]总的来说，美育十分强调对学生的思想道德、人文素养、审美能力等方面进行培养和塑造，其功能贯穿于学校教育全过程。因此，美育并非一种片面、单一的教育形式，而是具有综合性、渗透力强等特点的教育内容和教育手段。美育通过与各个学科、各种教育手段相互配合，在"润物细无声"中促进学生的全面发展，同时还有助于提高学校整体教育质量、促进我国现代教育的发展与完善。

（2）学校美育是国家教育的重要部署

2011年党的十七届六中全会首次将"文化命题"作为中央全会的议题，提出了要建设社会主义文化强国，2020年党的十九届五中全会更是从战略和全局上对文化建设做了规划和设计，明确提出到2035年建成文化强国。从这些重大会议释放出来的信号可以看出，国家的治理理念从以经济建设为中心向经济建设、文化建设和精神建设并重转变。此外，2020年教育部发布的《美育教育规划细则》正式确定美育课程纳入中小学学业水平考试的范围，2020年《意见》提出："到2022年，学校美育取得突破性进展，美育课程全面开齐开足，教育教学改革成效显著，资源配置不断优化，评价体系逐步健全，管理机制更加完善，育人成效显著增强，学生审美和人文素养明显提升。到2035年，基本形成全覆盖、多样化、高质量的具有中国特色的现代化学校美育体系。"从文化强国到中国特色的现代化学校美育体系，可以看出学校美育已是国家教育的重要部署。

一方面，2015年《意见》中有这么一句话："美育仍是整个教育事业中的薄弱环

---

① 国务院办公厅关于全面加强和改进学校美育工作的意见[J]. 中国德育，2015（23）：6-11.

节。"根据"水桶原理",只有把学校美育这块"短板"补上,才能真正推动国家教育向高质量发展。

另一方面,文化强国的最重要指标就是社会的文明程度。这包括了国民的文化素质水平、文化自信程度、文化产业的繁荣程度以及文化软实力的辐射程度等因素。如何有效提升社会的文明程度?那必须在质与量上同步提升,而现代学校美育恰恰满足了这些条件。根据教育部发布的《2020年全国教育事业发展统计公报》数据,2020年各级各类学历教育在校生2.89亿人,其中义务教育阶段在校生1.56亿人,高中教育阶段在校生4163.02万人。显而易见,如果能在这么大数量的人群中系统性地开展好学校美育,那么无论是在数量、质量上,还是在可持续发展上,都能对推动国家教育发展和建设文化强国起到战略性的作用。

3. 学校美育的特点

学校作为有计划、有组织地对受教育者进行教育活动的组织机构,其美育体现了系统性、集中性、课程化的特点。

(1)系统性

与家庭美育的个体性和社会美育的公共性相比,学校美育更具系统性,具体体现在学校美育的目的性、合规律性和科学性上,因此学校美育成为美育体系中极有效的途径之一。

从目标上看,学校美育具有明确的目的性。作为"德智体美劳全面发展"的教育方针中一个不可或缺的组成部分,学校美育不能脱离"培养全面发展的人才"这个明确的目标。围绕这一目标,学校美育制订了一定的计划,按照一定的规律,有目的地引导学生进行学习、接受训练,从而保证培养人才的规格。[①]学校美育被纳入教学计划,使美育的实施有切实的保证。学校一方面开设专门的审美教育课程,通过艺术美、现实美对学生进行美感教育,提高学生的审美能力,陶冶学生的情操,塑造学生的灵魂;另一方面,又在德育、智育、体育中渗透美育因素,使各"育"相辅相成。因此,学校美育不仅有自己特设的课程和教学活动,还要通过德育、智育、体育和劳

---

① 刘鸿麻. 学校美育[M]. 贵州:贵州人民出版社,2002(07):21.

育来完成，这就使培养全面发展的人才有了可靠的保证。

从方法上看，学校美育具有合规律性。在学校中，一切教育活动和教学活动都必须遵循教育规律，美育方法也必须具有合规律性。学校美育具有循序渐进的特点，而循序渐进是教育的一个重要规律。所谓循序渐进，也就是按照每门学科的逻辑系统和学生认识能力发展的顺序进行教学活动。教育和教学过程，实质上是一个认识过程。人的认识，是一个由浅入深、由简到繁、逐步深入的渐进过程。因此，任何教育和教学活动都必须符合学生认识能力发展的规律，违背这一规律就不可能取得应有的效果。学校美育严格按照学生的认识发展的这一规律，根据不同年龄阶段受教育者的接受能力，设置适当的课程，采用适当的方法，有效地进行美育活动。学校美育的合规律性还表现在教学力求做到科学、准确。在教学的过程中，无论是知识的传授、思想的表达，还是概念的阐述、观点的论证、事例的引述、语言的表述，都要求严谨、准确无误、符合科学性。这样，才能给学生以正确的教育，同时培养学生树立一种实事求是的科学态度和科学精神。

从内容上看，学校美育具有科学性。[①]学校美育的科学性表现在美育内容既整体又独特。学校设有专门的审美教育课程，这是美育的主体；各科教学中还包含有丰富的美育因素，这是美育的广阔阵地；此外，课外美育、环境美育等构成了美育多种多样的形式，这些方面构成了学校美育的整体内容。这些内容各有其独特的美育功能，不可互相替代，却又互相补充，从不同方面起到完善学生的审美心理结构的作用。美学知识教育可以让学生从理论上弄清什么是美、丑，什么是正确的审美观，应该树立什么样的审美理想，从而在理智上对美有一定的认识，并初步训练运用美学理论去正确评价美的能力；艺术教育是培养审美感受力不可缺少的美育必修课，包括自然科学、社会科学等学科在内的美育因素则又在学生面前开拓了新的美育天地；课外美育、环境美育所创造出的美育气氛具有像轻风一样融美于人心灵的作用。

（2）集中性

学校是专门培养人才的场所，具有集中的审美教育环境，不仅可以为学生提供更多的接受美育的机会，而且能推动学生情感活动的自由扩展，使之在审美感受中引起

---

① 刘鸿庥. 学校美育[M]. 贵州：贵州人民出版社，2002（07）：24.

强烈的情感体验。为什么说学校美育具有集中性？这是从美育实施的对象、时间、空间、效果四个维度来看待的。

首先，学校美育的实施对象主要集中在儿童和青少年。我国的九年义务教育覆盖了全国一年级到九年级的学生群体，可以这么说，从儿童到青少年，基本被包括在这个实施对象里面。前文提到2020年各级各类学历教育在校生2.89亿人，根据第七次全国人口普查的数据，2020年中国的人口总数是14.11亿，那么在校生占到国家总人口的20.48％。这只是一年的数量，如果加上已经毕业的学生，那么接受过学校美育的人数会更多。

其次，学校美育的实施时间主要集中在教学周。按照我国义务教育阶段的时间表，一般学校的教学安排分为春、秋两季，每季的教学时间在20周左右，一年累积的时间就是40周，占到一年近五分之四的时间。即是说，大部分时间内学生都能接受到美育熏陶。

再次，学校的美育实施空间范围主要集中在校园。无论是课堂教学、课外活动、校园文化活动还是艺术展演，大部分都是在校园环境下进行的。即便是利用社会美育资源，也有很大一部分是通过邀请校外资源进学校的方式进行的。

最后，学校美育的实施成效主要集中在艺术素养和人的全面发展上。学校美育旨在提高学生的审美与人文素养、促进学生全面发展，艺术教育是实施学校美育最主要的内容和最基本的途径，因此会有集中性的艺术成果的产出和潜移默化的精神境界的提升。

学校美育的集中性带来不少利好，如美育实施对象的集中性有利于美育教育的针对性开展，美育实施时间的集中性有利于美育教育的系统性开展，美育实施空间的集中性有利于美育教育的安全性开展，美育成效的集中性有利于美育教育的特色性开展。

（3）课程化

与家庭美育的生活化、社会美育的组合化不同，学校美育的组织方式表现为课程化。课程教学是实施学校美育最基本的方式，有体系、有评价构成了课程化的主要特征。

有体系指的是有完整的、一体化的美育课程。学校美育的最终落实要依靠"完整的美育课程"，即"美育的每一个要素都有与之相适应的课程"，即"学校美育课程化"①；2020年《意见》要求"开齐开足上好美育课"；2022年4月，教育部正式颁布《义务教育艺术课程标准（2022年版）》，明确将艺术课程分为音乐、美术、舞蹈、戏剧（含戏曲）、影视（含数字媒体艺术），加上部分学校开发了艺术相关领域的校本课程，这些课程共同构成了学校美育的完整课程。同时，学前教育阶段、义务教育阶段、高中教育阶段、职业教育阶段、高等教育阶段等不同阶段的学校层级有相互衔接的美育课程体系，有一体化的美育教材和教学资源。

以中国人民大学附属中学美育课程体系为例②，学校已开设美育课程总计60多门，其中音乐与舞蹈类课程22门、美术与设计类课程20门、戏剧与影视类课程13门，另有一些新课程，涉及传统非遗项目、现代传媒设计、古典高雅艺术、大众流行文化等多种艺术门类。可以看出，中国人民大学附属中学的美育课程体系以艺术课程为核心，包括面向全体学生培育艺术学科核心素养的基础类课程、满足学生个性化发展需求的拓展类课程，以及基于学生兴趣特长、学业发展、生涯规划的荣誉类课程，主要有音乐、美术、舞蹈、戏剧、影视、设计、书法、工艺等，并涵盖了普通初中、普通高中、国际高中、早培班的所有年级。

（二）中小学美育的目标

1. 新时代学校美育的目标

教育目标是指对学生学习结果的预期与设想。教育目标既是教育的出发点，也是教育的最终归宿。根据美国心理学家、教育学家布卢姆的教育目标分类理论，每一种教育思想都会产生一种潜在的教育目标，教育目标能够反映出教育过程中学生在认知、情感、思想、行为等方面的变化。在具体的教育实践中，对学生或受教育者的观察和测量，与对其所反映的特征的分类总结，可以作为教学实施与教学评价的有效依据。通过教育目标的实施，可以准确地实现其教育思想。

以美育人的美育，作为教育的一个有机组成部分，同样具有鲜明的目的性，需要

① 孙勇，范国睿. 我国学校美育工作的现状、问题与对策[J]. 教育科学研究，2018（10）：70-75.
② 冯树远，孙玥，黄群飞. 以美立德·以美启智·以美育人——中国人民大学附属中学美育工作的探索与实践[J]. 教学月刊·中学版（教学管理），2022（06）：13-17.

有明确的目标定位来确保美育对于学生的受教育质量和培养产生完美人格的根本指向。

前文在阐述美育的任务时已经指出，美育作为一种教育方式，它以美为手段，以美为目的，旨在提高人的审美素质，提升人的审美化程度，同时与德育、智育、体育等相结合，共同推进真、善、美和谐统一全面发展的理想人格的培养和社会文明的发展。这也是美育的普遍性目标。

对于新时代的学校美育来说，根本目标就是要在美育的普遍性目标的基础上，培养和提升学生的审美素质，促进有理想、有文化、有道德、有纪律的德、智、体、美、劳全面发展的一代新人的成长。

必须指出，美育不能包办一切，在培养德、智、体、美、劳全面发展的一代新人的系统工程中，美育会对德、智、体、劳产生积极作用，且因为美本质上是真、善的统一而能达到德的教育和智的启示，但美育的直接任务和目标是通过美的熏陶，净化人的心灵，培育人的审美素质。

根据审美素质的内涵，学校美育的具体任务和目标可以归纳为以下几个方面：

（1）培育学生的想象力和创造意识

想象是人脑对已有知觉材料，经过新的加工、改造而创造出新形象的能力。爱因斯坦曾谈道："想象力比知识更重要，因为知识是有限的，而想象力概括着世界上的一切，推动着进步，并且是知识进化的源泉。"[①]想象力是发现客观规律、突破传统认识与现行认知模式、实现发现与发明创造的钥匙，对于个体发挥创造性和主观能动性有重大意义。创造意识则源于创新性思维，创新性思维与想象力具有直接的关联性。因为想象力是创造意识的来源，创造意识是想象力的表现形式。那么，想象力与创造意识来自哪里呢？从特定意义而言，来自人类的审美实践。因为审美是让人感到愉悦的社会实践。人类的本性是渴望美的，社会的发展也需要美。在人类社会发展历程中，对美的探索从未停止，审美实践活动一直在进行，人类的想象力不断被释放，创造意识也一直处在被激发的过程中。审美活动是培育个体丰富想象力和提升创造意识的重要途径。

而美育课程是提升中小学生审美素养的重要途径，它能够有效激发学生的审美意

---

① 爱因斯坦. 爱因斯坦文集（第1卷）[M]. 范岱年，等，译. 北京：商务印书馆，1977：284.

趣，有效提升中小学生的想象力和创造意识。首先，美育心理过程是借助想象来实现对审美对象的感悟和把握的。"审美活动比其他活动更能调动多种感官共同参与协同活动，接受、交流、反馈信息，强化并巩固审美记忆，积累、丰富审美表象储存，这便为审美现象的展开提供了原型启发的素材，从而为想象的展开奠定了基础。"①其次，很多创造活动都有想象参与的心理活动，但美育活动的独特之处在于，它培养丰富的情感。诚如列宁所言，没有人的感情，就从来也不可能有人对真理的追求。情感是创造的动力，也是培养想象力的摇篮。爱因斯坦就对情感在想象与创造中的重要作用有深刻的体验，他曾说："同真挚的感情结合在一起，对经验世界所显示出来的高超的理性的坚定信仰，这就是我们的上帝概念。"②丰富的情感是创造的动力源泉。而就美育而言，我们对于伟大艺术作品的赏析，不仅是对它所呈现的画面、效果或艺术家生活体验进行鉴赏的结果，更是在感受和体会其中包含的丰富的无意识的情感因素。这样，审美心理过程又常常伴随着强度不等的情感体验，就能更充分地调动个体心理潜能，更好地激发想象能力。最后，美育活动的丰富性还为想象力的展开提供了充分的空间与自由，不受强制束缚，得以自由发展与驰骋。

综上，美育活动是培养和提升个体想象力与创造意识的重要途径，它本身就承担着这一重任。因此，在中小学美育课程及实施中，教师应有意识地通过审美教育课程，丰富中小学生的审美体验，激发中小学生的审美情感，使其在浓厚的美育氛围中感悟创造，提升想象力与创造意识。

（2）涵养学生的审美兴趣和审美精神

培育学生的审美兴趣和审美精神是中小学美育课程的重要旨归。"所谓审美兴趣，即是指审美主体在审美活动中表现出来的比较稳定的偏爱与倾向"③，"审美精神则是人们在领会美、创造美的活动中所表现出来的思想、思维、情感、意志等意识"④。其中，审美兴趣是审美实践活动的出发点，审美精神则是审美实践活动的归宿。因为审美兴趣在审美实践活动中能够给予审美主体一定的动力，保证审美实践活

① 马征. 美育与个体创造性的培养[J]. 青海民族学院学报（社会科学版），2000，26（2）：108-111.
② 爱因斯坦. 爱因斯坦文集（第1卷）[M]. 范岱年，等，译. 北京：商务印书馆，1977：1187.
③ 王晓旭. 美学原理[M]. 上海：上海人民出版社，2000：240.
④ 雷绍业. 素质教育呼唤审美精神[J]. 湘潭大学学报（哲学社会科学版），2001（04）：153-155.

动的正常运转，而审美精神则是审美实践活动中思想情感、气质、能力的综合性体现。审美兴趣的培养能够促使中小学生自觉主动地参与美育活动，积极地进行审美实践。而审美精神作为审美素养的组成部分，是人们进行审美实践活动的重要凭依与手段。从美学角度来看，只有形成正确的审美精神，才能提高审美感知力，进而形成创造美的欲望。而中小学生的审美兴趣和审美精神不会自发生成，需要在有意识的引导与培养下，在审美实践活动的具体体验中，逐渐感悟与生成，这就需要借助学校美育课程的力量。因此，涵养学生的审美兴趣与精神就成为中小学美育的重点目标之一。

学校美育课程设置应囊括与艺术美、自然美、人文社会美等相关的教育实践活动，教师的美育课程设计应在教学内容审美化的基础上实现教学过程、教学手段、教学方法的审美化，要能够充分培养中小学生的审美兴趣与审美精神。审美兴趣及审美精神的培养与中小学美育发展应当是一个相辅相成、双向互动的过程。一方面，美育中无论是审美对象的选取还是审美活动过程的实施都需要审美兴趣，而各具特色的美育课程能够激发中小学生的审美兴趣，保证学生积极主动地投入审美活动中；另一方面，美育课程的目标是培养学生的审美素养，而审美精神包含在审美素养中，美育课程不仅能够涵养学生的审美精神，而且也为审美精神的突出表现提供了展示平台。

（3）提升学生发现美、鉴赏美与创造美的能力

"美育课程能发现美的事物所独具的形象生动性、魅力和感染力，促进学生形成积极的价值观，启迪智慧，激发学生学习与探索真知的欲望，真正发挥以美育人的价值。"[1]发现美，是感知各种审美形态；鉴赏美，是以审美知识经验为基础做出的价值判断；创造美，是审美知识与审美能力的综合运用。发现美、鉴赏美、创造美，是美育实施过程的三个重要环节。发现美是审美感知的形成，为鉴赏美和创造美奠定基础；鉴赏美是理解美的本质和特征，是发展审美判断能力的关键；创造美是审美的最高境界，体现着审美能力的高低。通过实施美育课程，中小学生发现美、鉴赏美、创造美的能力将在审美活动中逐步得到提升，对自身的全面发展和健康成长，以及塑造完美人格具有不可替代的作用。因为，美育课程并非单向知识传授的学科课程，而是

---

① 赵伶俐. 新时代美育的使命与实践方略[J]. 人民教育，2019（06）：55-59.

一个双向互动的活动课程。它需要教师引导学生共同完成一系列审美体验活动，在感知各种形态美的过程中，学生发现美的能力得到进一步提升。学生在审美活动中又是自由的、不受约束的，审美心理和志趣将得以伸展。在美育课程的实施过程中，发现美和鉴赏美能够带给学生独特的审美体验与感悟，加之审美情境的熏陶感染，中小学生创造美的动机将进一步增强。中小学生完美人格的塑造也离不开审美素养，因为具有完美人格的中小学生必定是德、智、体、美、劳全面发展的人，塑造学生的完美人格是美育课程不可或缺的目标。[①]

通过对学生发现美、鉴赏美与创造美的能力的培养，加强学生的感性教育，从而最终可以达到席勒所说的感性和理性的和谐统一，形成"完整"的人格。

（4）丰富学生的审美体验

美育与德育、智育的不同，在于美育作为一种审美活动，是一种自我情感体验，这种体验是以精神的自由为本质特征的，这就决定了美育不得被强制。因而，美育要从培养学生广泛的审美趣味着手，让学生从鲜明的对象和有趣的活动中，获得丰富多样的美感；在享受美的愉悦的过程中，提升精神境界，树立正确的价值观。[②]可以看出，审美体验可以使学生充分调动自己的感知、想象、情感、理解等各种心理功能，观察、感受、体味、评价审美对象，从而陶冶心灵、情感。它是学生对审美对象全身心地投入、全身心地感悟，从而达到主客体的真正沟通和交融。只有丰富学生的审美体验，才能让学生更迅速、更深入地与审美对象建立起严格意义上的审美关系。

如果在美育课堂中采用技艺化、知识化或功利化的艺术教学方法，教师将关注的重点放在学生对艺术技法或知识的掌握上，或用说教的方式，缺少极为重要的审美参与和审美体验，那么，这种美育教学就背离了美育的规律。事实上，美育教学强调的是，通过形象、生动且富有感染力的审美对象，以形象直观、熏陶渲染的方式激发学生对美的感知与体验，进而在教学过程中实现美的启发与美的创造。正如杜威所言，"思维起于直接经验的情境"[③]，这在美育教学中同样适用。玛克辛·格林认为，审美

---

① 陈含笑，尹鑫，徐洁. 新时代中小学美育课程的目标、内容与实施路径[J]. 教育科学论坛，2021（10）：5-10.

② 叶水涛. 审美体验与道德提升[J]. 教育视界，2022（1）：23-26.

③ 约翰·杜威. 杜威教育论著选[M]. 赵祥麟，王承绪，译. 上海：华东师范大学出版社，1981.

不是静止的，不能单从静态的角度去教导学生被动地感受美，而是需要学生学会走出教室，通过主动参与开启自身的想象力，唤醒主动反思与行动的力量。[①]"走出教室"意味着教师给学生带来美育知识的同时，也能带领学生真实体验到美的事物，使学生沉浸在美的情境中，学生才能感同身受，获得丰富的审美体验，从而培育良好的艺术修养。

2. 新时代中小学美育目标的层次性

上述是学校美育包括各个学段、各种类型的学校的总的美育目标，但不同学习阶段和不同类型的学校美育，在这些总的美育目标之下，其具体目标和要求是有层次性的，其课程目标也有区别。根据中共中央办公厅、国务院办公厅2020年10月印发的《关于全面加强和改进新时代学校美育工作的意见》给出的重要指导意见，再结合具体情况，新时代中小学（包括学前教育）美育的目标可以这样认识：

学前教育阶段：目标是培养幼儿拥有美好、善良的心灵，懂得珍惜美好事物。要让受育者有初步感受身边的美、说出身边的美的能力；用儿歌、童谣、儿童画和某些自然美培养幼儿对优美乐音和色彩的初步感受力；通过游戏等活动形式培育幼儿的自由心态和善于与他人和谐相处的性格；通过一些简易的手工工艺制作、"涂鸦"创作等，培养幼儿对创造活动的兴趣和初步的审美想象力等。

义务教育阶段：目标是受育者在幼儿阶段养成的美好、善良的心灵，懂得珍惜美好事物的基础上，逐步培养学生发现客观世界的美的能力，以及对各种美的类型的感受力、分辨力；激发学生的艺术兴趣和创新意识，培养学生健康向上的审美趣味、审美格调；同时帮助学生掌握一至两项艺术特长。

义务教育阶段的小学阶段与初中阶段学生的学习心理和学习能力有着较大的差别，其目标定位和要求应有所不同。例如，对各种美的类型的分辨力，在小学阶段主要是培养学生对自然美、人的美、艺术美的感受力、分辨力；在初中阶段应该进一步培养学生对优美、壮美、崇高美、悲剧美、喜剧美等审美范畴的初步感受力、分辨力。

高中阶段：在初中美育目标的基础上，引导学生初步感受比较复杂的审美现象，

---

① 郑江梅子. 玛克辛·格林的美育思想及启示[J]. 中国文艺论，2020（5）：66-74.

开阔学生的审美视野，丰富学生的审美体验，提升学生的美感能力；引导学生对美的内涵、美的范畴和审美心理有初步的认识，理解美与真、善的关系和美与社会人生的关系，分清美与丑，树立正确的审美观、文化观和人格理想。

如前文所强调的，中小学美育不囿于艺术教育，确立美育目标不能仅仅着眼于艺术教育；完整的美育不仅仅包括实践意义上的美育，也包括理论学习的美育。因此，中小学美育目标的确立要避免片面性、狭隘化。

（三）中小学美育的形式与设计

中小学美育的形式主要包含"课堂美育"和"课外活动美育"两种形式。其中，课堂美育主要集中表现在音乐、美术、语文这三门课程，涉及听觉艺术、视觉艺术及语言艺术等。多种形式的美育活动，让学生潜移默化地"感受美""探索美""创造美"，最终能够"表达美"，最大限度地提升对美的感受力。

1. 课堂美育课与教学设计

（1）课堂美育的意义与要求

课堂美育是培养学生审美能力与审美感知力的重要途径，是教师通过课堂教学环节，合理引导学生有效参与，培养学生正确的审美观念、健康的审美趣味，提高学生对于美的鉴赏能力和创造能力的一种审美教育方式。一堂结构完善、方法得当、布局合理的美育课堂，往往在不知不觉中把学生们带入一个五彩缤纷的美的世界。

教师在课堂教学中要有意识、有目的地对受育者进行审美引导，合理设置课堂美育环节，满足学生的审美需要，在增长基础学科知识的同时，丰富学生的精神世界，培养学生的审美能力。

在实施课堂美育中，要努力做好以下几点：

第一，创设情境，引发学生的审美兴趣。

审美教育一定得伴随形象与情感进行。为了在审美教育中提供给儿童完整、鲜明的形象，以促成儿童的情感逐步向描写的景物渗透，审美教学通常可采用创设情境的方法，通过创设一个可亲、可近、可感的情境，让学生在美的世界中感受美、理解美、升华美。情境的创设，可以帮助学生重新结合自己的知识结构思考问题，让其头脑处于思维活跃的学习状态，结合新的知识点形成新旧知识的连接；同时，生动有趣的情境融合可以集中学生的审美兴趣，能够帮助学生在学习的过程中提高学习效率，尤其对于低年级的学生而言，直观的感官刺激不仅能吸引学生更加认真地关注教材内容，更能充分激发学生的学习兴趣。

第二，"话"图并茂，美学信息多样化。

课堂学习中涉及的美常常隐藏在知识点当中，这种美的感受比较理性和抽象，教师在课堂上不仅要讲解、演示，还需要画面、活动的展示，采用多种教学手段，形象化地为学生提供更多的美学信息，才能让学生更直观地感受美的魅力。

在课堂美育中，教师的板书与多媒体课件承载着美育的作用。教师精美的书写、精练的词句、精巧的构思和清晰的条理，课件中的文字、图片、视频、声音等，这些元素都能诱发学生的审美意识，丰富学生的审美情趣，提高学生的审美能力。为充分发挥板书和课件的美育功能，学校规定所有教师板书时以楷体为主，不写潦草字；课件背景的风格一般要简洁大方、颜色素雅，还要符合授课内容以及学生的心理特点。独特的板书设计，恰当的课件图片、音乐及视频，能大大增进学生对所学内容的整体感受与美感理解，甚至有助于增进课堂的智育效果。

第三，沟通互动，拉近审美感情。

在课堂上营造良好和谐的学习氛围，这对学生的学习有很大的作用。尤其对于低龄学段的学生而言，他们的表达能力相对较弱，教师在与学生的沟通中，要引导学生多问、多想、多说，让学生的思维始终保持在活跃状态，这样学生才能全身心地投入学习中去，尽情感受学习的乐趣，逐渐培养审美情感。

沟通互动的语言之美，美在形式和内涵。语言的形式美，要求教师在课堂上要使用正确规范的普通话、抑扬顿挫的语调、不疾不徐的语速、恰到好处的停顿，让学生感受语言的魅力，在聆听中陶冶情操，在模仿中融入行为。语言的内涵美，是教师语言美更高级的表现形式，它蕴含着教师的思想、道德、理念、情感，不仅会对学生美感的培育和人格的塑造起到潜移默化的作用，还对构建安全美好的师生关系起到积极的推动作用。

第四，引导合作，深化审美体验。

美育是一种审美活动，主要是受育者自我体验的过程，但是，课堂美育又不是学生单方面的孤立行为，课堂美育需要教师引导，同学之间必须展开审美交流。因此课堂美育中，教师在充分尊重学生的审美主体地位的基础上，要对学生进行审美引导，展开师生的交流和沟通；在美育实践中，要引导学生合作动手操作，参与小组的学习探究等，这样才能深化学生的审美体验。

第五，启发想象，激发审美创造力。

想象是学生创造性思维的火花。爱因斯坦说："想象有时比知识更重要。"培养和发展学生的审美想象力是教学的重要任务。学生常常对学习有很强的好奇心和探索欲望，教师必须着力培养学生对知识的思考能力和想象能力。培养学生的想象力和创造力，有利于强化他们的审美意识，增强审美体验。所以，教师要选择在适当的课堂时间对学生的思维进行启发和引导，使学生在教师的指导下充分发挥想象力，展开审美创造。在语文教材中，许多课文含蓄深刻、意境深远，留给学生再创造的空间十分广阔。这些"艺术空白"正是培养学生审美想象力的天然素材。通过想象去填补课文的艺术空白正是审美教学的一个重要方法。

（2）美育课堂的教学设计案例

①美育课堂教学设计案例一

表1 音乐课堂美育教学设计

课题	让我们荡起双桨——感受"美"的呼唤
一、教材分析	
《让我们荡起双桨》是人教版小学音乐教材五年级下册第四单元《影视音乐》中的歌选之一，是电影《祖国的花朵》中的插曲。这首歌曲创作于1954年，由刘炽作曲、乔羽作词，原唱为刘惠芳。歌曲旋律优美，婉转动听，亲切自然，富有童趣，诗情画意，生动再现了孩子们在北京北海公园游玩的场景，展现出健康向上的精神风貌，成为新中国极受儿童喜爱的歌曲之一，入选"二十世纪华人音乐经典"。	
二、课标要求	
《义务教育音乐课程标准（2022年版）》要求： 1."凸显音乐课程的美育功能，以音乐活动方式划分教学领域"。 随着时代的进步和学科的开展，为了凸显音乐课程的美育功能，音乐课程要强调人文属性和开发学生创造性潜能的课程价值。"感受与欣赏""表现""创造""音乐与相关文化"四个教学领域相互关联、相互渗透，组成一个有机的整体。	

（续表）

2. "设计丰富的音乐实践活动，引导学生主动参与"。

音乐艺术的审美体验和文化认知，是在生动、多样的音乐实践活动中，通过学生的亲身参与生成和实现的。本课从音乐学习的特点出发，设计生动活泼的教学形式，激发学生的学习兴趣，增进学生对音乐的喜爱， 引导学生主动参与各项音乐实践活动。

3. "强调音乐实践，鼓励音乐创造"。

本课通过音乐艺术实践，有效提高音乐素养，增强学生音乐表现的自信心，培养学生良好的合作意识和团队精神；设定生动有趣的创造性活动内容、形式和情境，激发学生的想象力， 增强学生的创造意识。《让我们荡起双桨》文本生动，情感表现丰富，歌曲采用多种教学方式，充分激发学生的创造力。

4. "突出音乐特点，注重个性发展"。

课程标准要求音乐教学要把音乐特点与学生个性发展相结合。《让我们荡起双桨》的课程设计为学生个人感受、想象力和创造力的发挥提供了广阔而自由的空间；同时关注音乐艺术的时间性、表演性和情感性特征，在教学过程中强调学生的个性化表达。

三、教学目标

1. 结合歌曲创作背景感受歌曲中的欢乐氛围，以优美的声音、欢快的节奏，富有感情地歌唱。

2. 通过看、听、想、说、唱、动、创等课堂活动，激发想象力，丰富情感体验，培养健康向上的审美情趣。

3. 理解歌词内涵，培养热爱生活、热爱祖国的情感，形成积极向上的生活态度。

四、教学重点、难点

教学重点：掌握歌曲的旋律，感受歌曲欢快的情绪，有感情地演唱。

教学难点：掌握〇×××弱起乐句和二声部合唱的演唱。

教学过程	设计意图
（一）创设情境，导入课堂——初步感受"音乐美" 观 ➡ 谈 ➡ 听 • 观电影片段　• 谈观后感受　• 听插曲	从影片的"可视化"到音乐的"感受化"，让学生从经典的画面美（直观感受）到聆听音乐的感受美，实现美育的第一步——初步感知。

（续表）

1.【课前观影】"观"：教师播放电影《祖国的花朵》片段。

"观"—"谈"—"听"的教学步骤符合常规教学，也最大程度地在课前创设了一个良好的音乐氛围。

2.【分享感受】"谈"：学生谈观后感（含印象深刻的画面）。

——团结友爱。

影片中正是同学们的真诚帮助感动了杨永丽和江林，使他们有了转变，并成了好学生。

3.【播放音乐】"听"：轻快活泼的美妙音乐，搭配情节——"影视音乐"，它分为歌曲和器乐曲两种，其中歌曲又分为主题歌、插曲和片尾曲，此处属于"插曲"。引出《让我们荡起双桨》。

（二）了解背景

《让我们荡起双桨》创作于1954年，刘炽作曲，乔羽作词，原唱为刘惠芳。歌词中提到的"荡起双桨"的地点就是北京北海公园。这首歌已经成为新中国极受儿童喜爱的歌曲之一，成为几代人的童年记忆。

（三）解析歌词，反复吟唱——逐步探索"词曲美"

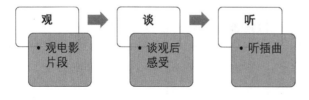

该环节"唱析结合"，带领学生从"感受美"向"探索美"过渡。

（续表）

1.【学生朗读歌词】"读"。 让我们荡起双桨 小船儿推开波浪 海面倒映着美丽的白塔 四周环绕着绿树红墙 小船儿轻轻漂荡在水中 迎面吹来了凉爽的风 红领巾迎着太阳 阳光洒在海面上 水中鱼儿望着我们 悄悄地听我们愉快歌唱 小船儿轻轻漂荡在水中 迎面吹来了凉爽的风 做完了一天的功课 我们来尽情欢乐 我问你亲爱的伙伴 谁给我们安排下幸福的生活 小船儿轻轻漂荡在水中 迎面吹来了凉爽的风 【补充说明】该环节采用学生齐声朗读、分组朗读的形式，为后面"齐声演唱""分组演唱"奠定基础。 2.【学生分析歌词】"析"。 第一节：清澈的湖水，美丽的白塔，绿树红墙。 ——描绘了儿童泛舟北海、欣赏自然风光的画面。	无论是重在美育的教学，还是常规化的教学，以言语表达为主（或依托于言语表达）的学科离不开"读"，先"读"而后明"意"，才能最大程度地让学生体会到"美"之所在。故而先让学生"朗读歌词"。 　　在分析歌词中，体会歌词的词律美，以期能在吟唱中更好地还原词作家的情感表达；在反复吟唱中，感受曲调的音律美，词曲互通，美育相融。 　　采用分组分节的伴唱方式，能让学生的参与度得到提高。同时，在唱与听之间，学生能找到音乐的参差美。

（续表）

第二节：唱歌游玩。 ——"水中鱼儿望着我们，悄悄地听我们愉快歌唱。"他们在湖中尽情遨游，并唱起了愉快的歌儿，好像还引来水中的鱼儿偷看偷听。歌词用拟人的手法，写出了孩子们的愉悦、好奇。 第三节：小朋友提出了一个问题："谁给我们安排下幸福的生活？" ——是英勇的革命先烈，他们用生命换来了今天的和平与幸福的生活。提醒学生要热爱党和祖国，热爱生活，做一个积极向上的好学生。 【思考】在歌曲三个小节的末尾重复出现了"小船儿轻轻漂荡在水中，迎面吹来了凉爽的风"，这样写的原因是： 首先，反复出现可以加深印象，把最优美的一面传递给大家。 其次，这两句很多字是同韵的，读来朗朗上口，容易记忆。 最后，这两句话的画面是明净空灵的，轻盈的小船、清澈的湖水、凉爽的风，能让学生想象到坐在船上轻松惬意的感受。 3.【学生学唱乐曲】"唱"。 播放原声。该环节先播放乐曲原声，学生熟习基本的曲调，为正式教唱奠定基础。 随乐伴唱。在正式教唱前，全班同学先跟着乐曲哼唱，掌握基本的曲调。 分组分节跟唱。为了提升学生对该曲的学习兴趣和积极性，可以采用分小组、分小节的伴唱练习，学生的参与度会有所提高。	只有先明确感情基调，才能为后面的技巧性教学奠定基础。 尊重学生的个性体验，是开展美育的前提。

（续表）

（四）教唱练习

1. 【分析感情基调】——欢快优美。

2. 【正式教唱环节】。

（1）出示合唱曲谱。

教学难点：歌曲的弱起部分。一般来说，歌曲多数是从强拍开始的，但这首歌是从弱拍或次强拍开始的，我们把从弱拍或次强拍起的小节叫作弱起小节。

（2）播放歌曲，引导学生演唱开头部分。

（3）完整演唱歌曲旋律并反复教唱，纠正学生的错误，直至规范。

（4）教学二声部合唱，注意及时发现错误并指正，直至规范。

（5）采用不同唱法、声调进行演唱，让学生感受其中的区别。

——该环节以"教师领唱为主"，让学生做到"会唱"。

学生经过了"读"与"析"的环节，加上跟唱的基础，在这一部分，则需要教师给予学生"音律起伏""发音技巧"等方面的技术性指导，以"教师领唱"为主。

采用多种形式的教学，以达到理解课文内容、体会诗歌情感的目的。

（续表）

（五）小组表演，尊重个性——自主表达"韵律美" 1. 创设情境，随乐伴唱。 　引导学生模仿划桨游玩的情景并歌唱，将动作融入其中。	美育的一个重要目标是，能对学生产生潜移默化的美育效果（认识美、辨识美、感悟美）的同时，还能最终达到自主地、有个性地体验"表达美"，这不仅是系列审美过程的一个成果体现，也是美育效果是否达成的一个重要指向。 　因此，经过了教唱环节，剩下的便交给学生去展示，教师应当在尊重学生个性体验的基础上，利用多种形式的音乐表演活动，让学生能自主表达"韵律美"，以获得对音乐的美的享受，提升美的感受力。 　从"分组朗读"到"分组演唱"，不仅能让学生在读和唱中感受语言文字、音乐的魅力，提高语言表达能力，还能促进团结，增强班级凝聚力。
2. 分组竞赛，唱出风采。 　引导学生采用多种歌唱方式进行"分组歌唱"，并进行组间竞赛，评选"最佳歌手"与"最佳组合"。 　竞赛形式有表演唱、小合唱、独唱。	评选"最佳歌手"与"最佳组合"是对美育课程中关于"评价标准"的回应，是美的一个方向与价值判断。
（六）教学小结，余韵悠长——寄予希望"创造美" 　本节课学习了歌曲《让我们荡起双桨》，希望大家能记住我们一起愉快歌唱的感觉，在今后的日子里保持愉悦，积极面对挑战，乘着歌声的翅膀，飞向远方！	选取该首曲子，不仅能让学生感受音乐本身具有的音乐美、旋律美，也能让学生体会词曲的意境美、象征美，在多种活动中培养学生美的感受力，以期让学生在接下来的音乐学习中，得到音乐熏陶、培养音乐兴趣，最终能创造属于自己的音乐美。

②美育课堂教学设计案例二

表2 美术课堂美育教学设计

课题	装饰画	授课时数	1课时
所用教科书名及出版社	义务教育教科书《美术》 人民教育出版社		
所教年级	八年级	所教册次及单元	下册第三单元
一、整体设计思路说明			

　　首先创设情境,让学生观察课室周围令他们赏心悦目的物品,从生活中的实际例子引出本堂课要讲解的内容"如何创作装饰画",并呈现课堂任务"为班级或学校公共场所设计一幅装饰画";接着教师引导学生通过对比观察不同类型的画作,归纳装饰画的特点,并对装饰画下定义;然后教师向学生展示典型的装饰画,让学生赏析并小组讨论,共同探讨装饰画为什么美、美在哪里,让学生在此过程中获得审美感受和审美愉悦;最后教师带领学生一起总结归纳装饰画的题材、造型、结构、色彩、材料五方面的特点,并为学生示范如何创作一幅装饰画,指导学生从自身生活实践出发,设计出属于自己的装饰画。

二、教学背景分析

（一）教材分析

　　本课是人教版《美术》八年级下册第三单元第四课,内容是绘制室内装饰品。它结合了美术构图、造型和色彩多方面因素,旨在全面培养学生的想象力、创造力和动手能力,并由此培养学生综合运用上述美术因素表达自己的情感、在生活中创造美的能力。

　　装饰画在现实生活中是一种常见的居室装饰的艺术形式,形式多样,制作简单,学生对此并不陌生。装饰画有着鲜明的艺术特色和独特的审美情趣,贴近生活,有很高的实用性和审美性,体现着画家的审美观念和精神品质。通过学习装饰画的绘制,引导学生在具体情境中探索与发现,培养学生的个性、想象力以及创新精神,提高解决问题的实践能力。

（二）学情分析

　　本节课内容面向八年级的学生,此阶段的学生已经能正确使用基本的美术工具及材料,具备了对美术作品基本的感受、理解和鉴赏能力。学生已由平面思维向立体思维过渡,能用线条表示空间关系,这时可逐渐把一些基础理论知识渗透给学生,如透视、结构、比例知识等,但是不能过分强调理论而忽视学生的想象力和情感,也要注重从生活实际出发,激发学生的好奇心,让学生展示自己的创造精神。

（续表）

三、教学目标

1. 了解装饰画在题材、造型、构图、色彩、材质上的艺术特点，感受装饰画的审美价值，丰富审美经验。

2. 初步理解装饰画的创作过程，尝试选择合适的材料，根据自身的生活经验设计完成一张独特的装饰画，美化居室环境，提高文化素养和艺术品位。

四、教学重点、难点

教学重点：了解装饰画在题材、造型、构图、色彩、材质上的艺术特点，感悟装饰画带给人的美感。

教学难点：结合生活实际创作新颖、独特的装饰画。

五、教学方法

对比分析法：将装饰画与写实画、油画、版画、城市涂鸦等进行比较，让学生了解什么是装饰画。

呈示法：展示典型的装饰画，让学生了解装饰画题材、造型、构图、色彩、材质上的艺术特点。

小组合作讨论探究法：通过小组合作进行装饰画鉴赏，丰富学生的审美经验。

演示法：教师演示装饰画的创作过程，学生跟随步骤进行制作，帮助学生掌握装饰画的制作方法。

六、教学过程

（一）任务驱动，美感启发

1. 引导学生观察教室四周，寻找有趣的或者让你感到愉悦的物品，发现身边的美。

明确：教室里柜子上有令人愉悦的盆栽、教室后面有生动有趣的黑板报、墙上有鼓舞人心的励志语等，它们都成为美化教室的一抹风景，而且非常符合教室教学环境的特点。

2. 创设真实的情境任务。

为美化校园、丰富校园文化，我校将征集优秀的装饰画作品，对图书馆、阅览室、文化长廊等校内公共场所进行装饰，各个班级也将建立一个"装饰画展览角"展示优秀装饰画作品。要求学生选取自己感兴趣的装饰画创作类型自制一幅装饰画，由学生共同投票选出班内优秀的装饰画，这些装饰画将在班内"装饰画展览角"或推选到校内公共场所展示。

教师课堂用语：为了让班级同学的更多作品在学校场所展示，这节课老师将讲解如何创作装饰画。请同学们沿着装饰生活空间的思路，设计创作一幅装饰画。

（续表）

（二）画作对比，初步感受装饰画的特征及美态

课件出示装饰画、静物写生、素描、涂鸦、版画各一幅，从欣赏不同表现形式的作品，引入装饰画这一概念。

静物装饰画（水粉画）　　静物写生（水粉画）　　素描（图源于网络）
王丽丹　　　　　　　　　朱海燕

城市涂鸦（图源于网络）　　　　　版画（图源于网络）

明确：

油画、版画等绘画形式都是以绘画的工具、材料来命名的，而装饰画是以其独特的艺术语言而得名。装饰画和写实画的区别就在于，写实画偏重于对自然的再现，注重客观性与科学性，强调对社会现实的反映；装饰画则多运用变形、夸张、概括、归纳等手法，强调单纯、平面、秩序的装饰美。

装饰画是介于绘画和图案之间的一种边缘艺术，它通过各种装饰的特殊手段来创作，以达到特定的装饰美感。除作为一种装饰外，装饰画还表现一定的内容，有其独特的艺术欣赏性。①

---

① 姚静萍. 浅谈装饰绘画的基本要素——构图、造型、色彩[J]. 西北民族学院学报（哲学社会科学版. 汉文），2000（03）：117-120.

（续表）

（三）小组合作，鉴赏装饰画的装饰美

教师展示7幅装饰画，并为每个小组分配一幅画，要求小组成员仔细观察并围绕"这幅装饰画美在哪里"进行讨论，时长为10分钟。

提示学生可以从下面三个方面进行思考，即：这幅作品描绘了什么内容？画面给你什么感受？画家是如何表达画面效果的？另外，在小组讨论时建议每个学生先独立思考两分钟，然后进行讨论。

明确：

小组1：丁绍光《母性》（版画）

作品画风融合了东西方古典艺术和现代艺术的装饰情趣，画面以细劲有力的铁线描表现，兼用金线或银线进行装饰。

母性（版画）
丁绍光

小组2：任光辉《惊蛰》（纤维艺术）

作品从纤维与编织的结构中寻找肌理变化，在单元组织的重复中发现、创造[①]，充分发掘纤维材料的美感。精细的制作使作品充满想象，令人回味。

惊蛰（纤维艺术）
任光辉

---

① 刘木森，刘芳，谢如红. 装饰设计[M]. 济南：黄河出版社，2008：124.

（续表）

小组3：乔十光《富贵牡丹》（漆画）

　　画面构图饱满充盈，色彩雅致稳重，装饰感强，体现了漆画工艺性与绘画性的高度统一。

富贵牡丹（漆画）

乔十光

小组4：《古埃及壁画》（局部）

　　程式化的镶嵌壁画在形式上有着装饰性强的艺术特点。

古埃及壁画（局部）

小组5：韩美林《猫头鹰》（中国画）

　　画家既继承提炼了中国传统水墨画的笔墨情趣，又吸收了西方装饰艺术的精髓，并将夸张、抽象、写意等艺术手法巧妙融合，艺术风格独树一帜。

猫头鹰（中国画）

韩美林

（续表）

小组6：〔奥地利〕克里姆特《埃赫特男爵夫人》（油画）

作品以威尼斯和拉韦纳的马赛克镶嵌工艺为特色，用简练流畅的线条来刻画一个优雅的人物形象，在平面化的画面空间中，加入了抽象而富有秩序感的图案和符号，具有浓厚的装饰趣味。

埃赫特男爵夫人（油画）
〔奥地利〕克里姆特

小组7：房婷婷《相》（综合材料）

现代装饰画中各种材料与技法的应用，令作品具有一种独特的材料美和时代感。

相（综合材料）
房婷婷

（四）师生互动，归纳装饰画的特点

教师引导学生将每个小组欣赏的装饰画放在一起比较，从主题、造型、构图、色彩、制作材料等方面总结装饰画的特点。

1. 比较《母性》和《埃赫特男爵夫人》以及《富贵牡丹》和《猫头鹰》，总结装饰画的题材特点。

明确：装饰画的题材多样，内容丰富。《母性》和《埃赫特男爵夫人》画的都是人物，而且都是女性，一个是母亲，一个是男爵夫人，表现了不同身份的女性形象；《富贵牡丹》和《猫头鹰》都是以物为题材，一个是植物，一个是动物。

（续表）

2．分析《母性》和《猫头鹰》的形象，总结装饰画的造型特点。

明确：装饰画在造型方面，对形象的处理要求简练，多运用夸张、变形等手法，就是运用丰富的想象，对形象的外形、神态等特征进行艺术的夸大和强调，使塑造的形象更具个性、更为动人，给人规则感、平面感。例如，《母性》和《猫头鹰》，无论是母女还是猫头鹰，在生活中都很常见，但是画家并没有还原它们在现实生活中的样子，《母性》运用变形而流畅的线条描绘出母女情深的场景，而《猫头鹰》将猫头鹰夸张化、抽象化，突出了猫头鹰憨态可掬的样子。

3．设置连线题，引导学生将三幅画作与三种构图方式匹配，感受装饰画不同构图方式的美感。

明确：装饰画的构图一般有对称式构图、均衡式构图和合适式构图三种，其中《猫头鹰》——对称式构图，《富贵牡丹》——均衡式构图，《惊蛰》——合适式构图（此处要求学生一起做连线题，将画作和对应的构图方式匹配）。对称式构图会使得画面有强烈的均衡感，给人饱满、规律、稳定的感觉；均衡式构图就是画面两边视觉上的分量相等，具有灵活多变的装饰美；合适式构图具有极强的装饰感，强调节奏和韵律的形式美。

4．比较《富贵牡丹》和《埃赫特男爵夫人》，感受装饰画不同色彩传达的美感。

明确：装饰绘画的色彩按照一定的整体设计意图使色彩秩序化、规范化、符号化，讲究对比与和谐的形式美法则，既对比鲜明、夸张强烈，又协调融合、细腻微妙，从而传情达意，抒发理想，美化生活。例如，《富贵牡丹》的背景主要是绿色的，花朵是红色的，形成对比；而《埃赫特男爵夫人》整体是金黄色的，比较统一。

5．播放用其他材料制作装饰画的视频，归纳装饰画制作材料的特点。

明确：大家看到的大部分装饰画都是绘画作品，生活处处有美术，很多材料都可以用来制作装饰画，像房婷婷的《相》就是用综合材料制作而成的，具有独特的美感。其实我们日常生活中的旧报纸、写完的笔芯、干花等，都可以在我们的巧手下变成美丽的装饰画。从这一点可以看出，装饰画的制作材料广泛，因为每种材料都有各自的形态、色彩、肌理等视觉特征，它们的厚薄、粗细、明暗也各不相同，用来制作装饰画也能增强画面的装饰效果，装点我们的生活。

（五）创作装饰画

教师示范装饰画创作步骤，学生跟随教师的步骤动手制作。

明确：

制作材料：铅笔、漆笔、彩色卡纸、剪刀、胶水。

（续表）

步骤：

（1）先构思，在彩纸上用铅笔轻轻地勾出主体形象，并用剪刀将主体形象剪出来。

（2）确定好形象在画面中的位置后，用胶水将其固定在黑色卡纸上。然后将做好的细节粘贴到主体形象上。可以在上面做出肌理效果，让细节更加丰富。

（3）主体形象制作完成后，再剪出一些几何图案粘贴在它的周边当背景，以衬托主体，丰富画面。用漆笔（也可以用丙烯颜料）为画面做一些点缀，使画面显得更加精美。

（六）课堂总结与课后实践

1. 课堂总结。

围绕装饰画题材、造型、结构、色彩、材料五方面的特点向学生提问，最后加以总结并在PPT上展示内容。

装饰画不以客观写实的手法描绘物象，而是按照秩序化、规律化、形式美法则，并结合人类的传统与时尚需求创造审美文化。

（1）装饰画的题材：题材多样，内容丰富。装饰画的题材既可以是身边的人物、事物，也可以是大自然中的景物、动物。

（2）装饰画的造型：一般而言，装饰画具有简单概括的特点，形象简练、夸张、变形。对装饰画造型的设计方法：运用丰富的想象，对形象的外形、神态等特征进行艺术的夸大和强调，使塑造的形象更具个性、更为动人，给人规则感、平面感。

（3）装饰画的构图：对称式构图——使画面有强烈的均衡感，给人饱满、规律、稳定的感觉；均衡式构图——画面两边视觉上的分量相等，具有灵活多变的装饰美；合适式构图——强调节奏和韵律的形式美，具有极强的装饰感。

（4）装饰画的色彩：装饰绘画的色彩按照一定的整体设计意图使色彩秩序化、规范化、符号化，讲究对比与和谐的形式美法则，既对比鲜明，又协调融合，从而传情达意，抒发理想，美化生活。

①沉着稳定，平和抒情。色彩追求单纯化，多用统一色调。

②富丽典雅，灿烂辉煌。色彩追求浓重强烈饱满，多用金银增加富贵高雅的感觉。

③明快响亮，热烈吉祥。①

---

① 姚静萍. 浅谈装饰绘画的基本要素——构图、造型、色彩[J]. 西北民族学院学报（哲学社会科学版. 汉文），2000（03）：117–120.

（续表）

2. 课后实践。
请同学们收集其他材料，如旧报纸、写完的笔芯、干花等创作一幅装饰画，或画一幅具有装饰画特点的画作。下节课进行作品展示与分享，由大家共同投票选出优秀的装饰画，并将这些装饰画放到"装饰画展览角"中或推选到学校进行展示。

七、教学评价建议

（一）课堂画作欣赏

欣赏装饰画时，能够从题材、造型、构图、色彩、材质五个方面，感受装饰画的艺术特点。

（二）装饰画创作评价

方式1：

装饰画创作评价

评价要素	装饰画
创意构思	☆　☆　☆　☆　☆
制作技巧	☆　☆　☆　☆　☆
作品效果	☆　☆　☆　☆　☆

方式2：从题材、造型、构图、色彩、材质五个方面撰写评语，对学生的装饰画进行评价。

③美育课堂教学设计案例三

表3　语文课堂美育教学设计

案例	美育整合教学：《涉江采芙蓉》"五美"探讨
教学内容分析	《涉江采芙蓉》是统编版高中语文一年级必修上册课本第八单元古诗诵读中的一篇，它出自《古诗十九首》。《古诗十九首》是汉代无名氏所作的19首五言诗。对于《诗经》的四言来说，五言诗虽只增加了一个字，但诗歌的音韵、节奏都发生了很大的变化。学习此诗，既可以培养学生初步鉴赏古典诗歌的能力，也能在品鉴古诗的同时，感受古诗的音韵美、图景美、情感美、意象美和意境美。

（续表）

学情分析	经过初中以来的学习，高一年级学生已掌握一定的语文学习方法，具备一定的诗词解读能力和鉴赏能力，但对诗词表现手法的理解和掌握程度仍有待提高，对诗歌主题把控能力相对较弱，需要进行引导。 　　学生对《古诗十九首》有粗略的了解，但对于具体知识了解不深入，例如它的历史地位、它的主题及背景等。 　　高一年级学生处于青春期，个体意识强，反应速度和思维灵敏性提高，增加课堂活动有助于激发他们的学习兴趣、提升个人自信。
教学目标	1．通过系列朗诵活动体会诗中的音韵美。 　　2．通过绘画活动初品诗中的《采莲图》与《望乡图》之图像美，通过对图画中主体"芙蓉"的形象分析感受诗中的意象美。 　　3．通过戏剧编排和演出活动体会诗中的意境美和情感美。
教学 重点、难点	教学重点：通过朗诵、绘画和戏剧表演等形式，提升诗词鉴赏能力和形象思维能力。 　　教学难点：把握图像中芙蓉的意象，分析戏剧中的意境。
教学方法	讲授法、小组合作探究法、诵读法、情境教学法
教学过程	
导入	板书"钟嵘《诗品》：惊心动魄，可谓几乎一字千金"。 　　大家知道这个评价说的是什么吗？它指的是《古诗十九首》的语言已经达到炉火纯青的程度了。今天，我们将要学习其中的一首——《涉江采芙蓉》，体味这"一字千金"的语言魅力。
文学常识 介绍	《古诗十九首》是梁代萧统《文选》中"杂诗"类的标题，包括汉代无名氏所作的19首五言诗。清代沈德潜说："古诗十九首，不必一人之辞，一时之作。大率逐臣弃妻，朋友阔绝，游子他乡，死生新故之感。或寓言，或显言，或反复言。初无奇辟之思、惊险之句，而西京古诗，皆在其下。"评价如此之高，而后世也多有仿者，西汉陆机曾逐首逐句地模仿了其中的12首，而东晋的陶渊明、南朝宋代的鲍照等，也都有学习"古诗"手法、风格的《拟古诗》。

（续表）

	根据班上学生的特长和意愿，将学生分为朗诵组、绘画组和戏剧组。通过组织朗诵、绘画和戏剧等教学活动，引导学生体会本诗中的音韵美、图像美、意象美、意境美和情感美。
分组品鉴 活动	1. 朗诵组活动（音韵美）① 　　全诗二、四、六、八句中最后一个字"草、道、浩、老"讲究押韵，音韵和谐，富有回环往复的音韵美。 　　诗歌的前四句为第一层，描绘思妇采芙蓉的场景；后四句为第二层，描绘游子登高望远的场景。 　　在美育层面可以由老师带领朗诵组的同学通过个性诵读、分层咏诵、分角色朗读等方式进行朗读，在反复咏诵中感知诗句"天衣无缝，一字千金"的特点，在诗句和谐的音韵中认识美、感受美、体验美，加深对诗句意境和主题的深化领悟，感受其中的音韵美。 　　2. 绘画组（图像美+意象美） 　　教师通过提问的方式引导学生想象，并完成《采莲图》与《望乡图》的绘制。 　　（1）初感图像美② 　　通过赏析《采莲图》与《望乡图》，初感诗的图像美。 　　《采莲图》从诗歌前四句文本中赏析，在学生回答后教师点评：诗的前四句表现了一位孤单、忧愁、怅惘的女子形象，她伫立船头，正手拈芙蓉，仰望远天，身后的密密荷叶、红丽荷花，衬着她飘拂的衣裙，显得那样地孤独凄清。 　　《望乡图》从诗歌后四句文本中赏析，在学生回答后教师点评：此刻，展现在游子眼前的是那绵延无尽的"长路"和那阻山隔水的浩浩烟云。这两句只写了"还顾望旧乡"的动作，并没有直接点明怎么"忧、愁、思"，但是从一个"望"的动作中，我们可以体会出游子形容憔悴、踽踽独行的形象，他带着无限忧愁，回望着妻子所在的故乡。瞬间，痛苦的感情达到了极点，已令人断了肝肠。痛苦的同时，又在徘徊，故乡在哪里？"所思"在何方？这样就给我们留下了很大的想象空间与审美空间，具有含蓄不尽、余味悠长的效果。

---

① 石有平. 《涉江采芙蓉》的审美教学[J]. 林区教学，2021（05）：68-70.

② 陈跃. 审美的空间里自由飞翔——《涉江采芙蓉》三美浅析[J]. 中学语文教学参考，2007（12）：32.

（续表）

分组品鉴活动	在绘画的过程中，我们能够感受到诗歌为我们刻画了一对两小无猜、青梅竹马，两情相悦却又两地分居彼此思念的恋人形象。一个在家乡的"兰泽"翘首期盼、望眼欲穿、黯然神伤，一个在他乡举目远眺、归心似箭、形容憔悴。为伊消得人憔悴，衣带渐宽终不悔。在这里，主人公"莲子青如水"的品格美得到了充分展示。 　　（2）把握意象美 　　芙蓉即莲花、荷花，在中国诗词的意象中，莲花、荷花是坚贞、高洁的象征。 　　屈子云"因芙蓉而为媒兮"，扬雄言"被夫容之朱裳"，司马相如赋"外发夫容蔽华"等，芙蓉清正、纯洁、高雅。芙蓉是自然美，但已寄寓着爱恋之人的品格和情感清纯如水之意，是诗人经心灵洗礼、精心营造的意象。 　　"涉江采芙蓉"简短的五个字，却给了我们许多美的感染和启示： 　　其一，从情感美的角度讲，女主人公跋山涉水、不畏艰险，采摘芙蓉，其情感清纯，品格坚韧，追求执着。 　　其二，品味"芙蓉"的意象，进一步拓展思路进行分析，就会发现："涉江采芙蓉"一句中，"芙蓉"的意象是多方面的，有着丰富的内涵和象征意义。在诗中"芙蓉"是花、是爱情，更是美德、是追求、是理想、是一切美的象征。 　　3. 戏剧组（意境美+情感美） 　　有人认为此诗是远在他乡的游子思乡之作；有人认为写的是游子思念家乡的妻子（亲人），是游子思妇之作；也有人读出本诗是爱情之作。 　　据此，可以引导学生从不同的角度去思考和想象本首诗歌的意境，通过不同的戏剧编排形式体会不同的意境美，并体会主人公对待感情专一的态度。
评价与小结	互评：各小组对其他组的品鉴进行一句话点评。 　　小结：大家通过合作交流，对《涉江采芙蓉》一诗的音韵美、图像美、意象美和情感美进行了深入的品读，应能感觉到美是一个整体，是多维的整体。让我们一起再读一遍全诗，再次感受这种美。

（续表）

板书设计	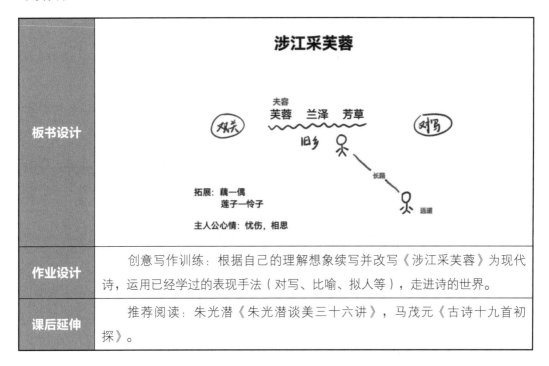
作业设计	创意写作训练：根据自己的理解想象续写并改写《涉江采芙蓉》为现代诗，运用已经学过的表现手法（对写、比喻、拟人等），走进诗的世界。
课后延伸	推荐阅读：朱光潜《朱光潜谈美三十六讲》，马茂元《古诗十九首初探》。

2. 课外美育活动与组织

（1）课外美育活动的意义

学校课外美育包括：正式课堂之外，教师组织的专题美育讲座、专题美育课；学生社团组织的各种校园文艺表演；教师组织的学生走进自然界、走进社会，感受自然美、体验社会美、品悟艺术美的美育活动。课外美育作为美育的一种方式，与课堂美育互为依托，共同推动学生成长发展过程中审美情操、审美创造力和艺术个性的培养。

与课堂美育相比，课外美育的开展场域更为广阔，活动更加丰富，形式更加灵活，学生往往能自主选择自己感兴趣的领域展开审美活动。课外美育能打破教室及课时的限制，呈现更为完整的实践活动，让"感受美—探索美—创造美"的美育过程得到集中开展，让理论与实践紧密结合，推动学生于学中做，于做中思，提升审美感受力和审美思维深度。此外，课外美育可以与社会紧密结合，能带给学生更开阔的审美空间，提供综合性的审美视野，有效帮助学生在更为广阔的大自然和社会生活中滋养和充实精神生活，激发生命活力、提升情感境界、培养创造力，促进个体的全面发展。

（2）课外美育活动的形式

①学生艺术展演

艺术展演是在学校美育中常见的手段，具有独特的美育价值。2020年10月，中共中央办公厅、国务院办公厅联合印发的《关于全面加强和改进新时代学校美育工作的意见》明确提出："建立常态化学生全员艺术展演机制，大力推广惠及全体学生的合唱、合奏、集体舞、课本剧、艺术实践工作坊和博物馆、非遗展示传习场所体验学习等实践活动；广泛开展班级、年级、院系、校级等群体性展示交流。有条件的地区可以每年开展大中小学生艺术专项展示，每3年分别组织一次省级大学生和中小学生综合性艺术展演。"由此可见，学校美育中的艺术展演需要常态化和全员化。

艺术展演常态化，主要是对艺术展演的频率提出的要求。针对不同级别的艺术展演，可确定不同的展演频次。班级内部展演规模小、组织难度相对较低、形式灵活，可结合课堂美育内容适时、适度开展。年级、校级展演则可考虑根据不同的展演内容，每年一次或每学期一次，甚至每届一次。同时，班级、年级和校级展演注意梯度建设，打通三级间的壁垒。

艺术展演全员化，主要强调的是艺术展演的机会平等。艺术展演并非只是为少数具有特长的学生搭建的展示平台，而是每一个学生提升审美素养的宝贵机会。教师在此过程中不仅要关注最后的展演作品，也要关注前期的创作过程，为每一个学生提供成长的机会。

②艺术美参观与创造活动

即把学生带进文化艺术展馆，例如去美术馆、博物馆、文化馆、艺术馆等场所参观。这些场所拥有着珍贵的文化艺术精品，是开展中小学生课外美育实践活动的优选去处，可以进行"馆校合作"开展美育活动。下面的具体做法可供参考：

第一，参观展馆。

把学校美育课堂搬到文化艺术展馆中。文化艺术展馆陈列着诸多文化艺术展品，环境优美，是良好的美育环境，让学生走进美术馆、博物馆和艺术馆，在展馆中接受美的教育，更具现实感。正如有人所说，展览作为博物馆的灵魂，主要用以"进行直观教育、传播文化科学信息和提供审美欣赏"①。

---

① 王宏钧.中国博物馆学基础（修订本）[M].上海：上海古籍出版社，2001：246.

如广东省东莞市的莞城美术馆与莞城区各学校联系密切，莞城实验小学便是其合作学校之一。该校美术教师"组织四年级以上的学生定期在美术馆中开展'美术第二课堂'活动，通过专业的现场讲解、传导美术馆参观礼仪、艺术体验、知识抢答等寓教于乐的形式"[①]，普及艺术知识，提升学生的艺术修养和审美情操。

第二，举办美育夏令营或冬令营活动。

夏令营是正值夏季暑假期间（冬令营则在冬季寒假期间）提供给儿童、青少年的一种在户外营地活动的形式。活动中寓学习于娱乐，具有一定的教育意义。不同种类的夏令营提供不同种类的活动，以训练体能、团队精神和提供语言、艺术、音乐等方面的训练为主旨。

例如，广东省文化馆、广东省立中山图书馆、广东省博物馆（广州鲁迅纪念馆）和广东美术馆在2021年暑假共同承办了"志愿童行"文化艺术公益夏令营活动。广州一些中小学生踊跃参与。这个持续10天的活动围绕"体验粤俗""感受艺术""探秘南粤""粤读历史"四大板块开展，营员参观了相关的展览，现场体验了国家级非遗项目"广州榄雕"制作，参加了动物拓印活动等，领略了岭南文化艺术的魅力，拓宽了文化艺术视野。2022年广州市从化沙贝小学与广东省慈泉公益基金会、广东省汇德慈善事业发展中心合作开展的"童心扉扬"夏令营，就把学生带到广州市晓港公园"广彩艺术研究院"，由广彩"非遗"省级代表性传承人、工艺美术大师给学生讲述广彩的历史、特点、创造技艺，不仅让大家体验广彩的美，而且动手审美创造，创作出了自己人生中第一件广彩作品。这种美育活动，凝聚了学校美育和社会美育的力量，大大地丰富了学校美育的内容。

第三，开展审美创造赛事，以赛促学。可以本校组织，也可以校际合作，还可以学校与文化艺术部门合作。例如，莞城美术馆每年开展"东莞有你绘美丽——2022年少儿传统文化美术作品"征集活动，面向全市中小学生征集美术作品。除此之外，"今天我当讲解员"活动也会邀请3至4名获奖选手代表，为观展嘉宾和观众进行讲解，充分调动学生在美育活动中的主观能动性。

③社会美体验活动

指组织学生到社会中去体验社会美的活动。例如对先进人物进行访谈，参观在社

---

① 谢钧. 浅谈美术馆公共教育与中小学美育的互动[J]. 神州民俗（学术版），2011（03）：133-136.

会主义建设中做出成绩的先进单位；当公益工作志愿者，参加社区义务劳动；考察、体验民间生活的风土人情等。下面主要谈谈社会访谈。

社会访谈要注意几个问题：

第一，要选择好对象，必须是具有审美教育价值的对象，例如取得突出成就的成功人士，在突发事件和突发灾害中有突出表现的英雄或其他各个方面的道德楷模和默默奉献的模范人物。这些人本身就具有心灵美、人性美、事迹美，弘扬他们的美德，就是弘扬社会主义核心价值体系，就是倡导建设社会主义和谐社会的具体举措。

第二，在访谈中，需要深入被访谈者的故事。一是人物访谈节目的主体多是新闻人物、杰出人物和优秀人物，他们激动人心的创业历史、成长历程和价值取向的形成过程，通过跌宕起伏的故事叙述更能吸引学生体会美。二是人物成长历程的时空跨度大，平铺直叙，学生难以入耳入心，用故事性因素围绕一两个中心事件可以将其巧妙地连接起来。三是人物访谈节目自身特点也要求用故事性因素来串联。因为访谈节目往往呈现随机性、动态性，访谈效果常受到谈话内容走向的左右，容易偏离主题，用故事串联，既可以引发天涯共此时的同体感，又可以增加悬念和吸引力。例如，让学生对中国鞋王朱湘桂进行访谈，从人物题材特定角度抓住朱湘桂从两间牛棚起家办小作坊到引进意大利世界一流制鞋技术、产品打进欧美国际市场个中的酸甜苦辣演绎创业故事，把一个民营企业家的创业史通过一个完整的故事讲述给其他学生，给人以美感。

第三，在社会访谈中感受对话交流的节奏美。在访谈前，教师应当对学生进行访谈类的培训，帮助学生掌握访谈中的节奏美。一般而言，深入的访谈往往在半小时至40分钟，应把握好被访谈者事实、事件和故事的进展，做到有高有低、有热有冷、有快有慢、有浓有淡、有强有弱，就像一首协奏曲或者一场小型晚会。总体要明快、简洁，节奏把握要合理适度，才能使学生感到新鲜活泼，乐于接受。

④自然美体验活动

对自然美的审美活动是美育的重要内容。作为学校美育的校外活动之一，这种审美活动的一般方式是组织学生进行旅游。学生通过旅游，走进大自然，感受、体验自然美，在接受自然美的熏陶中可以提高对自然美的认识，体悟人与自然的关系，加深对祖国河山的热爱，培养爱国主义感情。

在旅游中开展美育时，教师要从三个方面去引导学生：

第一，引导学生捕捉和发现自然美。

自然美是繁复无穷、丰富多彩的，是永恒存在的，但又是瞬息万变的，我们虽然很容易就可欣赏到自然界瑰丽的风光美，但又只能在特定时空欣赏特定的自然风景，因此对某些特定的自然美，要善于捕捉和发现。从时间上说，就要注意气候、节令的变化，比如雨后彩虹、海市蜃楼、钱塘江潮等景观，虽是自然奇观，但其出现的时间都很特殊，需要把握好时机，教师作为组织者要做出周全的考虑和安排；再如观赏深受文人墨客喜爱的梅花，其开花时间是寒冬腊月，如果错过了这个节令就欣赏不到梅花的美丽。在大自然中，有的美比较容易引人注目，如瀑布；有的美却可能容易被忽视，如树叶上的几滴露珠等。那么，教师要引导学生学会细致观察，善于在微风细雨中，在看似平淡无奇的自然中发现美。

第二，启发学生在审美想象中融情于景。

自然美，美在其外部形式，感受自然美的形式美主要取决于我们的感官及丰富的想象力，因为这些形象美有些与学生的生活经验相关，形态联想是最简单、最有效的联想方式。这类联想通常以自然景观外在形态为蓝本，并充分发挥人脑机能，从简易的形态联系到日常生活中的人和事，获得感官上的审美满足。类似的自然景观随处可见，比如我国黄山的"迎客松"十分著名，实际上在许多山脉上都长有"迎客松"，这是受自然环境及地势地貌的影响，树的枝干向阳光充足的一侧倾斜，久而久之形成了外观形似弯腰伸臂迎客的样子，人们便联想到"迎客松"这样一个拟人化的名字。中小学生是充满想象力的一代人，教师在进行审美指导时应留给他们更多自由的想象空间，不拘于形式或理论，这样既能引导他们积极审美，又能锻炼他们丰富多彩的想象力，为其他科学知识的学习培养逻辑思考的能力。

第三，践行自然与人文统一的美育方式。

旅游中除了欣赏自然山水的美、动植物的美之外，也会接触到相关地域的人文遗迹、风土人情、历史地理、特色饮食等，所以，旅游一般是自然美的欣赏与社会美的统一。例如登泰山游览，除了欣赏泰山险峻壮美的峰岩、形态各异的古柏、灿烂辉煌的日出和连绵无垠的云海等自然风光外，还同时欣赏了存留于泰山的丰富厚重的历史文化遗迹，学生们在自然风光美的欣赏中不仅领略到祖国大好河山的壮美，同时为中华民族悠久的历史文化而自豪，如此产生的审美情感更加深切丰盈。这是自然与人文统一的一种美育方式，也是践行"研学旅行"的一种学习方式。"研学旅行"是2014年发布的

《国务院关于促进旅游业改革发展的若干意见》（国发〔2014〕31号）倡议的一种学习方式。国务院的文件强调要把"研学旅行"纳入中小学德育、美育、体育"三育"教育的范畴。可见，美育教育的践行借助"研学旅行"的形式具有政策层面的支持。实施校外研学旅行，学生跨出常规的课堂环境，以集体的方式参与到各类名山大川、人文古迹等场所中，对于提升学生审美素质有着积极意义。研学旅行能够用自然美的纯洁感染学生，中小学生处在成长发育的重要阶段，健壮的体格、健康的心态是他们走向成功的必备条件，通过欣赏祖国大好河山激发他们的爱国热情；通过参观名胜古迹等人文景观激励他们奋发向上、不忘历史；通过感受四季美景亲近自然界，引导他们懂得生命珍贵、时间宝贵，要在有限的时光中创造出更多有价值的东西，让生命绽放光彩。

（3）课外美育活动的设计案例

①课外美育活动设计案例一

表4 一次文艺晚会的设计

活动形式	举办一次文艺晚会
活动主题	博采众艺之长·诠释青春之美 主题设定：青春的时光是美好的，而奋斗的青春更加璀璨。高三的同学快要毕业了，回顾美好的高中校园时光，你们会用什么方式来讲述这三年的故事、讲述自己的梦想呢？高一、高二的学弟学妹们，你们又会为师兄师姐送上怎样的祝福，或者抒发自己对未来的什么畅想呢？舞台之上，是青春百态奏响的曼妙乐章，请用你的个性化表达，点亮青春筑梦的舞台。
指导思想	本次活动以习近平新时代中国特色社会主义思想为指导，全面贯彻党的教育方针，以立德树人为根本任务，把培育和践行社会主义核心价值观融入美育活动开展的过程，根植中华优秀传统文化深厚土壤，汲取人类文明优秀成果，引领学生树立正确的审美观念、陶冶高尚的道德情操、培育深厚的民族情感、激发想象力和创新意识、拥有开阔的眼光和宽广的胸怀，在具体的美育实践活动中发展学生感受美、鉴赏美和创造美的能力。
活动目的与意义	（1）以美育德，以德促美。以传承民族文化、弘扬民族精神、培养学生的爱国主义精神和反映学校丰富多彩的校园文化生活为主旋律，坚持"艺术育人"的宗旨，坚持先进文化的导向，坚持普及与提高相结合，坚持课内与课外相结合，提高学生的艺术素养，培养学生的审美情趣。

（续表）

活动目的与意义	（2）以学生为主体、合作参与。成立学生文艺晚会指导小组，面向师生组织开展丰富多彩的艺术活动。引导学生自主选择参与，自我管理，形成"班班有活动、人人有参与"的艺术氛围，有效推进校园文化建设，构建和谐校园。 （3）倡导创新、鼓励创作。注重开发学生和教师的艺术创造力，鼓励师生创作一批具有时代特征、校园特色、学生特点的文艺节目和艺术作品。	
活动要求	我校将基于审美教育培养的理念，举办以"博采众艺之长·诠释青春之美"为主题的文艺晚会，鼓励学生将青春年华、校园生活的人物美、情感美，通过艺术美的表达方式呈现出来。因此，在节目遴选与评价的过程中，要重点关注学生通过节目传递出的对校园青春之美的审美感受力、在艺术呈现过程中传递出的审美思考力，以及节目体现的艺术表现力与创造力。好的节目一定具有主题鲜明、情感真挚动人、艺术表现力强的特点。教师在指导跟进的过程中，要根据这三个审美培养点，在尊重学生主观能动性的基础上，给予恰当指导。	
活动对象	广州市××中学全体学生	
活动时间及地点	活动时间：4月份（春季学期） 活动地点：学校礼堂、体育馆或适合举办晚会的校外活动场馆	
活动内容与步骤	策划阶段	
	美育活动任务	任务一：规划晚会结构，明确情感主题 （1）规划文艺晚会的结构，紧紧围绕"青春校园生活"，将晚会分为四到五个部分，围绕青春的欢乐、迷茫、坚韧、希望等情感主题，以班级和社团为单位面向全校学生征集文艺节目。 （2）每个情感主题分支的节目形式尽可能多样，包括但不限于唱歌、舞蹈、朗诵、话剧、器乐、戏曲、脱口秀等艺术种类。每个主题分支中，至少要有三种艺术类别的节目，且同类别节目不能超过两项。 （3）面向全体学生招募晚会会务成员，经过面试与培训，分入宣传组、节目组、场务组、礼仪组、后勤组、突发情况处理组、医疗救护应急组七个工作组中。

（续表）

活动内容与步骤	教师引导要点	（1）根据学校实际情况，结合校本通识课程或第二课堂的开展情况，规划晚会结构。 （2）筛选学生工作组面试人员，对其进行培训与考核。
	准备阶段	
	美育活动任务	任务二：学生主导落实，教师监督跟进 （1）宣传组 ①给各班级下发材料，号召学校各年级各班积极参加。 ②由学校宣传部负责展板，放置在教学楼区、文体活动区。 ③活动前期半个月左右在校园内对文艺晚会活动进行宣传，如张贴宣传海报、校园广播宣传、校园网站发布活动相关信息。 ④活动开始前打印晚会节目单，分发到各班负责人。 （2）节目组 ①对各班上报的节目进行审核、筛选。 ②选定晚会主持人并准备台词。 ③准备晚会所需的服装道具。 ④结合舞美设计，确定节目顺序，构思转场效果。 ⑤负责参演人员考勤与通知，与主持人保持沟通。 （3）场务组 ①结合主题进行舞台设计。 ②负责音响与灯光。 ③负责布景道具的筹备和摆放。 ④在其他组人手不足时支援。 （4）礼仪组 ①确定评委教师的名单，递送评审工作邀请函。 ②在文艺晚会期间引导演出人员入场、退场。 ③在文艺晚会期间提示下两组节目准备。 ④在文艺晚会期间负责维持现场纪律。

（续表）

活动内容 与步骤	美育活动任务	（5）后勤组 ①在准备阶段安排好文艺晚会场地。 ②负责晚会前的现场布置以及结束后的卫生工作。 ③为到场嘉宾和领导准备饮用水，为现场工作人员准备餐食。 ④准备并分发互动奖品与纪念礼品。 （6）突发情况处理组 ①负责舞台、幕后等演员调度。 ②处理舞台设施、幕后情况的突发事件。 ③负责设备流通、灯光调配等对接。 ④选定晚会现场疏散出口。 ⑤负责紧急疏散设施与紧急提醒器材的安全检查。 （7）医疗救护应急组 ①负责晚会现场一般医疗药品、器材、器具的配备。 ②现场安排指定人员、担架，进行医疗救护备用。 ③如遇突发情况，及时与当地医疗卫生部门进行联络。
	教师引导要点	节目组和场务组的工作是构建起文艺晚会整体美感呈现的部分，因此教师须对这两个工作组进行重点指导。 （1）针对节目组 ①明确节目筛选标准，如节目内容是否真实有力地反映了新时代青年的形象美与品格美，节目构思与呈现是否符合艺术美的展现形式。 ②结合场务组的舞台设计，确定节目顺序，列出节目单，实现整个晚会美感呈现的和谐圆融。 ③挑选出形象端正、台风稳重、咬字清晰、情感表达丰富的主持人。 （2）针对场务组 ①结合晚会主题，设计舞台布景，筹办相应道具。 ②与节目组对接，根据节目具体情况，通过调度灯光与布景，设计转场效果。

（续表）

活动内容 与步骤	实施阶段	
	美育活动任务	任务三：举办文艺晚会，展现审美创作成果 （1）活动当天，活动筹备部门提前三个小时至活动现场进行布置与准备。具体分工安排如下： ①宣传组张贴海报，设置指引标识，打印纸质版节目单；调试摄影设备，准备活动的全程摄影；提前安排文字记者，负责活动当天的新闻采访与跟踪报道。 ②礼仪组分为现场接待和演出指引两组，现场接待组在场地及校园各处设置指引点，接待师生和来宾；演出指引组与场务组沟通配合，控制演出人员的进退场。 ③场务组调试音响设备、舞台灯光等，布置场地。 ④后勤组安排好饮用水、医药用品等分发工作，协同场务组一同布置场地。 （2）各单位就位后准时开始活动。活动流程如下： ①主持人开场，介绍活动的主题与目的，预告活动内容。 ②校领导致辞，表达对活动开展的期望。 ③主持人串场，各单位按顺序上台展演。 ④穿插互动环节，为现场观众分发礼品。 ⑤演出全部结束后，所有参演人员上台合影留念。 ⑥主持人收尾，宣布活动圆满结束。
	教师引导要点	在文艺晚会实施的过程中，教师的美育指导主要体现在评委教师对节目美感的评价。可结合第五章第六节《学校美育的评价》内容，进一步设计详细的评分细则。 节目的美育评价标准： （1）节目内容要展现新时代中学生的人物美。 ①通过舞蹈展现健康的外形、灵活的体态、舒展的身姿、巧妙的配合等。 ②通过歌唱展现青少年美妙的歌喉。 ③通过节目的主题内容，展现内在人性美与品质美，或是积极乐观的生活态度，或是细腻丰富的内心感受，或是五彩斑斓的想象。

（续表）

活动内容与步骤	教师引导要点	（2）节目形式要展现相应艺术类别的艺术美感。 ①歌舞类节目要符合歌曲或舞蹈表现的基本规律，要能够通过歌声或舞姿传递出情感。 ②语言类节目，如话剧、朗诵、相声、小品等，其艺术构思要逻辑通顺、情节合理，语言表达要清晰，能够通过综合的舞台表现形式传递艺术感染力。
	结束与回顾阶段	
	美育活动任务	任务四：审美交流回顾，增进美感认识 （1）通过主题班会交流参与体验，总结观赏心得。 （2）参与全校投票，选出心目中印象最深刻、最受触动的节目。 （3）绘制相应主题的黑板报。
	教师引导要点	结合评委打分与学生投票，选出"最美十佳节目"。
预期效果		（1）活动前期： 活动指导教师进行了全面周密的安排，设计晚会的总体结构，撰写活动方案，认真分析活动的意义和风险，为活动的顺利开展打下坚实基础；指导团委、学生会等学生自主管理团体，招募学生工作组，指导节目组制定晚会节目遴选标准，指导节目组和场务组成员进行舞台整体美感的设计与落实。班主任和艺术教师作为节目指导教师，将节目遴选标准明确告知学生。 （2）活动中期： 学生根据自身意愿自由组队，展开小组合作，共同完成节目的构思与编排，在团队合作中选取具有代表性的青春情感体验作为节目主题，提升审美感受力；在创作与编排的过程中强化生活经验的审美表达，展现作为中学生的青春风采。节目指导教师及时跟进编排进度，并给予关键指导。 （3）活动后期： 学生在投入地进行艺术节目创作与演出的过程中，达成审美的自我熏陶与提升；在观看演出的过程中，感受不同艺术种类与多种情感角度对青春之美的诠释，丰富艺术美的审美体验，充分发挥审美活动潜移默化的影响作用，营造良好的校园文化氛围，促进积极向上、团结友爱、富有创造力的校风建设。

（续表）

风险预测及解决措施	参演人员无法演出	各单位提前拟订应急计划。
	服装道具出现问题	演出前三天彩排进行统一检查，演出前一天各单位自行检查。
	场地存在安全隐患	（1）选择正规场地，进行现场安全排查。 （2）增设安保人员，确保安全通道畅通。 （3）活动前进行消防安全培训与预演练，提前布置现场及周边场地的消防器材。
	现场设备出现损坏	设置设备专用负责人，提前准备备用设备。
	临时停电	（1）安抚参演人员与观众，控制现场秩序，制止人员喧哗与流动。 （2）通知电力部门跟踪并进行抢修。 （3）若长时间抢修不成，晚会难以进行，则进行应急疏散，请所有人员立即撤离场馆。
	邀请嘉宾未到场	（1）筹划部门提前与嘉宾联系，确保嘉宾时间安排。 （2）若嘉宾无法准时到场，主持人现场进行情况说明。
	节目中途出现意外	（1）校医院在演出前提前备好应急药品和器材。 （2）机动组检查现场情况，如有人员受伤则立即送医治疗。
	节目中断或空场	（1）提前公示节目单并保证各单位负责人明确节目时间及顺序。 （2）临时调换节目顺序，主持人填补空场，准备临时节目或互动环节。
	现场失控	（1）活动前各单位强调演出秩序及安全问题。 （2）主持人及筹划部门控制现场秩序，防止发生恶性事件。
	学生私自离开场馆	（1）各单位负责人做好考勤工作，强调请假制度。 （2）班主任不得离开本班学生，应时刻注意学生动态，及时处理突发事件。 （3）学生按指定位置就座，非特殊原因不得擅自离开场馆。 （4）加强活动期间校园安全巡查和保卫工作。

（续表）

风险预测及解决措施	当地疫情形势出现新变化	活动筹划部门提前针对疫情情况做出预案，并时刻关注疫情形势变化，根据政策变动安排活动。

②课外美育活动设计案例二

表5　一次社会访谈活动的设计

活动形式	开展一次社会访谈
活动主题	从"美遇"到"美育"：发现"最美家乡人" 主题设定：该主题立足于"榜样的力量"，通过寻找家乡烟火气里那些因忠于职守与无私奉献、精益求精与守本创新、爱与善良而闪闪发光的普通人，感受平凡人物身上蕴含的丰富的人格力量，在效仿榜样的潜移默化中实现美育教育。
指导思想	美育是全面发展教育的组成部分，其本质在于通过自然美、社会美和艺术美的丰富内容，在广阔和真实的社会生活中推动学生进行美好事物的认知、美好态度的培养，进而提高其审美能力。审美不是静止的，不能单从静态的角度去教导学生被动地感受美，而是需要学生学会走出教室，通过主动参与开启自身的想象力，唤醒主动反思与行动的力量。刘墉说："我们总以为世界的温暖来自阳光，其实脚下的大地更有着令人惊异的热力。"在我们身边，疫情防控期间涌现出的抗疫英雄、平凡岗位上做出不平凡贡献的人、家乡文化的传承者与创新者等这些鲜活而生动的人身上闪烁着耀眼的光辉，给我们美的感受。学生在教师的引导下通过有目的、有计划地开展社会访谈活动，有助于形成健康的审美观，提升发现美、鉴赏美和创造美的能力。
活动目的与意义	（1）落实响应国务院办公厅《关于全面加强和改进新时代学校美育工作的意见》精神，全面贯彻党的教育方针，推动"五育并举"，落实立德树人的根本任务，丰富学生的课外实践活动，加强各学科有机融合，强化实践体验，引领学生树立正确的历史观、民族观、国家观、文化观，陶冶高尚情操，塑造美好心灵，增强文化自信。 （2）有助于培养学生的道德情操。榜样的力量起到巨大的示范作用。通过榜样、优秀人物的访谈，他们的高尚思想、模范行为和优秀成就可以让学生产生共鸣，把抽象的道德规范化为具体可感的人物形象，产生情感感染力，"融美于心灵"，在感化、启发下，内化为无声的语言，潜移默化地培养、提升学生的道德情操。

（续表）

活动目的与意义	（3）有助于学生关注现实，投身实践。各行各业的典型人物带来社会生活的多样貌存在，学生在访谈中可以拓宽眼界，打破思维局限，关注到现实问题，关注到社会现状，增强社会责任感和使命感，从而激励学生成为祖国建设需要的人才。
活动要求	我校将举办"最美家乡人"推选活动，活动分班级、年级、校级三级开展。每个班级需要组织学生寻找"最美家乡人"，并作为小记者访谈寻找到的"最美家乡人"，讲述人物故事，最后评选出两个"最美家乡人"参与年级评选。每个年级评选出两个"最美家乡人"参与校级评选。参与校级"最美家乡人"报道的小记者将同时成为校级"家乡故事讲述者"。 班级活动要求： （1）班内推荐"最美家乡人"，并写出推荐理由，班级投票推选出8~10名"最美家乡人"访谈对象。 （2）学生组建访谈小组，对选定的访谈对象进行访谈，了解他们的事迹，感悟社会美和道德美，丰富审美体验，提升审美能力。 （3）访谈完成后，小组共同完成一份活动总结，内容包括访谈对象访谈稿、小组成员的独特感悟和收获、对社会访谈和社会美的体验。 （4）小组派代表讲述访谈对象的故事，参与班级"最美家乡人"评选。
活动对象	小学高年段学生或中学生与访谈对象。 访谈对象为家乡具有仗义相助、播撒爱心、敬业奉献、真情守望、善良纯朴等品质的普通人，例如疫情防控期间涌现出的抗疫英雄、平凡岗位上做出不平凡贡献的人、家乡文化的传承者与创新者等。
活动时间及地点	活动时间：对"最美家乡人"的访谈主要在周末或寒暑假进行，讲述及评选活动则在正常在校时间进行。 活动地点：学校办公室或相关访谈对象工作地点。
	活动前期准备
活动内容与步骤	（1）教师指导。 在活动开始前，教师做好前期规划工作，在班级中组织动员会，介绍本次活动的目的与意义、主题、基本要求、注意事项等，鼓励学生积极参与本次实践活动。

（续表）

活动内容 与步骤	（2）学生预习。
	学生在教师引导下完成以下预习任务：

（2）学生预习。

学生在教师引导下完成以下预习任务：

①学习毛泽东《调查的技术》、王思斌《访谈法》等文章，掌握基本的访谈知识，为访谈实践活动提供知识支撑和理论指导。

②观看《杨澜访谈录》等知名访谈类节目，引导学生关注访谈主题、提问方式和语言技巧等对访谈效果的影响。

③利用互联网、报纸、书籍等多个渠道检索、查阅与家乡有关的人物资料，在熟悉的场景中激活记忆。

任务一：策划访谈，拟定"最美家乡人"访谈表

（1）推荐"最美家乡人"候选人。

通过互联网、报纸、书籍等多个渠道了解家乡的人物，每位学生推荐一名"最美家乡人"候选人，并为自己推荐的对象撰写一段推荐语，扼要介绍推荐候选人的事迹与品质，彰显他（她）与社会美或道德美的关系。

"最美家乡人"推荐表

推荐对象	
推荐理由	

汇集班级智慧，通过小组讨论与班级投票的方式选择8~10名"最美家乡人"候选人作为访谈对象。

（2）选择"最美家乡人"访谈对象。

选择访谈对象时，要考虑时间、经费等条件，了解访谈对象的有关情况，如年龄、文化水平、经历等，对访谈对象的基本情况了解得越清楚，选择就越有针对性。

在选择访谈对象时，除了访谈对象自身外，首先选择亲密者、权威者，还要考虑访谈对象构成的多元化、全面性。亲密者（比如亲朋、近邻）一般了解访谈对象的很多具体情况，他们往往能提供一般人无法知晓的信息。权威者是指专业人士，他们掌握着更为全面翔实、客观准确的信息，能提供专业看法。

（续表）

活动内容 与步骤	（3）编制"最美家乡人"访谈提纲。 访谈提纲一般包括访谈对象的基本情况、访谈的程序、主要问题、问题的先后顺序等。问题的表述要注意口语化。访谈要结合访谈对象的实际情况和本次访谈的主题，提出有针对性、有价值的问题。 好的访谈提纲不是一系列问题的罗列，而是能通过多角度的提问对访谈对象及人物背后的事迹进行全面记录，从什么问题开始到什么问题结束、访谈时间的分配、问题的主次等，这些都需要在编制访谈提纲时加以考虑。 访谈提纲的个性问题（指针对访谈对象某些与众不同的成长经历、工作经历的提问）要与共性问题（指每个访谈对象都会被问及的问题）相融合而建立，一可增加访谈提问的规范性，二可从中整理归纳出访谈对象社会美和道德美方面的特征。个性问题增加了人物的辨识度，可以使人物访谈的特点更加鲜明。 编制访谈提纲时，还要确定访谈重点。比如人物类访谈，问题设计应集中在对人物行为事迹、精神品质的了解上，可以询问访谈者对访谈对象的评价，说说访谈对象对家乡文化生活的影响以及从中体现出的美。 具体可参考下面的人物类访谈样表。

人物类访谈（受访者本人）样表

访谈对象		性别		年龄	
		职业			
访谈成员				访谈时间	
访谈提纲	1. 您平时做什么工作？ 2. 您做这项工作多长时间了？ 3. 您当时为什么想学习这门技艺？ 4. 您花了多长时间学成的？ 5. 您当时学习的过程中有什么故事可以聊一聊吗？ 6. 您凭借该工艺成为省级非物质文化遗产项目传承人，有什么感想？ 7. 如果可以，您愿意收什么样的人做徒弟呢？ ……			访谈记录	

（续表）

活动内容与步骤	人物类访谈（非受访者本人）样表					

人物类访谈（非受访者本人）样表

访谈对象		性别		年龄	
		职业		与受访对象的关系	
访谈成员				访谈时间	
访谈提纲	1. 您了解或听说过人物的哪些事迹？ 2. 您对人物有什么看法？ 3. 人物对您有何影响？ 4. 人物对当地有何影响？ ……			访谈记录	

（4）成立访谈小组，制订访谈方案和计划。

根据地域就近原则，成立访谈小组，每个小组人数为4~6人。各成员依据个人所长，承担访谈任务，分工合作，有序有效完成访谈任务。

访谈分工

成员分工	主要工作	成员姓名
访谈主持者	负责访谈的发起、推进。	
访谈记录员	以文字形式记录访谈结果，以音、视频形式记录访谈过程。	
访谈整理者	根据记录结果整合信息，初步得到访谈结论。	

制定访谈方案时，还需根据访谈对象的实际情况，选择恰当的访谈方式——实地走访或通过各种通信媒介进行电访。无论何种方式，都应事先与对方做好沟通工作。在正式访谈之前，学生要与访谈对象取得联系，礼貌询问对方的空闲时间，确定访谈的时间和地点。确认完成后，学生需要再发一条书面的信息给访谈对象，简要说明访谈的目的、意义和内容，以获得访谈对象的信任。

任务二：访谈"最美家乡人"，做好记录

（1）尽快接近访谈对象。

在与访谈对象初次见面时，学生可以想办法尽可能地接近访谈对象。可以首先进行自我介绍，向访谈对象说明来意，出示自己的学生证，有助于消除访谈对象的顾虑，获得理解和支持。在自我介绍之后，可以表达开始访谈的意愿，进一步阐释本次社会访谈的目的和意义，以引起访谈对象的兴趣。

（续表）

活动内容与步骤	（2）建立融洽的访谈氛围。 在与访谈对象有了初步的接触，以及对访谈对象表达了愿意开始访谈的意向后，学生可以从事先了解的访谈对象信息着手，就对方感兴趣的话题展开交流，如时下的新闻热点、关心的社会问题、对方的兴趣爱好等，以减轻访谈对象的紧张感，建立信任。在访谈氛围达到一定的融洽程度后，学生可以进入正题，开始访谈。 （3）按计划进行访谈。 在融洽的访谈氛围下，学生可以按照活动前期拟定的访谈提纲自然地进行正式访谈。在访谈过程中，学生要按照访谈提纲中拟定的访谈内容、访谈方式、问题顺序进行访谈，以保证访谈的顺利进行。特别需要注意的是，在访谈时，学生要掌握提问的技巧和方式，选择恰当的语句和访谈对象交流，争取访谈对象的配合。无论访谈对象是否合作，都不能表达不满的情绪，更不能批评和指责访谈对象，以保持轻松愉快的访谈气氛。 （4）认真做好访谈记录。 在访谈过程中，最重要的是做好记录，和访谈对象沟通交流的同时将要点记录在笔记本上，便于活动后期整理分析。记录访谈内容时，要做到客观和准确，尽可能完整、全面地按照访谈对象的回答记录，不能加入自己的主观意见。记录时可以对于一些不明确、不理解的回答做好标记，便于在追问中提出，不曲解访谈对象的原意。如果无法及时记录，访谈结束后要及时回放录音笔的信息，整理成逐字稿，便于整合分析访谈记录。

任务三：整理材料，撰写"最美家乡人"访谈稿

（1）整理访谈资料。

根据录音和访谈时记录的要点，整合每个问题的答案，形成访谈提纲的逐字稿，小组成员互相检查，减少主观性判断，一切以访谈对象的回答为标准。

（2）分析访谈结果，撰写活动总结和收获。

根据访谈的目的对加工处理过的资料进行分析整合，比较不同访谈对象之间的共同点和不同点，分析他们对同一个问题给出不同答案的原因，得出分析结论，撰写活动的总结和收获。

（续表）

任务四：讲述"最美家乡人"的故事，进行班级评选			
活动内容与步骤	课堂展示交流是访谈成果体现的形式，展示的内容要求既能体现访谈活动的过程环节，也能体现所访人物的主要事迹、精神品质、家乡影响。采取量化评价的机制，从访谈设计、访谈实施、访谈效果、讲述效果等维度分别设置评价细目，对"最美家乡人"班级活动进行评价，另外进行生生互评。		

访谈活动评价表

评价要素	评价标准	分值	得分
访谈设计	访谈结构完整，包含开场白、主体、结束语，不少于四个问题。	10	
	访谈问题设计合理，直接明确，没有歧义。	10	
访谈实施	访谈者围绕访谈目的进行访谈。	10	
	访谈者态度中立，尊重访谈对象。	10	
访谈效果	访谈内容深入，达成访谈目的。	10	
	访谈结构合理、清晰。	10	
讲述效果	访谈对象在仗义相助、播撒爱心、敬业奉献、真情守望、善良纯朴等方面事迹突出，是社会各界和人民群众公认的道德标杆。	20	
	讲述者对访谈对象体现的社会美有自己的独特感悟。	20	
总分		100	

预期效果	（1）活动前期： 　　教师进行了全面周密的安排，撰写活动方案，认真分析活动的意义和风险，为活动的顺利开展打下坚实基础。教师组织开展班会，介绍社会访谈活动的具体要求，增进学生对社会访谈活动的理解和参与热情，由班干部带头积极踊跃地参与活动。 　　（2）活动中期： 　　学生按照活动方案的计划自行组队，展开小组合作，共同完成访谈提纲、访谈人选等活动步骤，提高团队协作能力和组织策划能力，展现作为中学生的精神风貌，提升参与感，增强凝聚力与向心力。

（续表）

预期效果	（3）活动后期： 学生深入了解访谈人物的先进事迹，感悟中华美育精神与民族特质的心灵美和行为美，丰富社会美的审美体验，开拓人文视野，树立正确的审美观和文化观，提升个人的审美追求和人格修养，对社会美有自己的独特感悟。	
风险预测及解决措施	学生参与社会访谈的积极性低。	班会课上，教师做好组织动员工作，强调活动的意义和重要性。班委做好带头作用，积极与学生沟通。
	学生未能成功组队。	在自由组队的情况下，如有未能成功组队的学生，班主任可以发挥指导作用，了解情况，帮助学生组队成功。
	访谈对象未准时到场。	在访谈之前，学生事先与访谈对象电话沟通，确定访谈时间，发一条书面的信息；在访谈当天，与访谈对象保持良好沟通，提醒访谈对象访谈时间与地点。
	在访谈过程中，访谈对象不愿意回答问题，不信任学生。	如果访谈氛围趋向紧张，学生需要想办法缓解紧张的气氛，可以转换一个访谈对象感兴趣的话题，也可以暂停交谈放松一下，待气氛缓和后，再继续进行访谈。
	录音笔、笔记本电脑等记录设备出现故障。	在访谈准备时，检查设备的使用情况，如果有故障，可以向教师求助，更换设备。
	访谈对象不允许使用录音设备。	提醒学生在访谈前做好充分的准备，列出访谈的顺序，访谈时尽量按照提纲顺序进行。在访谈过程中，设置专门的记录员，记录要点。

③课外美育活动设计案例三

表6　一次旅行活动的组织设计

活动形式	开展一次到自然景点的研学活动
形式介绍	研学旅行课程是课外美育实践活动的形式之一，有效体现了美育学科融合的理念，具有"寓教于游""寓学于游""寓美于游"的特点，学生可以走出校园，在与日常生活不同的环境中拓宽视野、丰富知识、了解社会、亲近自然、参加体验。研学旅行课程可分为自然类、地理类、科技类、人文类、体验类等多种类型。研学旅行课程内容多处体现了美学因素，教师可以在教学中渗透美育，培养学生健康的审美观，发展学生鉴赏美和创造美的能力；学生以一种沉浸式、参与式的方式去感受美、探索美和创造美。
活动主题	感悟秋日之美，乐享集叶之趣 　　主题设定：我们说"一叶知秋"，广州的秋天是否和书本上说的"秋天来了，叶子变黄了"一样呢？如果不是，那么广州的秋天又是怎样的？植物的叶子又有什么变化的奥秘呢？在沉浸式的自然环境中，让学生亲身感受大自然时节的变化，唤起学生对大自然的审美体验，通过游园活动发现大自然的美，感受大自然的美，通过花叶贴画创作出属于自己的美的作品。
指导思想	本活动以习近平新时代中国特色社会主义思想为指导，全面贯彻党的教育方针，坚持社会主义办学方向，以立德树人为根本，以社会主义核心价值观为引领，以提高学生审美和人文素养为目标，弘扬中华美育精神，以美育人、以美化人、以美培元，把美育纳入各级各类学校人才培养全过程，贯穿学校教育各学段，培养德、智、体、美、劳全面发展的社会主义建设者和接班人。
活动目的与意义	1. 自然探索与情操陶冶："以自然为师"，走进大自然探索植物之美，在大自然中学习、观察、认识自然万物，思考自然、自我与社会的关系，激发爱护环境、珍爱生命的动力。同时开拓视野、放松身心、陶冶情操，给心灵做体操。 　　2. 社会责任与担当：了解广州的自然环境，对城市发展有更深入的认识，进一步激发热爱广州、建设广州的热情，培养参与社区生活/城市生活的意愿，培养社会责任感、集体观，加强保护环境的意识。 　　3. 问题解决与创新：能在教师的引导下，结合研学过程中的现象，发现并提出自己感兴趣的植物/环境问题，并将问题转化为研究小课题，初步体验课题研究的过程和方法，提出自己的想法，形成对问题的初步解释。同时，能够发挥自己的创造力和想象力，创新性地解决问题。

（续表）

活动目的与意义	（4）创意设计与制作：在自然中获取能量和灵感，激发五官的感受，提高脑、手实践能力，能根据收集到的树叶和资料，结合研学过程中关注的问题，如生物多样性问题、温室效应问题等制作树叶环保宣传画等作品。
活动对象	广州市××小学五年（1）班
活动时间及地点	活动时间：10月份（秋季）。 活动地点：华南国家植物园。 华南国家植物园介绍：华南国家植物园位于广州市天河区，总面积4500亩，汇集了3200余种植物，是中国科学院四大植物园之一，致力于全球热带、亚热带地区的植物保育、科学研究和知识传播，被誉为"热带、亚热带植物博物馆"。园内有热带雨林、高山植物、奇花异果、沙漠植物等迁地保育的植物超过1.7万种，包括珍稀濒危植物643种、国家重点野生保护植物337种，还有130多种野生鸟类与100多种蝴蝶，以及其他各类昆虫与爬行类小动物，自然资源丰富，是名副其实的"中国南方绿宝石"。
前期准备	1. 踩点：教师到华南国家植物园踩点设计研学线路。 2. 设计：教师提前收集华南国家植物园的相关知识，设计研学手册。 3. 人员：召集家长志愿者5名（尽量邀请具有植物、艺术知识储备的家长加入）。 4. 培训：对家长志愿者进行简单的美育知识讲解，帮助家长在游园过程中引导学生感受和发现美。 5. 物资：准备游园物资，包括装落叶落花的袋子、A3白纸（花叶贴画用）、水、胶水、彩笔；准备药品包，包括驱蚊防虫用品、止血贴、酒精等；准备午餐用品，如食物、水、野餐垫等。
活动内容与步骤	**活动准备阶段：举行行前教育会** 1. 组织安排。 （1）分组：将班级学生分成5个小组，每组由6名学生与1名家长志愿者组成；给每个小组分发小组旗。 （2）强调纪律：出游全程，全班学生都必须集体行动，不得离开集体；行进过程中，小组学生需紧跟家长志愿者，不得擅自行动；定点活动时，全班学生需在指定地点范围内活动，不得在指定地点范围外单独活动。 （3）说明游览过程：包括集合地点、游览时间安排、活动说明、任务要求等。

（续表）

	2. 安全教育。 （1）全班学生、家长志愿者、班主任统一穿校服，以便教师、家长、学生之间相互辨认。 （2）全班学生应遵循集体活动、有事报告、结伴行动的原则，全程跟随集体，需要上卫生间等情况向小组所在家长志愿者报告再行动，行动需结伴。 （3）禁止随意食用植物园内的植物，注意园内警示牌（如禁止触碰、禁止食用等），可以触摸的植物也要小心刺伤或刮伤。 （4）如发生任何意外情况应及时报告教师或家长志愿者。 3. 环保教育。 （1）不能随地丢垃圾，保持园内清洁，争当卫生先行者。 （2）不能随意摘取树上的花朵树叶，可以适当收集落花落叶。
活动内容 与步骤	**活动实施阶段：游园及研学** 1. 感受美：游园。 按照温室群景区—竹园—兰园—山茶园—彩叶植物园—园林树木区的游览线路欣赏，感受自然、观察自然。沿路可收集自己喜欢的落花落叶，闻百花芳香、听风吹树叶沙沙声。 2. 探索美：植物树叶寻宝记。 每到一个园区，教师先进行总讲解。讲解可立足于植物知识，并融合地理知识、文学作品如诗词中的植物描写、有代表性的植物歌曲、文学意象中的植物象征、植物形状或颜色联想等。 学生先认真听教师讲解，然后根据研学手册给出的植物树叶"寻宝图"，找到园区中相应的植物，了解这几种植物叶片的形状、特征，判断其叶脉所属，记下它的学名，完成研学卡。 *讲解示例：参观兰园* 教师：同学们，我们到达兰园了！兰园里有兰科植物80多属、800余种，如墨兰、蕙兰等。和老师一起来，我们继续往前走，简单看几个品种！ 教师：这是剑兰（出示植物大卡片，卡片包括"剑兰"两个字及其拼音、图片）。它给你们什么样的感觉呢？ 学生：颜色淡淡的。 教师：颜色是淡淡的黄绿色，像春天刚冒出的嫩芽，有种很清新的感觉。

（续表）

活动内容与步骤	教师：下面来观察叶子的形状，谁来说说感觉？ 学生：叶子很长，像一把剑，瘦瘦的！ 教师：你的想象力很丰富！是啊，剑兰的叶子瘦瘦的，还泛着光泽，像一把很有力量的剑，让人感觉有正直之气。 教师：再观察花的形状。 学生：花开在笔直的枝上，高高的。 教师：像不像高高抬着头？ 学生：像！ 教师：昂首挺胸，非常自信。 教师：大家可以来闻一下花香。 学生：有淡淡的香味！ 教师：元代诗人余同麓写过一首《咏兰》："手培兰蕊两三栽，日暖风和次第开。坐久不知香在室，推窗时有蝶飞来。"诗描写了清雅的兰花香充满屋内的景象。 教师：好了，我们继续往前走，看看其他品种。 教师：我们中国古人是非常喜欢兰花的，因为兰花香气幽幽，好比高洁、优雅的君子之风，他们称兰花为"花中君子"。 教师带领学生继续观赏：清丽脱俗、色系丰富的蕙兰，花繁如海的兜兰，如面泛桃红、胜似娇羞少女的玉女兰，有如翩翩起舞的蝴蝶、色彩斑斓的蝴蝶兰等。在此过程中启发学生通过视觉、嗅觉、触觉，发挥想象，感受植物的美和生命的张力。 3. 创造美：花叶拼贴画。 （1）午餐：在野餐区进行午餐和休息，分享食物和游园感受。 （2）创作：每位同学使用收集来的落花落叶，以"绿色环保"为主题，根据植物的颜色、形状在A3白纸上进行拼贴，创作自己的花叶画。教师巡视并指导。 教师指导示例： 教师：你收集的植物真多呀，打算拼什么呀？ 学生：我很喜欢这片大树叶，它由很多小小的叶子组成。 教师：你觉得组成大叶的每一片小叶子形状像什么？ 学生：像雨滴。 教师：还真挺像呢！那我们试试把小叶子当作雨滴，拼贴出一个下雨天吧！我们再想想，下雨的时候，地球会是什么心情？

（续表）

活动内容 与步骤	学生：地球肯定很高兴，因为它可以痛快地洗澡，特别是沙漠，说不定还可以长出小草来！ 　　教师：说到沙漠，你知道为什么现在沙漠的覆盖面积越来越大吗？ 　　学生：是因为下雨太少了吗？ 　　教师：有气候的原因。当然，还有人类活动导致绿地缩小，最终对气候造成负面效果的原因。 　　学生：那我们是不是应该多种些树，然后再去影响气候？ 　　教师：哈，好主意，那我们就在沙漠里下一场雨，把绿色带到沙漠去吧！ 　　学生：好的，那我就来创作一幅这样的画吧！ 　　（3）展览：学生拼贴完成后挂于展览区并互相参观；学生自愿分享自己的花叶拼贴画，表达自己的创作思路和审美考虑。教师点评、学生互评。 　　学生分享示例： 　　与书本上的秋天不同，我觉得广州的秋天和夏天并没有什么区别，花还是那么多，叶子还是那么绿。而且原来叶子有这么多形状，以前画叶子我只会画椭圆形，现在我知道还有三角形、长条形、针形等，我以后写秋天的作文，也要写出广州秋天的特殊性。所以，这次我创作的是《树叶的倔强》，讲一片与众不同的树叶在冬天还不肯掉落枝头，倔强地等春天的故事，希望大家喜欢！ 　　教师点评示例： 　　现在我们看王小明同学的作品：这幅作品用粉色山茶花和粉色树叶拼贴出一棵全新的植物，它虽然从上到下都是粉色的，但颜色其实是渐渐变浅的，显得很有层次感。我第一感觉是这株新植物非常梦幻美丽，充满了想象力和创造力。 　　这幅作品名叫《地球上最后的一朵花》，刚才听了王同学的介绍，这幅画的背景是人类在现代化的进程中造成了环境的恶化，再加上极端天气，导致地球各种资源枯竭了，绿色不见了，只有灰褐色的土地，一切都笼罩在毁灭的气氛里。这朵花是一个小孩留下的种子种出来的，它是如此地梦幻和美丽，与濒临死亡的地球完全不同。此刻这朵花开在地球上，两种颜色形成强烈的对比。看到它，你们想到的是什么？我想它的美丽既是地球的悲歌，同时，它似乎也留下了一些未来的希望。它是不是更多地促使我们去思考人与自然的关系，去思考环境与发展的关系呢？美的东西能引起我们的共鸣，也能唤起我们的思考，但愿同学们都能成为一名绿色小卫士，使我们的地球永葆绿色，与人类和谐共存。

（续表）

	活动结束阶段：总结及表彰
活动内容与步骤	1. 收拾场地，恢复环境，返校。 2. 汇总各组活动照片，撰写通讯稿，发布到学校官方媒体。 3. 召开"绿色地球"主题班会，师生交流活动感想。 4. 表扬表现优秀的学生及志愿者。
预期效果	1. 唤起学生对自然的好奇心，学生能够发现美、捕捉美。 美包括了自然美、社会美与艺术美。人既是自然的产物，也是社会的产物，通过带领学生游览品种多样、异彩纷呈的植物园，引导学生感受大自然的奇妙无穷，从而唤起学生对自然的好奇心、探索欲，促进学生主动探索和捕捉身边的自然之美。 2. 调动学生的感官去欣赏自然，学生能够感受美、欣赏美。 鼓励学生调动自己的感官，通过视觉、触觉、嗅觉、听觉来欣赏植物与自然的美；引导学生联系自己的生活经验发挥想象力，丰富对植物与自然的感受；教师和家长适时与学生分享自己的感受和认识，并适当补充自然与植物背后的人文意蕴，增加学生感受美的厚度。 3. 鼓励学生自主创造植物拼贴画，学生能够创造美、实践美。 学生运用收集到的植物进行创造拼贴，调动学生的艺术创作经验和审美认知进行美的创造；教师辅以审美引导，提升学生的审美认知，并推动转化为创造活动，让学生成为美的实践者。 4. 引导学生理解人与自然的关系，学生能够反思美、延续美。 通过主题班会，学生能理解人与自然和谐共处的关系。一方面，学生能规范自己的行为，自觉地爱护美，与一切破坏美的行为做斗争；另一方面，学生能从自我做起，从周边环境做起，爱护一草一木，也从美化校园、美化家乡做起，用自己的实际行动保护环境。

（四）学校美育实施中美育资源的整合

学校美育实施中美育资源的整合越来越受到关注。不仅要重视校内美育资源的整合，也要善于利用社会美育资源，将社会美育资源与学校美育资源整合起来，弥补学校美育资源发展的短板，提升美育的质量。

1. 校内各学科课程美育资源的利用与整合

校内美育资源的整合，主要指各学科审美因素的整合。目前，学校教育一般把音乐和美术课视为主要的美育课程，这样的认识是不全面的，学校美育不等于音乐和美术课的教学。把学校美育归结为音乐和美术课的教学，是把学校美育的内涵狭隘化了。中共中央办公厅、国务院办公厅2020年10月在联合发出的《关于全面加强和改进新时代学校美育工作的意见》中提出，要"全面深化学校美育综合改革"，"加强各学科有机融合，整合美育资源"，"树立学科融合理念，加强美育与德育、智育、体育、劳动教育相融合，充分挖掘和运用各学科蕴含的体现中华美育精神与民族审美特质的心灵美、礼乐美、语言美、行为美、科学美、秩序美、健康美、勤劳美、艺术美等丰富美育资源，有机整合相关学科的美育内容，推进课程教学、社会实践和校园文化建设深度融合，大力开展以美育为主题的跨学科教育教学和课外校外实践活动"。文件中的美育观念值得我们注意，它强调要全面深化学校美育，就必须突破把美育局限于个别艺术课程的狭隘观念，走"综合""融合""整合"的道路，实现学科融合、资源整合、美育内容整合、美育方式融合等，这些阐述对学校美育改革工作具有重要的指导意义。

首先是学科美育资源的整合，包括人文学科课程和自然学科课程美育资源的整合。

中小学人文学科课程包括语文、政治、历史和英语，这四种人文学科蕴含着丰富的美育资源。

语文是工具性与人文性统一的学科，其拥有丰富的美育元素，教师应当主动开发构建起具有美感的语文课堂。梁启超早就说过："情感教育最大的利器，就是艺术。音乐、美术、文学三件法宝，把'情感秘密'的钥匙都掌住了。"（梁启超说的"情感教育"就是美育。）把文学作为美育的利器之一，源远流长，孔子提出的"诗教"、苏格拉底提出的"讲故事"等，都是对文学美育功能的重视。文学之所以成为美育的利器之一，是因为文学作品是审美创造的产品，是美的典型形态，审美属性鲜明；文学作品所体现出来的词语的质地、情感的温度、文化的积淀、精神的品质等，都具有独特的美育功能。学生通过对文学作品的感受，体验文学作品的语言、形象、情感、意蕴之美，欣赏、鉴别和评价不同时代、不同风格的文学作品，可以培养自己正确的审美观、高尚的审美情趣，提升自己的审美品位。

由此可见，在中小学课程中，语文课程必然是极重要的美育课程之一，因为语文正是文学作品最集中的课程，语文教材的选文从来就是以诗歌、散文、小说、戏剧等文学作品为主要对象。以中国内地现在统编统用的普通高中《语文》教科书（人民教育出版社，2019年起出版，温儒敏主编）为例，其必修和选择性必修五册教材所选用的136篇/首作品中，文学作品就占了约74%。2000多年前苏格拉底就提出了"语文的美"的问题（见柏拉图的《理想国》），而"语文的美"正是主要通过文学作品体现出来的。所以，充分发挥语文课程的美育功能，是避免把美育等同于音乐和美术教育的片面认识、推进中小学美育课程改革的一个重要方面。语文课程的学习，是学校美育的一个重要途径；语文教学必须更好地承担美育的任务。

政治学科教学内容也存在着美育元素。以中小学思想政治课教材（小学阶段为《道德与法治》教材）为例，教材中对革命文化、社会主义先进文化的介绍与解读，向学生展示了庄严恢宏的社会革命事业，使学生心中激起敬仰赞叹之情。此外，行政公文等政治学科相关文件具有严谨的格式与表达规范，可以帮助学生提高对形式美、结构美的认知。

历史学科提及的重大历史事件及人物是对学生进行审美教育的生动教材。例如革命事件，其前途光明性与道路曲折性表现为悲剧美，学生能感悟革命人物的崇高品质；而曲折斗争后柳暗花明的史实，学生可为之喜悦，具有喜剧美。同时，历史文物内蕴的审美教育价值和意义更是不可忽视。

英语是一门语言学科，在听、说、读、写方面也具有很高的审美价值。中小学英语教材中选入大量名篇佳作，这些作品不仅为语言学习提供了良好的素材，也为美育的开展注入了活力。除英语教材中的美育资源外，英语字母本身的书写也极具形式美。

其次是自然学科课程中美育资源的整合。

在学校美育资源中，自然学科课程如数学、地理、物理、化学和生物也同样蕴含着丰富的美育资源。

亚里士多德曾言：数学能促进人们对美的特性——数值、比例、秩序等的认识。概括来讲，数学蕴含的审美元素主要有简洁美、和谐美和奇异美。

简洁的数学符号蕴含了深邃的数学思想，如阿拉伯数字"0、1、2……"，正是这些符号揭示了万千事物之间普遍的联系。和谐美也是数学美的特征之一，许许多多的数学概念都是对大自然和谐美的模仿与写真。

地理学科以其形态直观的优势，为美育提供包罗万象的实体资源与抽象资源。地理教材内容具有自然景观美与人文景观美。瀑布、冰川、山脉等自然景观具有对应的自然美与审美鉴赏价值，佛塔、园林、博物馆等建筑也具有相应的人文情怀以及技术美、生态美等美育价值。自然地理规律体现的统一性与整体性，区域地理的差异性与对照性，也是自然和谐美的体现。

物理学科知识体系的严密逻辑与统一思想显示了自然规律的高度统一与和谐之美。如麦克斯韦方程组不仅揭示电磁的内在联系，其外观形式也符合简明、对称、和谐的美学原则。物理的人文性也是物理学科美育中值得重视的资源。如爱因斯坦、居里夫人、霍金等杰出学者的实践及其体现的高尚情操与劳动精神就是重要的美育资源。

化学学科通过多样的化学现象与化学实验，展现了化学蕴含的丰富审美教育因素。化学中的各类现象，无论是生活中的还是化学意义上的，都具有相应的形式美。如化学中的同素异形体和同分异构体等物质分类对应现象具有细微的美观特点。化学实验中，实验仪器的外形美、实验环境的整洁美、实验流程的操作美都是化学之美的直观体验。

生物学科的"生"就已揭示，生物学科的"生命之美"就是发现生物美育元素的聚焦点，是中国当代"生生美学"的生动教材。对具体类型生命的鉴赏与品读，是生物美育资源的重要组成部分。自然界的动植物种类繁多，其形象色彩与生活习性都存在审美意义。生物学发展史与相应的生物理论蕴含的智慧美也是值得重视的美育资源。

体育也有丰富的美育元素，体育实际上是一种健与美相结合的艺术。

体育美中的形体美属于自然美，包括人体美和姿态美。所谓人体美是指人体各部位比例匀称合度。中小学生正处于正常发育阶段，体育锻炼可以帮助学生塑造健美的体形。所谓姿态美是指人体在空间的活动的式样优美、协调。再比如，田径、球类等体育项目对技艺、速度以及协调方面都有对应的要求，当学生掌握了理论与技术，通过奔跑、旋转等身体动作，学生都能从中获得高度的精神愉悦。

体育在塑造人的身体之美的同时，还需要培育人的心灵之美。教师要鼓励学生积极参与体育训练与竞赛活动，培养学生的顽强意志以及团结精神。

艺术学科、人文学科、自然学科及活动学科是学校美育的主要课程资源。学科教师在教学中可以充分发挥各学科优势，并把这些美育资源整合到总的教育中去，加强各学科的联系，实现学校美育的"一体化"格局，推进学校美育突破性改革发展。

2. 校内外美育资源的整合

学校美育教育不仅要充分利用校内各学科课程的美育资源，而且必须将校内外的美育资源整合起来，营造良好的美育教育氛围。《关于全面加强和改进新时代学校美育工作的意见》指出，应"鼓励有条件的高校与地方共建共享剧院、音乐厅、美术馆、书法馆、博物馆等艺术场馆"。此外，还应该"统筹整合社会资源，加强美育的社会资源供给，推动基本公共文化服务项目为学校美育教学服务"。社会美育资源力量的参与是未来学校美育发展的必然趋势，对学校美育发展具有重要价值。

前文谈学校课外美育活动时已指出，要很好地把地域文化、艺术部门如博物馆、艺术馆等联合起来，整合开展美育活动，这实际上就是利用社会美育力量、进行校内外美育资源整合的美育方式。这里要补充的是，学校可以把社会美育资源例如艺术家、美育家请进学校进行美育课教学，参与学校美育建设。这是未来学校美育发展的必然趋势。

例如，广州从化沙贝小学在与广东省慈泉公益基金会、广东省汇德慈善事业发展中心合作开展的"童心扉扬"美育活动项目中，就聘请了由华南师范大学教授组织

美的启蒙课

音乐欣赏课

画出你"发现的美"，画出你"心中的美"

书法艺术课

礼仪美育课

的美学美育专家团队到学校开讲"美的启蒙""美术欣赏""音乐欣赏""书法艺术""朗诵艺术""诗词与茶"等美育课程，收到良好的美育效果。

又如，广州暨南大学港澳子弟学校与广东省宋庆龄基金会"粤港澳青少年美育委员会"合作举办"美育公益课堂"，聘请了名画家、书法家和民间艺术培训师走进学校开讲"爱国·爱校·爱艺术""品读中国山水画""狮头扎作""民间剪纸"等美育课，取得良好的教育效果。

这种通力合作实施的普及美育、普惠艺术教育项目，旨在将高雅艺术融入校园文

剪纸美育课　　　　　　　　　　　学生展示剪纸作品

化建设，达到艺术教育"润物无声、育人无形"的效果。

（五）学校美育环境的营造

国务院办公厅2015年9月在《关于全国加强和改进学校美育工作的意见》中指出：要注重校园文化环境的育人作用。各级各类学校要充分利用广播、电视、网络、教室、走廊、宣传栏等，营造格调高雅、富有美感、充满朝气的校园文化环境，以美感人，以景育人。要让社会主义核心价值观、中华优秀传统文化基因通过校园文化环境浸润学生的心田，引导学生发现自然之美、生活之美、心灵之美。

美育环境的营造在校园环境的建设中有着举足轻重的作用，只有把美贯穿到校园文化中去，创造出特有的校园审美文化，才能更好地引导学生树立正确的审美观念，帮助学生培养健康的审美情趣，更好地去感受美、鉴赏美、表现美，甚至创造美。

学校美育环境的营造包括精神文化环境的审美化营造和物质文化环境的审美化营造两个方面。

1. 学校精神文化环境的审美化营造

所谓精神文化是指属于精神、思想、观念范畴的文化，代表一定民族的特点，反映其理论思维水平的思维方式、价值取向、伦理观念、心理状态、理想人格、审美情趣等精神成果的总和。在这里，我们主要讲学校范畴内的精神文化，即学校在长期的教育实践中，受一定的社会文化背景、意识形态影响而形成的为全部或大部分师生员工所认同和遵循的精神成果与文化观念，表现为学校风气、学校传统以及学校教职员工的思维方式等。如何实现学校精神文化审美化？我们从校风、教风、学风、校容校貌和校园氛围、校训、校歌和校徽等方面来讲。

校风。《教育管理词典》对校风的定义是学校风气，表现为有形或无形的情景条件，由认知、情感、意志、行为等多种因素构成，包括领导作风、教风和学风。校风是一种无形的力量，能够潜移默化地对学生产生积极或消极的影响。校园精神文化审美化的首要条件就是要构建良好的校风，良好的校风具有深刻的"强制性"的感染力，使不符合环境气氛要求的心理和行为时刻感受到一种无形的压力，使身居其中的每一个成员的集体感受日趋巩固和扩展，最后形成集体成员心理特性最协调的心理相

良好、积极的校园风貌

容状态。简言之，即良好的校园精神风貌能帮助学生养成良好的习惯和作风，对学生的思想品德、学习和生活有促进作用。具体表现为由教师行为折射出来的校风、学生行为折射出来的学风，以及由师生的思维意志、行为品质和价值观念折射出来的校容校貌和校园氛围。在校风建设中，教风是核心，学风是基础，校容校貌和校园氛围是实质。

教风。教师是学校教育工作的主力军，教师的道德、教师的行为、教师的教学风格，就是教风。良好的教风建设，要求教师具有高尚的道德修养、高超的教学能力和治学能力，以及精湛的教学艺术和认真的教学态度；同时，还要求教师具备良好的意志品质和思维能力，以及正确的价值观念。因为教学包含智育和德育两个过程，教师在教学过程中，除了教授知识以外，更重要的是引导学生形成正确的价值理念，并在这个过程中完成精神的塑造，实现思想的升华。

学风。指学生的学习风格和学习精神，是学生的学习态度、学习动机和学习行为的综合体现。学习态度调节着学生的学习动机、维持着学生的学习行为。正确的学习动机，可以转变学习态度，养成良好的学习行为习惯。而良好的学习行为有利于端正学习态度，进一步增强学习动机。严谨、勤奋、求实、创新的学习态度、学习动机和学习行为，是衡量学风的重要标准。学风通常以班级为单位形成，因为班级是教学工作的基本单位，学生通常以班级为单位形成集体，学生在学校受到的影响大多来自班集体。所以，班级文化建设是学风建设的主要内容。相对于学风而言，教风居主导地位。一般来说，教风正，学风才有可能正；相反，如果教风不正，就很难形成良好的学风。可见，良好的学风由良好的教风带出。

校容校貌和校园氛围。校容校貌是校园的物质环境，是校风的显性呈现。校园氛围是校园的精神环境，是校风的隐性呈现，潜移默化地影响着校园成员的行为方式、心理氛围和价值观念。校园成员的行为方式、心理氛围和价值观念，也是形成校园氛围的重要因素。

校训。指学校的办学理念，对师生道德品质、工作风格、生活态度等方面的要求概述为警示语言，通过颁布的形式确立下来，成为指导学校全体师生言行，使其自强不息、携手共勉的座右铭。校训体现着一所学校的办学传统，代表着学校文化和办学理念，是学校人文精神的高度概括和凝练。从一定意义上说，校训就是规则，甚至是训诫，一旦昭示，就不能流于形式，而是要通过一定的方法和途径在师生心目中加以巩固，产生无声命令和自动规约的作用，久而久之，养成风气，形成校风。

校训作为一所学校的精神文化标志，是引领学校前进的风向标。它的确立和本身如何表述是非常重要的。好的校训不仅可以体现学校自身的个性、生命力与价值观，更具有极强的感召力，容易赢得师生的认同，催人奋进。例如，历代华附（华南师范大学附属中学）人秉承的"进德修业，格物致知"这一校训，敢为人先，追求一流，崇尚卓越，先后培养了许许多多为民族复兴而努力学习的时代新人，从而也确立了自己在广东省乃至全国基础教育领域的标杆地位。民主革命家陈少白、民主革命烈士林逸民、人民音乐家冼星海、岭南画派创始人高剑父、无产阶级革命家廖承志、革命先驱谭天度、东江纵队司令员曾生、农学家黄耀祥院士、物理学家邓锡铭院士、物理学家蔡睿贤院士、化学家范海福院士、物理学家岑可法院士、数学家姜伯驹院士、医学家钟南山院士、运动健将陈镜开、运动健将冯珊珊等知名人士是万千学子的杰出代表。

校歌。"校歌"是指"学校规定的代表本校的歌曲"。校歌是一种表现学校生活、揭示办学理念，将学校精神文化等用旋律、和声、节奏表达出来，使之形象化、艺术化，更易走进师生生活的独特的艺术形式。校歌是一所学校的代言，是一所学校独特的办学精神和办学理念的集中表述，是学校传承优秀文化和历史久远的较高体现。贝多芬曾经说过，音乐能使人类的精神爆发出火花。因此，校歌在学校的创建、规划过程中，起着不可磨灭的作用：它一方面对于凝聚学校精神、树立学校良好形象具有不可替代的作用；另一方面对于激励师生荣誉感、责任感和使命感，唤起工作、学习热情具有特别重要的意义。因此，校歌的创作，一定要基于不同学校的不同特点，充分挖掘其周围环境及学校自身的个性发展特征，用心灵去感悟学校生活，用心灵去谱写学生们喜欢的校歌，只有这样创作出来的校歌才有生命力，校歌的创作价值和作用也才能实现。

此外，最重要的是必须通过各种手段，加强校歌的宣传，使全体师生记住校歌、认同校歌、自觉践行校歌精神，使校歌成为全体师生的座右铭。例如，可以充分发挥舆论阵地的导向作用，建立学习组织机构，按照计划安排，充分利用纸质媒体、校园广播、视觉媒体、网络媒体、校内宣传栏等校内外宣传媒介途径，进行广泛的普及型宣传。同时，还可以邀请校内的知名学者，以讲座、报告等形式，介绍校歌的产生过程，深入解读校歌；加大对校歌的视觉宣传力度。就校内宣传而言，要将校歌内容物化为校园景观，如在雕塑、版刻、栏杆、校门、校园规划图、广告牌、路线图、标志牌、宿舍门牌、校园标志牌、绿化区的固定标牌、一卡通等标志上，都统一将校歌附于其上，让师生能随时随地感受到健康向上的校园环境，并在优美的校园环境中，受到校歌的熏陶。全面的环境氛围营造，让校歌能够充分体现在教师教学科研的各个阶段，深入所有在校师生的举手投足当中，深入所有在校师生的头脑和内心，激励每一个身在校园之中的人为践行校歌的理念而不断拼搏，将全体师生拧成一股绳，让他们在校园中有种家的温暖感觉。

校徽。校徽是将学校办学理念浓缩为一种艺术造型的形式表现出来的学校标志。一个准确捕捉学校精神文化核心特征，内涵丰富、形象简洁漂亮的好校徽，可以使师生在可感触的艺术形象中受到美的感染和启迪，从而激励自己不断进取，并为捍卫它的尊严而努力。校徽的设计一般应遵循"寓意深刻、呈示简洁、庄重醒目、富于艺术美感"几项原则，风格可古典、可现代，可以采用数字、字母、汉字、图画、图文等多种方式来表达。

2. 学校物质文化环境的审美化营造

学校物质文化是指学校文化的物质形态，它通过物质表现出学校的校园文化，以物质形态承载着学校的历史文化，传承学校的精神理念，向世人展示着学校的整体教育价值观和审美意向。校园物质环境文化是指由校园自然环境、校园建筑布局、校园艺术景点、校园传播设施等各个方面所形成的文化环境。它是一本物化的教科书，通过物质文化的建设传递着教育信息。正如苏霍姆林斯基强调的，"不应该低估物质环境在培养新人方面所起的巨大作用……因为它经常包围着人并积极地影响他的趣味"。

　　中国很多学校校园都很美，富于审美韵味，给人以强烈的美感，这种审美化的校园本身就是审美对象，它润物无声地滋润着学生的心灵，悄悄地发挥着特殊的美育作用。下面欣赏几所中学和小学的校园之美。

浙江上虞　春晖中学

北京　潞河中学

苏州　景范中学

广东 中山纪念中学

杭州 淳安县富文乡中心小学

西班牙托雷镇郊外 Los Cachimanes公立小学

上述学校的校园各有自己的审美特色：

浙江上虞春晖中学位于浙江省绍兴市上虞区，坐落在风景秀丽的白马湖畔。众多名师如夏丏尊、朱自清、朱光潜、丰子恺等先后在此执教，享有"北南开、南春晖"的美誉。

北京潞河中学坐落在京杭大运河北端的通州区。20世纪初古朴独特的建筑群与80年代以后新建的校园设施错落有致，相映生辉。古槐翠柏参天，鲜花绿草覆地，小河曲径散落其间。厚重的历史文化底蕴与浓郁的现代学府氛围使潞河中学拥有极其深厚的韵味。

苏州景范中学校本部位于苏州市中心，为北宋名相范仲淹祖宅所在地。校名为"景范"，以记范公"先天下之忧而忧，后天下之乐而乐"之德。校园体现了苏州园林意蕴和人文化校园的完美融合；千年文化熏陶和义学文脉滋养，为景范中学积淀了深厚的文化底蕴。

广东中山纪念中学始建于1934年，坐落于中山市南朗镇翠亨村，由孙中山先生的长子孙科秉承其父"谋建设，培人才，为富强根本"的遗愿而创办。五桂山下，兰溪湖畔，面朝着南海，钟灵毓秀。老校区建筑红墙绿瓦、飞檐雕梁、厚重古朴、气势恢宏，新校区建筑与老校区格调一致，交相辉映，景致怡人。

杭州淳安县富文乡中心小学坐落于半山坡上，青山翠谷间，糖果色的城堡小屋，层层叠叠，绚烂夺目；偶尔云间透出的光线，洒落在尖顶上，刹那间流光溢彩，成了孩子们眼中的一座童话般的梦幻"城堡"。26种颜色的梦幻校舍，温馨的师生宿舍和幼儿园，崭新的塑胶跑道、足球场、篮球场、羽毛球场，绿色的草坪，无论从哪个角度看过去，都是绝美的风景，该校被誉为"中国最美乡村小学"。

名为Los Cachimanes的西班牙公立小学，位于西班牙托雷镇郊外。学校的场地原本是一个斜坡，建筑师将其改造成较为平整的场地，将学校和操场融为一个整体，并在学校的所有建筑上包裹一层人造草皮，让整个学校成为独特而清新的绿色世界，成为一个联系大地母亲的绿色框架。校园内，从室内到室外有各种不同的空间可供玩耍，仿佛是一个被绿色包裹的游乐场，孩子们可以在其中恣意发展。整个校园设计超越了一般的形式，设计师期望通过一个框架，创造出健康的生活环境。

校园物质环境的审美化建设包括多方面的内容，主要是：

校园建筑布局审美。学校教育环境与一般的环境不同。一般的环境是自发的，而学校的教育环境是围绕着学生发展需要专门设计的，具有极大的人为性和教育性。学生每天睡觉、上课、去图书馆看书都是身处在建筑之中，学校建筑的形式美会让人在视觉上产生一种普遍的愉悦感，这种愉悦虽然是一种感官上的外在感受，但它同样可以触及师生最深处的情感，使他们以更好的状态去从事教和学的活动。学校的建筑具有物质和精神的双重功能，它首先应该着眼于规划严谨、功能合理的建筑，但又不能仅仅满足实用的教育的要求，同时它还必须考虑到时代的特征和特定的文化背景，使校园建筑的形式对学生的精神成长能够产生积极的影响，包括激发他们的自豪感和创造精神，乃至渗入学生的文化情感当中。

校园公共设施的设计。公共设施除了考虑充分发挥其本身的功能以外，还要注意创新创意和视觉意象，这直接影响着校园整体人文精神的表达。比如，在小学校园中设立洗手池时，一定要考虑低年级学生个子比较矮，洗手池应适合他们的身高等。只有这样，才能使公共设施完善起来，成为真正意义上具有人文关怀的公共设施。例如，在校园中饮水机、洗手盆、厕所等的设计，必须安排在师生容易找到的位置，并具有明确的标志；休息区要有目的地为师生设置长椅、遮阳设施、绿荫、景观以及照明灯具等，方便师生休息、散步等活动。而对于开展类似合唱、讨论等活动的特殊空间，要在功能上为活动的方便创造条件。例如，地面上有高低差别的变化，方便师生观看，或者是背后有墙壁，营造一个类似舞台的空间。

厅廊设计。走廊、步行桥、楼梯等形成的空间，都属于校园中常见的廊道设计。廊道空间不仅是校园中师生相遇、停驻的场所，引导人们驻足停留、学习交流，是交流学习的好地方，还可以遮阳避雨，其特有的通透性和开放性为学生创造了充满阳光、空气、绿化的内部主体生态体系和外部多层次绿化系统，以提高学生的健康素质及思维能力，并通过学生参与活动来体现学校充满活力、凝聚力的学习氛围。例如，2017年10月12日，央广网曾报道了一则新闻："杭州长江实验小学，教学楼间的一条'星际隧道'群星璀璨，吸引了不少好奇的学生。"其实，"星际隧道"原本是一条没有采光的昏暗走廊，学校老师们怕学生因为太黑不敢走，特意想了个点石成金的办法。有了上千枚LED彩灯的点缀，走廊瞬间提升为神秘的"星际隧道"，加上两侧轮播的科普视频和图片，达到既美观又具有教育意义的效果。现在，原本被嫌弃的昏暗走廊成了学生们上学和放学的最爱，有些同学哪怕绕些远路也喜欢到这里走一走。

此外，"厅"也是创造丰富校园空间环境的一个有效手段，同时也为师生提供了良好的交流活动场所。师生既能在此交流、观景，也可以设置临时的座椅作为较为私密的交流空间，还能欣赏厅内优美的景色，这对于精神文化的提升无疑会起到良好的促进作用。

文化走廊以及办公楼走廊张贴师生优秀书画作品和一些名家名作等，使学校的每一块墙壁、绿地和每一片景色都能"说话"，使每一个置身于校园的师生，随时随地都可以欣赏佳作、名作，时刻都能受到美的教育和熏陶，得到赏心悦目的视觉享受，从而产生聚合作用，激发集体荣誉感，使师生热爱学校的情感油然而生。优美的物质环境本身能给人以美感，以直观的方式呈现着崇高的审美理想和高尚的审美情趣，它在丰富人们感官刺激的同时，能使人们身心获得松弛、安宁和愉悦，还能起到净化心灵、陶冶情操、升华道德、激励向上的作用。

教室文化。教室作为学生最主要的学习生活场所，其文化环境是以学生为主体创造出来的，而文化环境反过来又可以改造学生，影响他们的成长发展。一个幽雅的、健康的环境，无不影响着学生个性的培养、心理素质的锻炼、道德习惯的形成、知识才能的增长和法律意识的强化。教室文化建设是班级管理不可或缺的一部分，它在学生的成长过程中具有非常重要的意义，在提高学生的审美能力方面有着不可忽视的作用。教室文化的建设，要从班级的近期目标、长期目标出发，以提高学生素质为目的；依据学校教学阶段和学生的年龄特征而定。专业不同、学生群体不同，教室文化设计和建设也各不相同，可以从以下几个方面进行审美建设。

（1）意趣。中小学生热情活泼，富有青春活力，在他们的内心世界里，充满着神奇、幻想与追求。大自然的雄奇秀丽，江海湖泊的惊心动魄，重峦叠嶂的奇崛突兀，茫茫宇宙的神秘莫测，都对他们有强烈的吸引力。特别是那些反映中小学生生活与情趣的艺术作品，更是备受他们的青睐。过于严肃的作品同他们的青春、活力、潇洒、浪漫格格不入，不受他们欢迎。因此，设计什么样的艺术作品，得从孩子们的欲望出发，充分考虑他们的感受。班级之间在各方面是有差别的，设计也要考虑到如何才能反映出本班的个性，不宜照搬其他班级的设计，以致失去了自我。"部分决定整体"，一所学校，就是因为有那么多富有个性的班级才显得异彩纷呈。

（2）格调。设计教室文化的目的不是应付学校对班级的检查评比，不是追求高分及随之而来的名声，而是在于让学生们在教室文化的"润物细无声"中受到教益。因此，内容必须格调高雅，意蕴无穷。如果忽视了这一点，教室文化将会黯然失色。例如，特级教师李镇西在做班主任期间，要求学生遵守的班级规矩，教师也必须严格遵守，他的班级在自主设置班级规划时，有一个重要的部分就是针对他本人拟定的。这种共学、共事、共修养的方法，教学相长，才是真正的教育，充满格调美。

教室文化设计应当艺术地再现生活，内容要充分考虑中小学生的情感发展特点、个性发展特点，要体现出他们的热情向上，反映出他们的团队精神和心中的渴求，进一步激发他们的探索精神，培养他们的道德感、理智感、审美感和责任感。

（3）层次美。教室是学生在校活动的主要空间，要营造出一种宽松、和谐的氛围。字画、奖状等的张贴，报刊、流动红旗的悬挂，花卉盆景、桌凳的摆放……就跟家庭布置一样，既大方，又层次分明。大方能使学生感到心胸开阔，层次分明能使学生感到多而不臃肿、繁而不紊乱，有助于学生身心健康。

健康、和谐的教室文化，是又一门重要的文化课程，对学生具有积极的陶情育美作用，对学生良好个性的发展具有积极的引导作用，对班级的发展具有积极的促进作用，应该充分地利用好它。

综上所述，校园文化是学校美育的核心，维系和凝聚全校师生的价值认同，是一个学校的灵魂和最为宝贵的财富，是推动学校发展的精神支柱和惯性力量。校园精神文化美更使学生感受到人与人之间的亲切与友善，从尊重、关怀、期望中获得巨大力量，从而产生强烈的学习动机，学习意志品质由此得到培养。校园的物质文化美作用于学生的感官，升华出美感。总之，校园的环境美不但可以净化学生的心灵，而且还有助于提高学生的审美情趣，为他们今后的成长打下坚实的基础。

因此，学校文化建设会成为影响学生群体学习和生活的规范力量，它是一种具有心理制约作用的行为风尚。这种无形的人文环境因素，使所有成员的感知在学校文化环境长期浸润中形成一种共同的、积极的心理倾向；通过校园文化环境艺术化的载体，不断推进审美育人的动力系统，这种巨大的教育力量是潜在的、隐性的，是无时无刻不在发生作用的。

（六）学校美育评价

1. 美育评价的内容与标准

（1）学生感受、思考、表现、创造美的态度

人们做任何事都会因自身喜好、擅长程度、当下心情、忙碌程度等各种各样的主

客观因素，对该事物产生相应的态度。参加审美活动也不例外，积极、悦纳的态度会使参与者在审美活动中更加投入，对某些审美细节产生兴趣，获得更真实、更鲜明的审美情感体验。感受美、思考美、表现美和创造美的过程都离不开情感的作用，因而美育活动尤为看重参与者的态度。比如一名对数学不感兴趣的学生，只要掌握相应的基础知识和解题思路，也能够将数学题解答出来，或是对题目的难度有较为客观、准确的把握。但倘若对一本小说不感兴趣而不去翻阅，对其中审美形象的了解和把握又从何谈起呢？保持积极正向的态度，才能为后续的审美情感体验"打开登场的大门"。

美育评价是针对学生审美活动的各个过程所做的衡量与评估。审美活动的过程可主要划分为"感受—思考—表现与创造"三个阶段。针对不同阶段的特点，学生具体的态度表现也不相同，笔者先列出各阶段学生参与审美活动的态度的参考评价标准，具体解读详见相应的部分。在实际教学中，学生参与审美活动的态度单独分为一类做评价，也可以并入不同审美阶段的评价中，视审美活动规模及其他具体情况而定。

表 7 学生参与审美活动的态度的评判参考标准

	A等级	B等级	C等级	D等级
审美感受的态度	以轻松、期待、欣赏的态度"拥抱"审美对象	以期待、欣赏的态度看待审美对象	能够对审美对象产生期待	对审美对象不感兴趣
审美思考的态度	会"不由自主"地对审美对象展开思考，主观能动性强	对审美对象展开思考有一定的主动性	在引导启发之下，愿意对审美对象展开思考	无论引导启发与否，都不愿意对审美对象展开思考
审美表现与创造的态度	在审美表现与创造的过程中展现出热爱的态度，积极应对实践过程中的种种困难	在审美表现与创造的过程中感到愉悦，体现出一定的积极性	不排斥审美表现与创造的过程，能够基本完成所负责的任务	不愿参与审美表现与创造的过程，消极对待所负责的任务

（2）学生审美的感受力

学生的审美活动离不开学生对审美对象的感知。审美感知是学生积累审美经验的开始，没有审美感知就无从构成审美活动。因此，在有了良好的参与审美活动的态度之后，我们首先要对学生审美的感受力做评价。

学生审美的感受力始于对审美对象的注意，这种注意有时候是无意发生、被动引起的，有时候是在某种期待心理中进行、主动性质更强的。前者更多体现学生审美敏锐度的高低，后者还包含了学生参与审美活动的态度。有的人天生对美的捕捉比较敏锐，他们能更快发现蕴藏在日常生活中的美的元素，拥有一双"善于发现美的眼睛"。但并不是说审美敏锐度就不能通过后天培养，有心人只要愿意以积极活跃的心态参与审美活动，将自己置身于审美熏陶之中，久而久之也能提升审美敏锐度。

还有一些审美元素需要基于审美主体的理解。如要将中国画中的鱼，其背景的空白感知为一池清水，就必须通过理解；中国京剧中武生与武旦使用的道具马鞭，是在表示人物将要或正在骑马。倘若不懂京剧，就无法产生这种感知。[①]

例如观赏舞剧时，观众们主动买票进场，对舞剧饱含期待，他们都知道舞剧演员起舞的片段是呈现美的过程，但不是所有人都能对舞者的每一个动作进行审美解读。这就是在积极的审美参与态度之上，因审美感受力不同，对舞剧了解程度的不同所造成的情况。只有先对审美对象有所感知，或者有了一定的审美理解基础，才能对其做更深刻的审美思考，最后在审美积淀的基础上有所表现和创造。因此审美感受力是一切审美活动的开端。

下列表格是对学生审美的感受力进行评判的参考标准。

表8 学生审美感受力评判参考标准

	A等级	B等级	C等级	D等级
审美感受的敏锐度	能主动感知、敏锐觉察、精准又细腻地感知审美对象的美感	能大致觉察出审美对象的美感，经过点拨与启发，能对审美对象产生更为细腻的认识	经过点拨与启发，能大致觉察出审美对象的美感	无论点拨启发与否，都无法觉察出审美对象的美感
审美感受的态度	以轻松、期待、欣赏的态度"拥抱"审美对象	以期待、欣赏的态度看待审美对象	能够对审美对象产生期待	对审美对象不感兴趣

---

① 柯汉琳. 美学原理[M]. 广州：广东高等教育出版社，2015：202.

（3）学生审美的思考力

审美的思考力是指在感知到审美对象形象之后，对审美对象的美感做进一步判断和回味的能力。审美主体受到鲜活的形象吸引之后，能够为对象的美所感染并动情，或进而联想到某种现实人生而激动，从而做出一种审美肯定或否定的能力，是为审美的思考力。[1]审美的思考力以审美感受为基础，最终指向审美的表现与创造。学生审美的思考力，是对学生在审美感受的基础之上，能否对审美对象做进一步的联想与想象，能否根据美感体验产生个性化的审美情感，能否由表及里地从美的现象出发思索美的规律的衡量。因此，审美联想与想象、审美情感、审美理智是构成审美思考力的重要因素。

①学生的审美联想与想象

审美联想是人在感知审美对象的时候，由审美对象形象的刺激进而想到另一事物的审美特性的心理现象。人们容易在特点相似或相对、时空相近以及因果相关的事物之间产生审美联想。下面引用几个例子：

李白《送友人》的中"浮云游子意，落日故人情"，由浮云的飘浮联想到人生的漂泊无定，是为相似联想；杜甫由"路有冻死骨"想到"朱门酒肉臭"，是为对比联想；苏东坡的《念奴娇·赤壁怀古》由赤壁这一地点联想到曾经打赢赤壁之战的周瑜，是为空间上的相近联想；崔护的《题都城南庄》由"今年的桃花"想到"去年桃花下的美人"，是为时空上的相近联想；由春天想到草地、由血想到死亡，则是因果联想。[2]

审美想象是人们对已感知的美的事物形象进行加工改造，从而形成新的审美意象的心理活动。审美想象与审美联想密切相关，可以说，审美想象是在审美联想的基础之上，又向前迈出的创造性一步。成型的系统化的审美想象便成了一种审美创造。因此，创造性是审美想象最本质的特点。此外，审美想象还有情感性和自由性的特点。[3]瑰丽多彩的审美想象总凝聚着畅想者的情感。在受到某种情感推动的情况下，所想象的事物可以不受时空局限和物质规律的约束，是自由自在的。

例如司马迁记载于《史记》，现收录于统编版高中一年级《语文》必修下册的

---

① 柯汉琳. 美学原理[M]. 广州：广东高等教育出版社，2015：208.
② 柯汉琳. 美学原理[M]. 广州：广东高等教育出版社，2015：194-195.
③ 柯汉琳. 美学原理[M]. 广州：广东高等教育出版社，2015：196-197.

《鸿门宴》，语文老师在讲解此文时，往往要重点解读里面跌宕起伏的故事情节和栩栩如生的人物形象。汉初陆贾的《楚汉春秋》比《史记》更早记载了"鸿门宴"的故事，与《史记》相比，《楚汉春秋》的记载在人物和情节上便简略很多，偏重于对故事整体的叙述。这里以"樊哙闯帐"的情节为例做对比：

> 高祖会项羽，范增目羽，羽不应。樊哙杖盾撞人入，食豕肩于此，羽壮之。①（陆贾《楚汉春秋》佚文选段）

> 于是张良至军门见樊哙。樊哙曰："今日之事何如？"良曰："甚急！今者项庄拔剑舞，其意常在沛公也。"哙曰："此迫矣！臣请入，与之同命！"哙即带剑拥盾入军门。交戟之卫士欲止不内，樊哙侧其盾以撞，卫士仆地，哙遂入，披帷西向立，瞋目视项王，头发上指，目眦尽裂。项王按剑而跽曰："客何为者？"张良曰："沛公之参乘樊哙者也。"项王曰："壮士！赐之卮酒！"则与斗卮酒。哙拜谢，起，立而饮之。项王曰："赐之彘肩！"则与一生彘肩。樊哙覆其盾于地，加彘肩上，拔剑切而啖之。项王曰："壮士！能复饮乎？"樊哙曰："臣死且不避，卮酒安足辞！夫秦王有虎狼之心，杀人如不能举，刑人如恐不胜，天下皆叛之。怀王与诸将约曰：'先破秦入咸阳者王之。'今沛公先破秦入咸阳，毫毛不敢有所近，封闭宫室，还军霸上，以待大王来。故遣将守关者，备他盗出入与非常也。劳苦而功高如此，未有封侯之赏，而听细说，欲诛有功之人。此亡秦之续耳，窃为大王不取也！"项王未有以应，曰："坐！"樊哙从良坐。②（司马迁《史记·鸿门宴》选段）

对比两个版本，可以鲜明地发现司马迁的文笔赋予了樊哙非常生动的人物形象，展现了其忠心耿耿、勇猛直率的性格特点，而其在陆贾的文中则比较简略模糊。司马迁正是在前人记载的情节基础之上，怀着某种充沛的情感，尽情畅想项羽、刘邦、樊哙、张良等历史人物在鸿门宴上的谋划与角逐，为人物打造更为生动鲜活的言谈举

---

① 任刚.《楚汉春秋》与鸿门宴[N]. 光明日报，2019-05-13（13）.
② 教育部. 普通高中教科书《语文》必修下册[M]. 北京：人民教育出版社，2020：15.

止、更为周密深刻的处事动因，才能呈现出这样一份精彩纷呈、跌宕起伏的文学篇章。

②学生的审美情感

审美情感专指审美主体在感知审美对象的过程中，基于审美体验感受而产生的一种带有理性认识，并且排除个人欲望及纯生理反应的"杂质"的情感。审美活动主要是一种情感体验。[①]从美学领域的角度来看，审美对象具有优美、崇高、中和、丑陋、荒诞等审美形态。审美主体在感知不同形态的审美对象时，也会产生相应的情感，如对优美的事物感到愉快舒畅，对崇高的事物感到激动难忘，对荒诞的事物感到震惊错愕。学生审美情感的深浅，直接决定着学生审美体验的深浅和美感反应的强弱。

学生对审美对象的解读层次能够反映他们的审美情感水平。在此，笔者用清代姚鼐的《登泰山记》这篇高中语文课文来举例。此文记述了姚鼐于除夕夜登泰山的过程，文风朴实古雅，理中含情。"道中迷雾冰滑，磴几不可登。及既上，苍山负雪，明烛天南；望晚日照城郭，汶水、徂徕如画，而半山居雾若带然。"这两句，描写了三处景色——在迷雾中，高耸的台阶冰冷湿滑得几乎难以登上；覆盖在苍山上的白雪将天色映照得明亮；落日照耀着山水环绕着的城池，雾气像腰带一样停留在半山腰。

学生A只泛泛地读出了喜悦之情；学生B进一步读出了第一处景色蕴含着的作者的艰辛感，以及对后两处景色的喜悦之情；学生C在前两名学生的基础之上，还读出了第二处景色的崇高美所带来的震撼，而有别于第二处景色，第三处景色传达出来的是作者平复了登顶的激动心情之后，生发出的悠闲愉悦之感；学生D在前三名学生的基础之上，更品悟出姚鼐不畏坎坷艰险，也要在除夕夜迎难而上，追寻到属于他自己的"苍山负雪，明烛天南"这项行为的本身，就闪耀着一种人性光辉的崇高。

比较可知，学生D的审美情感水平是最高的，学生C次之，学生B再次，学生A相对而言则排最末。因此，学生审美情感越深，对审美对象的解读层次也就越深。

③学生的审美理智

审美活动是情感体验，但审美活动包含着理性认识。这种体现于审美活动中的理性认识，我们称之为审美理智。[②]审美理智能够助推审美情感的强度，理解越深刻，情感越强烈。

---

① 柯汉琳. 美学原理[M]. 广州：广东高等教育出版社，2015：199.
② 柯汉琳. 美学原理[M]. 广州：广东高等教育出版社，2015：202.

如《义勇军进行曲》的音乐美所引起的激动，随着审美主体对中华民族不屈抗争的历程的了解愈深，而情感强度愈烈。再如鲁迅小说《祝福》里祥林嫂试图以"捐门槛"来"赎罪"，却仍不被鲁镇人认可的绝望，这段情节给审美主体带来的审美冲击，会随着审美主体对祥林嫂前文中的勤恳、朴实、善良、单纯的理解，而更为深刻；随着对前文"鲁镇人'再嫁者死后，灵魂会被劈两半'"的社会观念的理解，进一步加深这种深刻；再随着对"三纲五常"的封建糟粕的理解，进一步加深这种审美的深刻程度。

学生审美的思考力，由学生的审美联想与想象、学生的审美情感、学生的审美理智构成。三者相辅相成，互相促进，加深了学生审美的思考力的丰富程度与深刻程度。下列表格是对学生审美的思考力进行评判的参考标准。

表9　学生审美思考力评判参考标准

	A等级	B等级	C等级	D等级
审美联想与想象	①能围绕审美对象展开丰富联想乃至想象 ②想象独特，体现个性	①能围绕审美对象展开一定的联想 ②经点拨启发，能够理解他人的想象	经过点拨与启发，能理解他人围绕审美对象展开的联想与想象	无论点拨启发与否，都无法理解他人围绕审美对象展开的联想与想象
审美情感	能根据审美对象的形态产生相应情感，且情感层次丰富	能根据审美对象的形态产生相应情感，且情感层次较为丰富	能根据审美对象的形态产生相应情感	无法根据审美对象的形态产生相应情感，或所产生的情感与该审美形态不符
审美理智	对审美对象的理解深刻，且能增强审美情感的力度	对审美对象的理解较为深刻，且能增强审美情感的力度	对审美对象产生一定的认识，但尚不能增强审美情感的力度	无法对审美对象产生认识，也无法增强审美情感的力度
审美思考的态度	会"不由自主"地对审美对象展开思考，主观能动性强	对审美对象展开思考，有一定的主动性	在引导启发之下，愿意对审美对象展开思考	无论引导启发与否，都不愿意对审美对象展开思考

④学生审美的表现与创造

审美的表现与创造指的是艺术美的表现与创造和体现于人类其他表现过程与创造过程，以及其成果的审美因素的表现与创造，是一种对美的形式的主动探求和创造性实践。审美的表现与创造需要依托审美意识来落实。审美意识是审美主体在对现实的审美过程中形成的一定的审美标准、审美理想、审美趣味等意识的统称。审美意识不一定都需要或必然转化为美的事物。①比如在欣赏艺术品的过程中，人们所产生的审美意识可以只在观念层面上做表达，也可以在实践层面上落实出一个审美形象。这是审美表现的两种不同形式。

评判学生在观念层面上的审美表现，可以考查学生在审美过程中形成的审美标准、审美理想和审美趣味是否清晰。比如在游览苏州园林的研学之旅中，一名学生谈及园林印象，能够准确表达出园林的美注重山水意趣、映衬和谐、自然情趣；另一名学生则只能用"美""好看""感到自由畅快"等片段式的感受来表达自己对园林风格的理解。前者的审美表现肯定比后者更佳。

学生在感受和思考美的审美体验之余，倘若还蕴蓄着想要进一步追求这种美感的需求，那么这样的需求就很可能会助推学生以自己的方式来呈现美的形象，这就是学生在实践层面上的审美表现。学生审美的创造则是审美表现中具有独创性的部分。实践层面的审美表现与审美创造的区别比较微妙，一方面，审美创造也是一种审美表现，而又对一般的审美表现有所创新和突破；另一方面，学生的感受和理解本身就是个人化的，因而也是独特的，那么学生在审美感受和审美思考基础之上的审美表现或多或少都蕴含着一定的独特性。二者你中有我，我中有你，不能简单割裂开来做评判。

审美需求是审美创造的根源。②除了审美需求，学生的审美目的也是推动学生进行审美表现与创造的重要因素。在着手尝试开展创作实践的过程中，随着精力的不断投入，审美需求在落实的过程中更加明确，会逐渐转化为创作者的审美追求，成为创作者主观的审美目的。

在实际教学中，审美需求容易和美育任务相混淆，这里以一个案例做区分说明——

---

① 柯汉琳. 美学原理[M]. 广州：广东高等教育出版社，2015：227.

② 柯汉琳. 美学原理[M]. 广州：广东高等教育出版社，2015：219.

某老师在讲授完《与妻书》之后，布置了一项美育任务：要求学生们根据自己的理解与感悟，将文白夹杂的《与妻书》改写成白话版。学生A在完成这项美育任务的过程中，将自己设身处地摆在林觉民当时所处的境遇中，文中所提到的林觉民与其妻杨意映的相处种种，在他的脑海中以林觉民的身份鲜活地放映着。学生A触摸到了一种"文学的真实"，在这种"真情实景"的感召下，将自己的情感倾注到改写任务中，以抒发自身的触动。学生B只是从理性的认知层面了解到林觉民的情感美和人格美，但在感性层面没有受到触动，因而像完成文言文翻译试题一样，凭借着自己的纯理性理解完成了一项"翻译工作"。在这个情境例子中，学生B只是在完成老师要求的美育任务，并没有达到这项任务背后的美育目的；而学生A则是在完成美育任务的过程中，生发出了自身的审美需求，在达成美育目的的同时，进一步生成了自己的审美目的，那就是要尽可能满含深情、富有文采地用白话文展现林觉民的情感美和人格美。

学生的审美表现与创造的效果如何，与学生在实践过程中的审美构思有很大关联。学生的审美构思是落实其审美表现与创造成果的核心，凝聚着学生的实践意识，集中突显着学生的艺术追求、个性风格与创新巧思。比如在用思维导图梳理《窦娥冤》中的人物关系时，学生们呈现的作品构思各不相同，丰富精彩：有用传统的树状图规整梳理的；有充分发挥美术才能，在关系图旁边画人物形象的；有喜欢给关系箭头增添情节动感的，如把梼杌指向窦娥的箭头画成监斩令牌的形状，令牌头的中间画一个圆圈，里面是个"斩"字……但要注意，在绝大多数情况下，评价者只能通过学生最终呈现的审美表现与创造的成果，来了解并评价学生此前的审美构思。学生的审美构思虽然贯穿于学生审美实践的全过程，但会因学生想法的改变而产生变化，也会受到客观因素诸如外界环境、身体状态等许多因素的影响。所以，评价者基本上只能通过当下看到的表现或创造成果，来感受学生的审美构思。

此外，学生的相关知识积累也会影响学生最终的审美表现与创造的效果。要想通过话剧来进行审美创造，则须对剧本编写知识、话剧编排知识有所了解；要想通过舞蹈来展现地方文化的魅力，则须对当地老百姓的生产生活活动进行"采风"，吸纳具有代表性且富有美感的动作元素，设计舞蹈动作；要想写一部反映近代中国反帝反封建斗争的小说，大至中华儿女抗争的史实脉络，小至各阶层人物的言行举止，都需要提前了解积累。

综合以上各种因素，笔者列出对学生审美的表现与创造进行评判的参考标准。

表10　学生审美表现与创造评判参考标准

	A等级	B等级	C等级	D等级
学生的审美需求与审美目的	审美需求具体，能够转化为明确的审美目的	能产生比较具体的审美需求，也能转化为审美目的	能产生较为模糊的审美需求，但尚不能转化为审美目的	无法生成审美需求，没有审美目的
学生的审美表现力度	审美表现主题明确，形象鲜明，感染力强	审美表现符合主题，形象较为鲜明，有一定感染力	审美表现基本符合主题，形象略有模糊之处	审美表现不切题
学生的审美构思	①主题立意深刻；②艺术形象鲜活；③个人风格独特；④创新性强	①主题立意明确；②艺术形象具体可感；③体现出一定的个人风格	①主题立意模糊；②艺术形象不鲜明	①主题立意有矛盾之处；②艺术形象杂乱模糊
学生对相关艺术形式的知识积累	有较为深厚的知识积累，成果体现出此项艺术形式鲜明的艺术特征	知识积累足够，成果展现规范，符合此项艺术的呈现形式	知识积累不足，呈现成果的过程中出现错误做法	完全不了解相关艺术形式的基本知识，展现方式与此项艺术的基本规律相违背
学生审美表现与创造的态度	在审美表现与创造的过程中展现出热爱，积极应对实践过程中的种种困难	在审美表现与创造的过程中感到愉悦，体现出一定的积极性	不排斥审美表现与创造的过程，能够基本完成所负责的任务	不愿参与审美表现与创造的过程，消极对待所负责的任务

2. 美育评价的种类

美育评价活动主要采用过程性评价和表现性评价两种。

（1）学生审美的过程性评价——档案袋法

过程性评价，也叫形成性评价，是在美育进程中对学生的动态状况进行的评价，旨在及时了解学生审美能力的发展变化，以便及时调控、强化、鼓励。这种评价注重学生的发展而不注重等级区分，在我国目前进行的课程与教学改革中受到更多的重视。过程性评价有助于不断改进课程的编制以及教师的教与学生的学。对学习困难的学生，它可及时查明原因并给予帮助，使他们树立信心；对学习优异和学习有进步的学生，它可及时给予强化和鼓励，使他们获得成功的体验；对于教师，它可以帮助其发现教学中的长处与不足，从而有针对性地改进教学工作。

成长档案袋是过程性评价的一种，也叫作成长记录档案评价、学生学习成果档案袋评价，指的是根据教育教学目标，有意识地对学生的学习过程和学习结果进行监控和追踪，通过合理地分析与解析，从而进行评价。档案袋记录着学生成长发展过程中的一系列点滴，是学生发展水平、努力与进步过程以及反省与改进状况的较为理想的评价手段，已被广泛运用于审美评价中。

（2）学生审美的表现性评价——评分表

审美教育评价应该走向一种基于表现性的评价，而不是终结性评价。所谓表现性评价是指通过观察学生在完成实际任务时的表现来评价学生已经取得的发展成就。[①]表现性评价强调在实际完成任务的过程中来评价学生的发展，不仅要评价学生对知识技能的了解情况，更重要的是通过对学生表现的观察分析，评价学生的审美态度，以及对美的感受力、思考力、表现力和创造力方面的发展情况。表现性评价能够克服传统学业成就测验的弊端，重新回归于学生的美育活动中、在课堂教学中的完整而真实的生活。

评分量规（Scoring Rubrics）作为一种详细的分数指南，能够从多维度有效评价学生复杂的表现，已成为表现性评价开发人员的首选。从词源上看，量规的英文"Rubric"一词来自拉丁语红宝石（Rubrica）和红色（Ruber）。由于古代和中世纪法典手稿中的标题或指导语通常用红墨水书写，引申为简要、权威的准则。大约30年前，量规进入教育领域，并被赋予全新的含义。教育领域中的分数评分量规指对真实或复杂的学生作品进行定性评价的评价工具。一般以二维表格的形式呈现（如前文"美育评价的内容与标准"中所列的表格），包括评价标准（Evaluation Criteria）、等级界定（Quality Definitions）、评分方法（Scoring Strategy）三大部分。评价标准指决定表现性任务的各个指标，即二维表中最左侧一列。等级界定则

---

① 홍기태.문제해결력과 사고력 중심 미술교과 평가[J]. 미술교육논총, 2007, 21 (3)：123-150.

说明学生在表现任务中所处的水平，即二维表中的A/B/C/D/E等不同水平。评分方法提供了不同维度的评价标准在质量上从优到劣的序列，具体说明评价标准在每个等级水平上的表现是什么样的，也即二维表中中间的说明部分。

3. 美育评价的形式

美育评价活动设计至少可以包括教师评价、生生互评、自我评价和综合评价等形式。

（1）学生审美的教师评价

教师既是课程设计者，也是课程实施者，更是课程评价者。教师参与课程评价，是美育课程的必然要求，也是教师有效专业发展的途径。例如，《小学教师专业标准》要求教师具备"灵活使用多元评价方式，给予小学生恰当的评价和指导"的能力。在各类学科教学中，教师也要对学生的各科学习进行公正、全面、客观的评价。

具体而言，教师必须收集与学生身心发展相关的丰富、可靠、多维的信息，包括课堂表现、各个目标体现的水平、课外的实践及表现、考核结果，以及上述学生自我评价和互评的信息、家长的评价信息等，并通过收集、处理和整合这些信息对学生的审美学习做出多样化的评价（包括定量的评价、定性的评价以及发展性评价等）。就学生学习结果的评价来看，教师既要对学生审美知识、技能和经验等方面进行评价，还要评价学生的美育态度、习惯、兴趣、意志、品德及个性发展等情感领域方面的内容。

（2）学生审美的生生互评

强调学生参与课程评价是国际新兴的一种趋势。"生生互评"是课堂评价的方式之一，是实现学生在评价中主体地位的方式之一，更是美育过程中强大而有效的力量，能赋予学生参与评价的机会和权利。[①]在开展"生生互评"活动中，学生既是评价者，也是被评价者。以教师为评价主体的传统课堂教学评价由于评价主体的单一，不能满足美育评价的要求。若要使得美育课堂教学评价能够很好地促进审美能力的发

---

① Campbell, P., Edgar, S., Halsted, A.. Students as evaluators: A model for program evaluation[J]. Phi Delta Kappan. 1994，76（2）：160-165.

展，就要转变评价方式，倡导新的评价方式，鼓励学生进行互评，才能达到提高课堂教学效果的目的。所以，新的符合时代发展的课堂教学的评价就很重要。

以学生互评学习效果来评价教师的教学效果，"以学论教"即以学生的"学"评价教师的"教"。它强调以学生在课堂学习中呈现的情绪状态、交往状态、思维状态、目标达成状态为参考，来评价教师教学质量的高低。因为一切教学设计、一切标准以及教师的一切劳动，都是为学生的学习和发展服务的。只有树立"以学论教"的课堂教学评价观，新的课堂教学才能真正体现以学生为主体、以学生发展为本的教育思想。

（3）学生审美的自我评价

自我评价并不是传统课堂教学评价的一部分，但它在学习中起着重要作用。学生总是在自我评价，例如，在提交论文或报告之前，许多人已经对他们认为这件作品有多好有了一些概念。语言专业的学生经常在词汇表上测试自己；医学专业的学生常常通过合上他们的解剖学书籍，然后绘制图表来检查他们的理解；数学教科书在书的后面提供了测试题，并给出了供学生检查计算结果的答案。在这些例子中的自我评价是临时性的，似乎并不是正式评价程序的主体内容，但不可否认自我评价是学习中常见的一种评价方式。

自我评价可以促进学生学习，主要体现在学生学业成绩的提升、元认知能力的发展以及批判性思维的发展等方面。首先，基于评分量规的自我评价能够帮助学生设定任务目标、计划，监督他们的学习进程，促进反思反馈，减少焦虑，提高学习质量和成效。其次，学生在使用评分量规修正自己的表现的过程中，诱发自己的元认知体验。学生逐渐认识到自己所处水平与教师期望水平之间的差距，并采取策略对自己的表现进行调控，促进了元认知能力的发展。最后，在自我评价这个过程中，学生同时承担着评价者和被评价者双重身份。作为评价者，学生在对自己的表现进行评价和反馈的同时，其对学习标准和基本技能的掌握得到加强。作为被评价者，学生需要结合教师评价和同伴评价反思自己对作品的理解。在这样一个多角度互动反思的过程中，学生的自我判断技能和批判思维得以提高。

（4）学生审美的综合评价

多主体的综合评价是美育类课程评价改革的必由之路。美育作为提升学生感性能力和情感境界的教育，是在学生内心深处植入优秀人文基因的教育，是发展学生想象力、创造力的教育，这些教育目标都涉及学生的内心情感、想象和观念意识，不是标准化、客观化的评价可以覆盖的。艺术学习的进步涉及学生艺术兴趣的培养、对艺术微妙幽深的表达和领悟，重视学生个性的表现和理解，这些也是标准化、客观化的评价所无法完全涉及的。因此，美育的学习评价应指向美育目标，遵循美育特点，坚持审美与人文相结合的综合评价原则，以及标准化与个性化、客观化与主观化、结果性和过程性相结合的综合评价方法原则。①

美育综合评价内容的综合性主要体现为审美与人文相结合。美育课程主要是通过艺术学习培养学生的审美素养和人文素养。审美素养主要包括掌握艺术知识、艺术技能，具有一定的审美感知、想象、体验和创造能力。在具体的艺术课程学习中，审美能力体现为对某一门艺术语言的理解和运用能力。美育中的人文素养则是指通过对优秀艺术作品的欣赏和理解，让学生在内心深处不断获得优秀文化积淀，使他们的审美趣味更纯正、审美意识更深刻，由此提升他们的精神气质和人格修养。上述两个方面的素养是紧密联系在一起的，没有审美素养，就不可能有美育的人文素养；没有人文素养，审美素养就是低层次的，只是简单的艺术知识和技术。因此，在美育的学习评价中，必须坚持把这两种素养有机结合在一起。

美育综合评价方法的原则主要体现为标准化与个性化、客观化与主观化、结果性和过程性相结合。其中，标准化评价和客观化评价是联系在一起的，二者追求统一的标准，要求评价对象是客观可量化的，这有其合理的一面，特别是在保障评价结果的公正性方面有其优势。美育的学习有标准统一、可量化的一面，例如知识、技术，但是美育学习不限于这些方面。所以，美育的学习评价需要有评价主体主观的观察和评判，这种评价还应该尊重学生的个性差异，做到标准化与个性化、客观化与主观化相结合。结果性评价是以学生学习的结果作为评价对象，过程性评价则关注学生学习的过程，后者更能够起到学习评价的激励作用，二者的结合也是很有必要的。

---

① 杜卫. 综合性：美育课程学生学习评价的基本原则[J]. 艺术教育，2022（05）：36-39.

六

PART 6

教师
素养

　　学校美育改革是一项宏大的系统工程，美育教师队伍的建设在学校美育改革系统工程中，是一个至关重要的环节。作为学校美育的施育者，作为受育者的美育引导人，教师的素养不仅关系着学校美育的改革与发展，更关系着立德树人的大局。

　　2015年9月15日，国务院办公厅印发的《关于全面加强和改进学校美育工作的意见》，提出了"全面加强和改进学校美育工作"的要求，其中针对美育教师问题强调："各级教育部门和各级各类学校要把师资队伍建设作为美育工作的重中之重，努力建设一支师德高尚、业务精湛、结构合理、充满活力的高素质美育教师队伍。"

　　美育教师队伍的建设，涉及两个问题：一是美育教师队伍的构成；二是美育教师素养的提升。

（一）美育教师队伍的构成与整合

　　广义的美育教师指能够运用美引导他人接受美的教育的人。但一般指的是在学校承担美育课程的教师。在中小学，哪些教师是美育教师？或者说，美育教师由哪些教师构成？有人认为，中小学美育教师就是美术教师、音乐教师，因为他们认为美育课程指的是传统的美术、音乐课程，或某些新增设的专题性艺术课程，如书法课等，所以把美育教师等同于美术教师和音乐教师及某些专题性艺术课程的教师。这种认识有片面性，不利于美育教师队伍的建设。

实际上，美术、音乐课程虽然是美育课，但美育课不等于美术课加音乐课。这个道理本书前面已指出，美育以美为手段，艺术作为美的典型形态必然成为美育的主要手段，但仅就艺术而言，美术和音乐也只是艺术的两个门类；在中小学的课程中，语文集结了大量的诗歌、散文、戏剧、小说等文学作品，这些文学作品也是美育的重要资源和手段，中国古代的先哲早就认识到作为文学最早形式之诗文的美的教育功能，孔子提出的"诗教"虽然是就《诗经》而言，但扩而言之也就是文学，这就表明，文学和音乐、美术一样是美育的重要手段，诚如前文引用过的梁启超的话："情感教育最大的利器，就是艺术。音乐、美术、文学三件法宝，把'情感秘密'的钥匙都掌住了。"[①]（他说的"情感教育"就是美育。）文学作品所体现出来的词语的质地、情感的温度、文化的积淀、精神的品质等，都具有独特的美育功能，文学是美育的"最大的利器"之一。这就是说，以文学作品为主要内容的语文课程也是中小学重要的美育课程。苏格拉底早就提出了"语文的美"的问题。[②]"语文的美"主要体现于文学作品中，体现于文学作品的语言、形象、情感、意蕴之美。学生通过对文学作品的感受，体验文学作品的语言、形象、情感、意蕴之美，欣赏、鉴别和评价不同时代、不同风格的文学作品，可以培养自己正确的审美观、高尚的审美情趣和提升自己的审美品位。《普通高中语文课程标准（2017年版）》阐述了四项语文学科核心素养，其中第三项即是"审美鉴赏与创造"的能力培养。《义务教育语文课程标准（2022年版）》也指出，总目标之一是使学生"能借助不同媒介表达自己的见闻和感受，学习发现美、表现美和创造美，形成健康的审美情趣"。语文能够担当这项重任，就在于它具有美育的功能；而它之所以具有这种功能，是因为语文教材拥有大量表现美的文学作品。所以，语文课程也是重要的美育课程，语文教师同时应是优秀的美育教师。中小学一线语文教师要发挥在美育工作中的主导作用，强化美育教学与实践，推动美育，实践美育。

中小学美育教师队伍的结构，应该是一个以艺术教师为主体（教授美术、音乐、语文等科目的教师），多学科教师整合的结构。要解决中小学美育教师队伍短缺问

---

① 北京大学哲学系美学教研室. 中国美学史资料选编（下）[M]. 北京：中华书局，1981：417.
② 柏拉图. 柏拉图文艺对话集[M]. 朱光潜，译. 北京：人民文学出版社，2015：44.

题，除了充实美术、音乐教师队伍之外，应该充分整合和调动、发挥语文教师及其他相关课程（如生物、地理等）的教师在学校美育中的作用。

中小学美育教师队伍的建设不仅要着眼于校内的整合，还要重视校内外相关力量的整合，正如中央文件提出的，要"整合各方资源充实美育教学力量"。要整合美育资源，不仅包括作为美育手段的校内外美育资源，也包括校内外美育师资力量。就是说，学校可以招聘校外优秀文艺工作者，例如地方艺术院团、民间艺人、各地名师或大学的艺术教师、文学教师、美学教师等人士到学校兼任美育教师，这既可以解决中小学美育师资不足问题，又可以优化中小学美育教师的结构，从而建构一支能胜任具有中国特色的美育课程体系的美育师资队伍。

（二）美育教师的素养

中小学美育教师队伍的建设，关键是素质建设。

中共中央办公厅、国务院办公厅2020年10月印发的《关于全面加强和改进新时代学校美育工作的意见》提出，要"全面提高美育教师思想政治素质、教学素质、育人能力和职业道德水平"。这里提出的"两个素质""一个能力""一个水平"是作为一个美育教师所应具有的最基本的素质、能力与水平。美育教师作为学生美育的引领者，无论是课堂的教育还是课后的一言一行，都对学生的思想、世界观、审美观起着至关重要的示范作用。苏霍姆林斯基说："教师的人格是进行教育的基石。教育工作中的一切内容，即观点、信念、理想、世界观、兴趣、爱好等，都在教师的人格这个焦点上聚集起来。社会上各种政治的、道德的、审美的思想，真理的观点，都会在教师身上间接地反映出来。而所有这一切，又都将通过教师的个人世界在学生身上反映出来，并在学生身上得到更高基础上的再现。"教师"只有当他们自己的行为正直而高尚的时候，他所坚持的道德观念才能深入孩子的心灵中去"[1]。所以，美育教师一定要严格要求自己，应该做到立人先立己，以自己的美、自己的人格魅力示范学生。一方面，美育教师要努力提高自己的思想政治素质和道德水平，坚守社会主义核心价值

---

① 李范. 苏霍姆林斯基论美育[M]. 长沙：湖南人民出版社，1984：106、107.

观；另一方面，美育教师要不断提升自己的美育专业水平、业务能力，提高美育课程的质量和组织美育活动的水平。只有不断加强美育教师队伍的素质建设，学校美育才有可能取得突破性的发展。

就美育专业素质来说，目前美育教师队伍存在着一些不足：

一是专业素质有差距。目前不少中小学美术、音乐专业科班出身的美育教师配备欠缺，教师队伍专业素质个体差距较大，甚至还存在着非艺术学科专业的教师作为美育教师代课的现象，他们明显缺乏专业的美学、美育知识的支撑；即使是艺术专业出身的美术、音乐教师，他们具备某种艺术技能，但不等于美学素养高，甚至不能说艺术素养高，实际上他们也多未接受过美学、美育理论的专业系统学习和训练。这种情况直接影响了学校美育的质量。

二是美育技能尚欠缺。首先是美育课堂教学技能欠缺。中小学美育的教学要求教师不仅要具备较强的专业理论素养，而且要具有较强的美育课堂组织和授课能力，而不少美育教师并没有接受过教育学及师范教学技能的系统训练，在实际教学中不能灵活运用多样化的教学方式，课堂教学气氛沉闷，并且教学理念陈旧，直接影响了课堂教学质量以及学生的美育效果。其次是课外美育活动的组织、引导能力欠缺。美育是综合性很强的教育形式，美渗透在学生学习生活的各个方面，生活处处可以提供美育课堂，在中小学开展美育，不能仅仅依靠校内美育课堂的教学，还需要教师组织学生开展课外美育活动，例如走向社会接受社会美的教育，走进大自然接受自然美的熏陶等，要通过这些综合性课外活动，增长学生的美学知识，拓宽学生的审美视野，开阔学生的审美胸怀。我们有些教师这方面的能力还亟待提升。

基于上述情况，下面从专业的角度谈谈三个方面的问题：美学美育理论素养、艺术审美素养和美育实施能力素养的提升问题。

1. 美学美育理论素养

美育教师的素养，首先是美学、美育学和教育学的理论素养。大家知道，理论来自实践又反过来能够指导实践。没有事实支撑的理论是空洞的，而没有理论指导的事实是迷糊的。作为美育的实施者，如果缺乏美学、美育理论的素养，其美育实践必然是肤浅的，甚至容易迷失方向。

美学、美育理论素养，指的是美育教师对于美学、美育的基本理论和知识的认识、掌握和运用。

从理论认识的层面上说，美育教师对美学、美育学的基本理论和知识应该十分熟悉，充分掌握，例如了解和掌握美学学科、美育学的形成、发展史和学科性质、学科归属等知识。本书前面对这个问题已有概括性阐述，教师可以通过一般美学概论或美学原理进一步学习，加深认识。再例如，了解和掌握美学学科和美育学的理论体系。美育学的理论体系，一般包括几个模块：其一，审美对象论。包括美的本质特征、审美对象的分类（自然美、社会美、艺术美；优美、崇高、悲剧、喜剧及荒诞、丑陋等）及其特征的理论。其二，美感经验（也称审美经验）论。包括美感的发生、美感的特征、美感心理结构、美感过程、美感类型等的理论。其三，审美创造论。包括一般美的创造和艺术创造、审美创造与审美理想、审美创造与美的规律等的理论。其四，艺术美论。包括艺术美的本质、分类及各类艺术美的特征等的理论。其五，审美教育论。包括审美教育的特征、规律、任务、途径等的理论。作为中小学美育教师，虽然不一定要像大学美学专业教师那样相对精通这些理论，但必须有一个基本的了解和掌握，特别是要在掌握这些理论的基础上，能够进一步理解美的育人功能和美何以具有这些育人功能；理解各种美，例如艺术美、社会美、自然美或优美、崇高、悲剧、喜剧的不同审美特征，进而理解各种美的不同育人效果；理解美感活动的愉悦特征、直觉特征、情感特征、超功利特征和自由特征等，进而正确把握美育中受育者审美体验的特征和教师施育的方式方法。

从理论运用的层面上说，美育教师不仅能够自如地运用美学理论之于美育的实施，也能够熟练地运用这些美学理论去辨别、解释、分析艺术和生活中各种审美现象等。

这就是美育教师应有的理论素养。有了这样的美学、美育理论素养，教师就能更好地开展美育实践。

目前中小学美育教师，包括音乐教师和美术教师，不少人没有经过美学、美育学和教育学的专业训练及理论学习，对美育的特点和实施方法等缺乏了解，往往把艺术技巧教育当作美育，或用道德说教的方式进行美育，这种情况不利于学校美育质量的提升。

2. 艺术审美素养

在实施美育的过程中，施育者主要以艺术美育人，艺术就是育人的主要手段；受育者接受艺术的熏陶，则是进行以艺术为审美对象的审美活动。因此，对艺术的认识和对艺术基本理论的了解、把握，对艺术审美的经验积累和在艺术审美中形成的艺术情趣、艺术审美能力等所构成的艺术审美素养，对于美育的施育者和美育的受育者来说，都是不可或缺的艺术审美素养。特别是对于美育教师而言，艺术审美素养可谓其专业核心素养。下面谈谈艺术审美素养的两个方面：

（1）艺术基本理论和知识素养

艺术的基本理论和知识内容非常深广，中小学美育教师主要应该了解和掌握的是，艺术美的审美性质特征、艺术的发生发展与社会审美观念的变迁，艺术美的类型及其审美特征、艺术美的审美创造规律、艺术美的欣赏规律，以及艺术教育的功能、特征、规律和艺术史的知识等。在美育教学中，美育教师只有了解、掌握了这些理论和知识，才能更好地引导学生学会艺术欣赏，在艺术欣赏中有效地接受艺术的熏陶、滋润并获得审美素质的提高。

例如，教师引导学生欣赏文学作品，自己就要懂得文学作品的特征和阅读的审美规律：文学作品是具有虚构性的，要用"艺术真实"的眼光欣赏，不能用一般的"生活事实"去要求它；文学是情感的、审美的，要用情感去体验，用审美胸怀去拥抱，不能用理性思维去欣赏、去要求它；文学是形象的，主要要用形象思维去阅读，要重视形象感受，重视对"意象"的感受和对"意境"的把握；文学形象具有模糊性和多义性，要允许多种角度的解读（包括对主题的理解）和个性化的欣赏；文学作品是一个"召唤结构"（"接受美学"的观点），阅读欣赏过程也是一个创造的过程，即"意义重构"的过程等。再例如欣赏音乐作品，美育教师应该具备基本的乐理知识，了解音乐美学的一般常识，熟悉音乐的艺术特点，明白标题音乐与非标题音乐的内涵；此外，对音乐史、音乐与其他艺术的关系也要有一定的了解，这有助于准确、深入地把握作品的审美意蕴和审美风格。欣赏书法作品除了要懂得书法的基本技法之外，还需要对中国传统美学中的"虚实""意境"等理论有所认识，否则很难深入理解作品的意蕴。由此可见，审美理论和知识有助于我们对艺术作品的理解和判断，不具备必要的艺术理论和知识，美育教师就不可能很好地引导学生进入文学作品创造的艺术世界，受到艺术熏陶和教育。

中西文艺理论中都有很多重要的范畴和理论命题，作为美育教师应该有一定的了解。

例如中国诗论、文论中的艺术"意象"和"意境"范畴就不能不掌握，因为这两个概念是美学和艺术理论中极为重要的理论范畴，是艺术价值的重要体现，艺术是通过营构"意象"去表达思想感情、创造某种"意境"的。那么,什么是"意象"、什么是"意境"?说"意象"和"意境"一样都是"情景交融",那就等于没有区别。

意象,作为一个美学范畴,在中国古代文论和诗论中最早见于《文心雕龙》的《神思》篇:"……使玄解之宰,寻声律而定墨;独照之匠,窥意象而运斤。"其后各种文论、诗论中屡见不鲜。严格地说,审美意象只是一种特殊的意象,意象不一定是审美意象。审美意象是"人心营构"的具有审美品格的意象,是审美活动中人的心灵世界的"意"(情思、意志、抱负等)与事物形象的"象"的统一,即情景交融的艺术形象。

意境指的是一种艺术的境界,是蕴含着更深远意义的"象外之意"与"象外之象"的统一,是审美意象所蕴含的情、理所达到的一种深层境界。没有审美意象,当然也就无所谓意境,审美意象是意境的寄宿或载体。但是,有了审美意象却不一定就有意境,"意"与"象"合可以产生审美意象,却没有出意境的必然性。如"红杏枝头春意闹""云破月来花弄影",两个审美意象是被公认为有意境的,但如果将其中的"闹"字改为"在",把"弄"字改为"映"字,虽仍是意与象合,仍不失为审美意象,却不能说有意境了;"春风又绿江南岸",如不是用一个"绿"字去代替"过""入""满"字,也不会出意境的。当然,有无意境主要不在一字一词的雕琢,而在于真情实感、真知灼见,正如王国维所说:"能写真景物、真感情者,谓之有境界。否则谓之无境界。(《人间词话》)"王国维说的境界就是意境。可见,只有成功的审美意象才会出意境。"词以境界为最上",一切艺术皆然。所以,意境对于审美意象来说,是更深层的意蕴,是艺术的更高美学追求。如果把意境的"境"等同于"景",以为有意有景或有情有景,两者相合就有意境,那恰恰是一种误解。宗白华说:"以宇宙人生的具体为对象,赏玩它的色根、秩序、节奏、和谐,借以窥见自我最深心灵的反映;化实景为虚境,创形象以为象征,使人类最高的心灵具体化、肉身化,这就是艺术境界。"[①]"意境"以"意象"为载体,又超越了"意象"。可以说,"意境"是一种体现于"意象"又高于"意象"的艺术境界和精神境界的统一,是审美创造主体匠心独运和精心熔铸所形成的情景交融、物我贯通、虚实相生,具有广阔想象空间并能深刻表现宇宙人生真谛的艺术化境。"意境"是诗乃至各种艺术最

---

① 宗白华. 美学散步[M]. 上海:上海人民出版社,1981:59.

高的艺术境界。①可以说，掌握了这一重要的理论范畴，才能在艺术审美中真正把握艺术作品的真谛，才能引领受育者深入作品的灵魂而获得至美至乐的艺术享受。

再例如西方文论，20世纪后半期，各种新理论相继诞生，各种理论流派迅速更迭演变，呈现出一派五彩缤纷的热烈景象，诸如"新批评""俄国形式主义""读者导向理论""结构主义""后结构主义""女性主义""后现代主义""完形心理美学""自然主义美学""实用主义美学""表现论美学""现象学美学""阐释学美学""符号学美学""接受美学"等，纷纷登场。作为美育教师，对这些艺术理论、美学理论，可以有所了解。比如，对接受美学理论的理解，可以加深我们对美育过程中受育者的主动性、创造性的理解。接受美学产生于20世纪60年代中期，首倡者是德国的汉斯·罗伯特·姚斯（Hans Robert Jauss，1921—1997），他认为，艺术作品的意义与价值、教育功能和娱乐功能都要在读者阅读中实现，而实现过程即是作品获得生命力和最后完成的过程。读者在此过程中不是单纯的反应，而是主动的，是推动文学创作的动力。德国的沃夫尔冈·伊瑟尔（Wolfgang Iser，1926—2007）说，"文本"是一个"召唤结构"，它的潜在意义由于读者的参与才得以实现。总之，接受美学强调文学文本是开放的，阅读具有创造性。以此理解美育过程，可以说，一切作为美育手段的美都是开放的，受育者接受美的教育的过程也是一个创造美的过程。

一个美育教师的美学、文艺理论知识越丰富，理论素养越高，他的美育水平也必然越高。

（2）艺术审美经验的素养

审美经验（Aesthetic Experience）也译为美感经验，比较权威的解释是，审美经验作为审美意识的组成部分，是"主体感受、体验、创造美的经验"②。那么，艺术审美经验具体可以表述为：审美主体在艺术审美活动中感受、欣赏艺术对象时所产生的愉悦的心理体验，是人的内在心理活动与艺术审美对象之间相互交流并相互作用的结果。这种表述看似简单，其实颇为复杂。可以这样说，艺术审美经验可以分为"前审美经验"和"当下审美经验"两个范畴："前审美经验"指的是在当前对某一具体艺术对象进行审美感受之前经历过的艺术审美活动中所形成的艺术审美情趣和审美能

---

① 柯汉琳. 美学原理[M]. 广州：广东高等教育出版社，2015：243.

② 金炳华. 哲学大辞典（修订本）·上[M]. 上海：上海辞书出版社，2001：1285.

力等经验；"当下审美经验"指的是在当前对某一具体艺术对象进行审美感受时产生
的愉悦的心理体验和所形成的新的艺术审美情趣及审美能力等经验。这就是说，在每
一次艺术审美中，都产生当下新的艺术审美经验，但在每一次新的艺术审美中都有
"前审美经验"悄悄地影响甚至支配着当前的艺术审美活动。我们所说的艺术审美经
验素养，指的就是以往积累下来的这种经验，特别是艺术审美情趣和审美感受力、审
美创造力等素养。

所谓艺术审美情趣，即人的艺术审美情感和艺术审美趣味的统称。所谓艺术审美
情感，就是人们对于艺术作品或事物的不同属性及性质（包括善、美、丑、恶）而产
生的各种情感状态的主观反应。艺术审美趣味则是指人们在从事艺术审美活动的过程
中，由于个人主观感受或经验而对某些艺术审美对象所产生的偏好及喜爱。审美情趣
也是一种审美判断力，如竹内敏雄所说，审美情趣"指享受审美对象、判断其价值的
能力"[1]。概而言之，艺术审美情趣是人们基于个人的审美观点与态度，对各种艺术
现象及艺术作品的审美价值所做出的富含主观情感、主观爱好的审美评价。而每一个
个体的艺术审美情趣又依赖于且取决于其所处的社会环境与社会实践，从而奠定或决
定其审美理想。艺术审美情趣有高低之分，美育教师应该努力养成高尚的艺术审美情
趣，这样在美育中才能更好地为学生选择和提供优秀的艺术作品，引导学生欣赏，培
养学生健康的审美情感和审美趣味。

所谓艺术审美能力，也称为"艺术鉴赏力"，它包括人们对美进行感受、鉴赏、
评价与创造的能力，是作为审美主体的人凭借自身以往艺术审美活动的经验和生活经
验形成的审美情趣，自觉地对审美对象进行欣赏及鉴赏的能力、评价能力和创造能
力；审美创造能力是指运用想象力以创造出新的艺术形象的能力。艺术审美能力作为
艺术审美素养的核心内容，它并非人类与生俱来的，而是通过后天教育、丰富的实践
活动、不断的艺术审美体验的积累所培养习得的。所以，作为美育教师，应该广泛地
欣赏中外古今的艺术作品，积累艺术审美经验，一定会使自己拥有较高的艺术审美能
力，这样不仅可以促进自身的"人生艺术化"，而且对开展学校艺术活动、美育活动
有着关键性的作用与影响。美育教师的艺术审美能力与其学科教学质量、教学效果有

---

① 竹内敏雄. 美学大辞典[M]. 池学镇，译. 哈尔滨：黑龙江人民出版社，1987：149.

着密切的关系，只要美育教师树立崇高、正确的审美观念，全方位地打下坚实的审美理论基础，强化自身的艺术审美素养，就能实现学校美育课堂教学的最优化。

3. 美育实施能力素养

美育作为一种行为，是将美学、美育学运用于教育实践的方式。美育教师作为施育者，实施能力是其美育能力的核心能力。美育教师的美育实施能力主要体现于课堂美育教学和课外美育活动组织上。

这里主要谈谈课堂教学实施能力，即课堂教学技能问题。课堂教学技能是一般课堂教学实施能力最基本的技能，包括：（1）课型设计技能；（2）教学目标设计；（3）教学内容设计；（4）课堂教学的施教技能；（5）教学形式与方法：（6）课堂表达交流技能；（7）课堂活动组织技能；（8）教学评价技能；（9）测试编制技能；（10）电子技术运用技能等。这里每一项都有具体的内容，例如"课堂教学的施教技能"包括教学过程的安排（教学环节或步骤的设计）和讲授技能（包括教学口语技能、板书技能、体态语技能、提问技能、情感交流技能）等；"教学形式与方法"包括讲授、提问、对话、组织讨论、组织竞赛等。这是一般教师和美育教师应该具备的共同的教学技能，也是共同的教学实施能力素养。

在此基础上，不同的课程有不同的教学目标、教学内容、教学方法。例如作为美育的主要形式和核心内容的"艺术教育"课程，《义务教育阶段艺术课程标准（2022年版）》将其分为美术、音乐、舞蹈、戏剧、影视五类，这些艺术课程不同于非艺术课程，彼此也各具个性，所以课程的教学目标、教学内容、教学方法等应该有不同的设计，授课教师的美育课堂教学实施能力必然有不同的要求，美育教师应该善于进行特色创新。

下面进一步谈谈美育教师美育课堂教学中应该注意的问题。

第一，教师引导与学生主体相结合。

在美育教学活动中，发挥教师的主导作用是保证学生受育的主动性的必要条件。只有教师主导，学生的受育主动性才能不断提高，美育教学的高效性才能得到充分发挥。教师在美育实施过程中的主导作用主要体现在基于教师自身独特的审美感悟和体验，创设一个自由宽松的审美情境，引导学生对教师提供的艺术美作品或社会美、自然美进行多方面、多层次的欣赏，体验对象的美、接受对象的美，进而体悟自我的美、人生的美，激发对生活、对人生的热爱之情和审美创造的激情，实现美育应有的功能。

第二，坚持尊重学生的审美自我体验。

美育是一种审美活动，美育中审美活动的主体是受育者。在美育教学活动中，教师作为施育者，主要是引导学生进入审美情境的引导者，而作为受育者的学生才是审美活动的主体。前文阐述审美活动的特征时已指出，审美是一种自我体验活动，自我是审美的真正主人，他人无法代替。教师作为施育者在美育过程中不能用自己的审美体验去代替学生的审美体验，也不能用说教的方式开展美育。诚然，美育教学中教师也要讲些美学、美育知识，讲些"道理"，但学生听这些讲解时并不是在进行审美活动。学生一旦进入教师创设的审美情境，进入对美的欣赏时，"听"教师"讲"的日常意识立刻中断，审美才开始。此刻，教师一定要尊重学生的审美主体地位，尊重学生的审美自我体验，不能以说教介入，否则就会干扰受育者的审美状态而影响美育效果。

第三，注意学情分析。

这里指的是美育教学前对学生的精神状态、美学素养、审美趣味和学习兴趣等情况的分析。我们的学生价值观的主流是积极、健康、向上的，普遍怀有爱国热情，积极上进；主体意识、成才意识、发展意识较强，也有一定的审美素养，审美趣味比较健康，有接受美育的愿望。但必须认识到，当前在以互联网为主要标志的信息传播技术迅猛发展的时代背景下，也出现了一些美丑不分、以丑为美、审美观念混乱、审美趣味低俗等"审美迷失"的现象。在这种情况下开展美育活动、进行美育课堂教学，分析具体的受育对象的精神、思想和审美观念、审美趣味，对于有的放矢地践行美育、实施美育教学来说是很有必要的。

第四，重视美育教师自我形象的审美化。

讲美、讲美育，教师更要重视自我形象的审美化。这本身就是一种审美示范。例如得体的仪表、亲切精彩的语言、挥洒自如的教态、简练漂亮的板书、热情暖心的鼓励、信任的目光、敏捷的思维、娴熟的教学技巧等，都是自我形象审美化的体现，美育教师应该从上述各方面努力实现自我形象的审美化。

上述所谈美育教师三个方面的素养（美学美育理论素养、艺术审美素养和美育实施能力素养）和在美育教学中应注意的几个问题，正如前面指出的，我们不少教师仍然存在着明显的差距和不足。因此，学校和相关部门应该有效地组织举办美育理论和美育实操经验的培训交流活动，不断提升美育教师的美学、美育理论素养和美育实操能力，保证学校美育质量的高水平发展。

七

PART 7

艺术欣赏

本书前面已指出，美育主要是艺术教育，艺术知识修养是美育教师的重要修养。美育教师不仅要掌握艺术的一般理论，而且必须具备赏析艺术作品的能力。

（一）艺术的范围和分类

这里首先碰到两个基本问题：何为艺术？哪些"东西"属于艺术？

何为艺术的问题，前面已有一定的阐述，对这个问题的看法就像对美是什么的看法一样，几千年来人们争论不休。在西方，从古希腊开始，有人说艺术是模仿，有人说是巫术，有人说是游戏；20世纪以来更是众说纷纭，有的说艺术是"梦的象征""性欲的升华""苦闷的象征"，有的说"艺术是直觉""艺术即表现""艺术是一种符号密码""艺术是一种有意味的形式""艺术是一种交往形式""艺术是人类情感的符号形式""艺术是一种社会惯例""艺术是一种想象中的情感表现""艺术是人的一种意图"等。中国古代有"诗言志""诗缘情""文载道"等命题，也涉及艺术的本质问题。当代学界对艺术本质的理解也是学派林立，观点各异。

艺术本质是多层次的，对它的理解也可以是多角度的。例如，从哲学的角度看，艺术是一种意识。从意识与存在的关系而言，艺术是社会生活的反映。从社会学的角度看，艺术是社会的上层建筑，是作为上层建筑的意识形态。从认识论的角度看，艺术是艺术家对生活的认识。从消费时代艺术制作的角度说，艺术是一种"生产"产品（精神产品）。而从美学、审美的角度说，艺术是一种审美意识，是人对世界的审美把握和表现的自由创造的产物；艺术作为艺术家对现实审美活动的成果，作为艺术家审美意识的结晶，是一种美的形态，也是美的最高形态。

对于何为艺术，即艺术的本质问题，我们不在此展开论述。但对艺术范围的界定和艺术的分类要有所了解。

对艺术范围的界定实际上也是对何为艺术的一种看法。18世纪，康德强调艺术的"无目的性"，把一切以功利为目的的活动和产品排除在艺术之外，例如手工艺品。康德说："……艺术也和手工艺区别着。前者唤做自由的，后者也能唤做雇用艺术。前者人们看作好像只是游戏，这就是一种工作，它是对自身愉快的，能够合目的的成功。后者作为劳动，即作为对于自己是困苦而不愉快的，只是由于它的结果（例如工资）吸引着，因而是被逼迫负担的。"①黑格尔从他的"美是理念的感性显现"②（是美的定义也是艺术的定义）出发，在精神（理念）与感性的关系上，把园林和舞蹈看作一种"不完备的艺术"③，他在艺术分类中把园林和舞蹈列入"编外"艺术。再如建筑艺术，有的美学家就认为建筑不是艺术或不是严格意义上的艺术，例如别林斯基就说，建筑还"不是名副其实的艺术，而只是对于艺术的追求，走向艺术的第一步而已……是仅仅暗示思想的艺术形式"④。车尔尼雪夫斯基也说："我们无论怎样也不能认为建筑物是艺术品。建筑是人类实际活动的一种，实际活动并不是完全没有要求美的形式意图，在这一点上说，建筑所不同于制造家具的手艺的，并不在于本质性的差异，而在于那产品的量的大小。"⑤但随着人们艺术观念的变化发展（例如不完全否定某些艺术的"实用性"），以及大多数人的理解，现代美学比较一致地认为，艺术包括建筑艺术（以表现某种情感氛围和精神观念为主的建筑物）、园林、雕刻、绘画、

① 康德. 判断力批判（上卷）[M]. 宗白华, 译. 北京：商务印书馆, 1987：149.
② 黑格尔. 美学（第一卷）[M]. 朱光潜, 译. 北京：商务印书馆, 1979：142.
③ 黑格尔. 美学（第三卷·上）[M]. 朱光潜, 译. 北京：商务印书馆, 1979：21.
④ 别林斯基. 别林斯基选集（第三卷）[M]. 满涛, 译. 上海：上海译文出版社, 1980：1.
⑤ 车尔尼雪夫斯基. 生活与美学[M]. 周扬, 译. 北京：人民文学出版社, 1957：61-62.

书法、舞蹈、音乐、文学、戏剧、影视等。也有人主张把工艺艺术列入艺术的范围，这也未必不可。

关于艺术的分类，近代以来，方法多种多样，分类结果也多种多样。例如：莱辛将艺术分为空间的、静的艺术和时间的、动的艺术两种；哈特曼主张分为视觉、听觉和想象的诗三种；康德从审美主体的感受特征上分为感觉艺术（音乐，也叫感觉力的艺术）、直观艺术（雕刻、绘画，直观力的艺术）和想象艺术（诗，想象力的艺术）；黑格尔按照理念发展过程划分为象征艺术（理念尚未找到充分表现自己的物质形式，物质压倒理念内容，如金字塔）、古典艺术（理念找到与自己相适应的物质形式，物质和理念内容和谐统一，如古希腊雕刻）、浪漫艺术（精神、理念溢出物质，有限的物质形式容纳不下无限的理念内容，如近代艺术）；还有一些美学家从形象创造的主客观因素比重划分为表现艺术（偏于主观世界的表现）、再现艺术（偏于客观世界的再现）和语言艺术（诗）等。

下面我们仍依照建筑、园林、雕刻、绘画、书法、舞蹈、音乐、文学、戏剧、影视的分类，阐述各种艺术的欣赏要领并提供代表性作品的欣赏示例。

（二）各类艺术作品的欣赏

1. 建筑艺术

（1）建筑艺术欣赏要领

建筑艺术是一种运用物质材料（自然的或人造的），遵循物理规律，通过一定的结构方式、装饰包括色彩调配等的审美处理，形成三度空间形象，表现某种情感氛围和观念的建筑实体。建筑艺术不等于建筑，单纯的符合实用目的性的建筑物还不是艺术，只有当建筑"把单纯的符合目的性提高到美"[①]的时候，建筑艺术才诞生。就是说，只有把建筑从实用性提高到美的要求，实现审美性与实用性统一，突出表现某种情感氛围、气势、情调、情趣的建筑物，才是建筑艺术。如宗教建筑、殿堂、纪念碑、金字塔、祭坛、陵园和某些剧院、展览馆、宾馆等。

---

① 黑格尔. 美学（第三卷·上）[M]. 朱光潜，译. 北京：商务印书馆，1979：61.

建筑艺术常常融入其他艺术，如雕塑、绘画（主要是壁画）、园艺、工艺美术等艺术，所以建筑艺术具有一定的艺术综合性。

建筑艺术的特点主要有：

第一，审美性与实用性相统一，审美功能以实用功能为基础。建筑物最初都是人类因实用（栖身）的需要而建造的，建筑艺术是在此基础上结合审美需要，融进审美元素所创造的建筑物。这种被称为建筑艺术的建筑物，虽然以表现情感、气势、情趣等为主导，但一般并不排除实用功能，仍以实用功能为基础，或原来的实用功能并没有消失，审美功能始终和实用功能相依存、相统一，审美功能仍然建立在实用功能的基础上。这是建筑艺术区别于其他艺术（园林艺术除外）的突出特征。

第二，建筑艺术表现情感和观念是概括、抽象、象征的，具有模糊性和不确定性。建筑艺术是表现艺术，它表现某种特定情感、观念或意义。但是，这种表现却是抽象、概括和模糊的。英国吉尔·伯特和库恩在《美学史》中说："建筑中观念的表现是含糊的。"[①]这一特点显然和建筑艺术"语言"——所采用的物质材料的局限性相

天坛

① 吉尔·伯特，库恩. 美学史[M]. 夏乾丰，译. 上海：上海译文出版社，1989：449.

关，建筑艺术的媒介（例如石头、水泥）难以直接表现人的情感和观念，只能通过象征来表现，象征性也就成为建筑艺术的重要特征之一。例如，北京天坛，是天子祭天处，其总体布局是南方北圆，象征天圆地方。祈年殿殿檐有三重，深蓝色，象征天。殿内28根柱，当中4根，叫"龙井柱"，象征一年四季；中层12根，象征12个月；外展12根，象征12个时辰。总的象征意蕴是"天人感应"。象征不是概念，不可能像概念那样明确表达意义，正如黑格尔所说，任何象征都是模棱两可的。因而，建筑艺术象征的意义内容是模糊的，不能一看就明白。

第三，建筑艺术主要通过外在形式的审美创造给人以美感。建筑艺术的外在形式美包括外表形式（指建筑物的外壳形式）和内部空间形式的美，是由内外空间的结构、色彩调配、线条组合和装饰及建筑材料的处理所形成的整体造型的美。这种外在形式的美或审美性总的来说是服从于建筑物内部空间设计和功能需要的，因而与实用性、技术性有着密切的关系，例如其结构造型的美就必须依赖于物理性技术。当然，某些形式美如门窗周边的线条的美，就只有装饰的意义，与门窗的功能无关而具有独立性。

根据上述特点，教师引导学生对建筑艺术进行欣赏时，可以按照整体造型（从外表形式到内部空间形式）—情感观念与人文意义—精神品格这三个方面逐步深入。

①整体造型形式美的感受

建筑艺术的形象由建筑物的体积布局、比例关系、结构形式、空间安排等构成。建筑艺术的欣赏一般从建筑物外表的美开始。托伯特·哈姆林在《建筑形式美的原则》一书中，将建筑形式表现分为以下几点：统一、均衡、比例、尺度、韵律、布局中的序列、规则和不规则的序列设计、性格、风格、建筑色彩。[①]这些方面统一而又彼此联系，从而构成建筑整体的和谐美。建筑艺术欣赏就从这些因素所形成的外在形式美开始。

作为建筑外在形式美重要构成因素的装饰常体现于圆柱、飞檐的形式设计和雕塑、图案、壁画的融入中，这些装饰因素是建筑形象的有机组成部分，它们使建筑形象锦上添花，增加了艺术感染力。因此，欣赏建筑艺术不仅要对其整体构成进行审

---

① 托伯特·哈姆林.建筑形式美的原则[M].邹德侬，刘丛红，译.武汉：华中科技大学出版社，2020.

美、观照，而且还应该把局部的艺术构成纳入整个建筑艺术中加以观照，在从整体到局部，又从局部到整体的审美知觉中感悟建筑艺术的美。

建筑艺术整体造型的美往往通过节奏感来体现，欣赏时要注意感受建筑物的节奏感。节奏实际上是一种数的比例关系，建筑和音乐一样，都严格按照一定的数的关系（数学结构）来设计和组合，两者有相通之处，所以人们把建筑称作"凝冻的音乐"。如故宫，就给人一种空间和时间有序的、渐次的、持续有规律的节奏变化而显出一种音乐美的感受（建筑的节奏主要是一种空间节奏）：从天安门走进故宫，穿过端门和午门，两旁是一间间有严格距离的、重复出现的朝房，仿佛一种旋律反复出现；再进去是太和门，之后是太和殿，这一系列建筑物仿佛就是一部乐章的一个乐段。到了三大殿就像进入乐章的高潮，节奏加快，乐音提高开阔，反复回旋。过了三大殿，出现了后三宫，又是大同小异的建筑物不断重复，节奏复归缓慢，进入尾声。从天安门到后三宫，就像在时间进程和空间变化中欣赏着一部大型的凝聚的"可视"乐章。

欣赏建筑艺术的整体造型美时，不要局限于建筑物自身形体，实际上，这个"整体"还包括建筑物与周围环境的审美组合。中国传统文化强调天人合一，人与自然和谐统一的观念（水光山色与人亲的观念）一直体现在建筑整体美的设计上。古诗云："窗含西岭千秋雪，门泊东吴万里船"（杜甫《绝句》），"画栋朝飞南浦云，珠帘暮卷西山雨"（王勃《滕王阁诗》），"隔窗云雾生衣上，卷幔山泉入镜中"（王维《敕借岐王九成宫避暑应教》）……这些都表明中国建筑艺术追求的是内外空间统一、人与自然合一的整体美，如颐和园就是"山色湖光共一楼"。

②象征意蕴的领悟

建筑艺术不仅体现了某种实用性，而且隐含着某种意蕴——表现或寄托了人们的审美情感和思想观念，凝聚着丰富的人文意义。对建筑艺术进行赏析，仅仅鉴赏、评判它的外形是不够的，还要进一步领悟、探析其深层次所蕴含的审美情感、思想观念和人文意义。

但如前所指出，建筑艺术表现或寄托某种特定情感、观念，是通过象征来实现的，而象征又是模糊的。所以，欣赏时就要善于挖掘建筑的历史，了解时代的政治历史文化，通过感受去领悟建筑艺术所蕴含的人文意蕴之美。如上文提到的北京天坛的象征意义。再如北京的故宫，整个建筑群的壮阔雄伟象征着什么呢？结合一定的政治历史文化，你就可以领悟到它所象征的所谓"天子威仪"的意义。这样，你的欣赏才不会停留在建筑艺术的外在形式美的层次上。

③精神与风格的把握

建筑物是人类为解决生活实际问题而创造的，这种创造除了体现了一定时代的社会生产力和技术水平之外，也表现了当时的"精神状态"。如布鲁诺·赛维在《建筑空间论》中所说，古埃及式建筑体现了"敬畏时代"的精神状态，希腊式建筑体现了"优美时代"的精神状态，罗马式建筑体现了"武力时代"的精神状态，早期基督教式建筑体现了"虔诚时代"的精神状态，哥特式建筑体现了"渴慕时代"的精神状态，文艺复兴建筑体现了"雅致时代"的精神状态等。[①]欣赏建筑艺术要注意把握其不同时代的不同精神状态。

另外，欣赏建筑艺术还要注意把握不同时代建筑的审美风格。如西方的罗马风格、哥特式风格、文艺复兴风格、古典主义风格、洛可可风格、浪漫主义风格、巴洛克风格等。再就具体建筑物说，要通过对该建筑的空间组合、体积、体形、质感、尺度、比例、色彩等建筑艺术语言的把握，感悟其审美风格。如金字塔、万里长城的崇高之美，故宫的壮阔之美，帕提侬神庙的雄伟之美，广州陈家祠的精致之美，苏州博物馆的优美等。

（2）经典建筑艺术作品欣赏

欣赏作品：苏州博物馆

结合上面关于建筑艺术鉴赏要领的阐述，我们选择世界著名建筑师贝聿铭的作品——苏州博物馆进行赏析。苏州博物馆坐落于江苏苏州东北街，毗邻忠王府和拙政园，2006年建成。作为一座现代建筑，苏州博物馆能够与邻近的苏州古建筑和谐融合的同时，具有独特的现代元素，可以说是中国传统苏州园林建筑在现代的重构。

苏州博物馆北倚文化遗产拙政园，东临忠王府，南对苏州的东北街，既结合了苏州传统建筑风格，又有现代元素介入，使得博物馆既是拙政园建筑风格的延伸，又是现代化的新诠释。

在选材与色调上，苏州博物馆选用的是灰泥、石材或者瓦片，采用苏州传统民

---

① 朱狄. 当代西方美学[M]. 北京：人民出版社，1984：414.

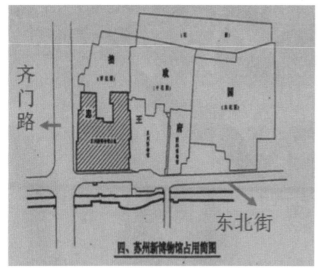

苏州博物馆平面图

苏州博物馆屋面（局部）

居的粉墙黛瓦、灰白结合为主要色调，清新淡雅，与江南水乡的独特气质呼应成趣。值得一提的是，苏州博物馆将传统的小青瓦屋面换成了"中国黑"火烧喷砂面石材，这种石材的特殊之处在于淋雨之后颜色是浓浓的黑色，但是在干燥的时候会变成浅灰色，阳光直射的时候又会变成深灰色。这种以瓦为墨的方式和中国的水墨画有异曲同工之处。

　　苏州博物馆结构上以开放性的钢代替传统的木材，但仍保留传统的木梁、木椽构架的形制，用灰色的装饰直线条代替木梁。

　　在造景方面，苏州博物馆运用了诸多园林元素。首先是传统苏式园林建筑的"叠山"和"理水"。传统苏州园林中常常有石头雕刻的假山，以此营造一种自然山水之美。其中贴壁假山是以园林内的白墙为背景的，以白墙为白纸，以假山为景，以此营造出中国水墨画效果。苏州博物馆也采用了这种贴壁假山的设置，但造景上更加现代化。庭院中央设置有水域，水中有凉亭以供休息，湖上有曲折的小桥，体现了苏州园林的特点。除此之外，贝聿铭还将苏州园林的造景要素诸如绿植、水榭、石桥融入博物馆的设计中。其次是苏州博物馆吸收了苏州园林的框景艺术设计，采用几何制式的门窗，用传统的花纹配合现代的建筑材料。门和窗形成一个天然的画框，透过门窗向外看去，就像一幅画一样。如博物馆的大门是用钢结构打造的，但是又做成了传统的月洞门的样式，将门里外连接，富有美感。

　　屋顶的设计上，苏州博物馆的屋顶采用的是几何形态的坡顶，屋顶坡度的角度和周围的苏式古建筑是一致的。屋顶的形态融合了老虎天窗，设计成金字塔形状的玻璃天窗，使光线得以进入建筑内。光线的设计也是苏州博物馆的一大亮点，设计者根据不同展品对光线的要求设计天窗，让光线能够自然落入展厅之中。

2. 园林艺术

（1）园林艺术欣赏要领

园林艺术是一种由自然美、建筑美、雕塑美、绘画美、书法美、工艺美等有机统一的综合艺术，是自然景观和人文景观、天然的自然与人为的自然有机统一的美。由于园林和建筑往往互相融合、互相包容，园林也是人工建筑而成，所以也可以把园林艺术视为一种建筑艺术。世界有三大园林体系，即欧洲园林、阿拉伯园林、中国园林。中国园林在世界上的地位很高，有"世界园林之母"的美誉。中国园林可分为两大类：皇家园林和私家园林。前者如颐和园，后者如苏州园林。

园林艺术是充满诗情画意的三度空间造型艺术，所以被称为"无声的诗，立体的画"。梁思成称中国园林就是一幅幅立体的中国山水画。

园林美景

园林艺术的特点主要有：

第一，可行、可望、可游、可居相统一。宋代郭熙论山水画说："山水有可行者，有可望者，有可游者，有可居者。"我国园林艺术正是以此为美学设计的指导思想，既是游赏胜地，又是园林主人的生活场所，即审美与实用相统一，这一点与建筑艺术相同。

第二，园林艺术的美主要表现为布局美、水韵美、花木美、空间美构成的形式美，但其形式美中表达了某种审美情趣或生活理想。我国古典园林多为封建士大夫所建造，它和主人的审美情趣及生活理想是结合在一起的，正如山水诗、山水画一样，往往是艺术家寄情山水、放浪形骸的所在。所以，园林里的一山一水、一花一草，都体现着园林主人和营造者的某种情感、某种人生情怀。如沧浪亭石柱对联所云："清风明月本无价，近水远山皆有情。"这种情趣和生活理想，是通过那些不能直接表现情感观念的山石、池水、树木、花卉、亭台、楼阁象征表现出来的，因而含蓄而朦胧，给人含蓄美的感受。

第三，静态美与动态美有机统一。园林艺术本身是静态空间艺术，但对它的欣赏活动却是在"游"的过程中实现的，因而它又是一种以静为动的时空艺术。

园林艺术好比一幅展开的画卷，景物布局是考虑人们游览的动态过程来设计的，因而布局上是静与动的结合，整个园林建筑是在时间过程、空间排列的一系列变化和连续中流动的。如风景设计强调流动的层次，常有近景、中景、远景的布局，游人漫步其中，水随山转，亭台迷失，随步移动，忽隐忽现；时而丘壑当道，时而别有洞天，时而一水横陈，时而山回路转，步移景换，令人产生"山重水复疑无路，柳暗花明又一村"的感觉。如游苏州网师园的"月到风来亭"，从北面走廊走去，经过假山花坛、旁僻水涧、濯缨水阁、云岗、曲廊、小山丛桂轩、射鸭廊，游人从一处到另一处，漫步之间，景物流动，意趣变化，造成一种连续不断的运动画面。

欣赏中国园林艺术，除了把握园林艺术的一般特点，还必须了解中国园林艺术传统上采用的创造手段。

一是在建筑构件、布局、形态上，力求曲折虚实、多样变化。曲折指避开直线。"造园如非诗文，务使曲折有法。"例如，墙多为"之"字形走廊，地有高低起伏；水池多依假山，曲水潆流；路径迂回，门内有径，径欲曲；室旁有路，路欲分。虚实指有隐有露，或断或续，以实为虚，化景物为情思。多样变化指打破对称，节奏变化

颐和园一景

丰富多彩。

二是借景布置空间，组织空间，创造空间。计成所著《园冶》说："天借景，林园之最要者也，如远借、邻借、仰借、俯借、应时而借，然物情所逗，目察心期，似意在笔心，庶几描写之尽哉。"如颐和园远借玉泉山、西山之景；北海公园、景山公园互相借景，互相映衬。借景常通过门、窗，如苏州园林的门窗，从不同角度看去，景色都有变化。颐和园乐寿堂，四边是窗，而向湖景，使意境深远。

三是运用相反相衬手法。如集聚与分散、参差与整齐、连续与阻隔、明与暗、向与背、静与动（山、水）、隐与露等，构成形式美上的强烈对照。《园冶》说："园地惟山林最胜，有高有凹，有曲有深，有峻有悬，有平有坦，自成天然之趣。"如苏州拙政园，总体布局以水为中心，园的中部面积1.8公顷，池水占五分之三多，给人开朗的感觉。但临水处又安排不同形体、高低错落的建筑，通过这种集聚与分散、隐与露的空间处理和对比，景致更有深度、广度。有的是先隐后露，如颐和园，从乐堂门入园，经过几重封闭的院落，绕过仁寿殿南侧的土冈，突然出现湖山开阔之景。有的先露后隐，如苏州沧浪亭，先看到主景的轮廓和隐约的次要景色，再穿过廊径、树丛，主景才逐步露出，形成强烈对比。

掌握了园林艺术的这些特点，那么，园林艺术的欣赏要领就比较清晰了。

首先，欣赏主体要在空间移动过程中才能完成对对象的整体欣赏，即在"游"中实现对园林从局部到整体、从外部到内部的"观"与"赏"。但园林艺术更注重依照某种情感脉络去把各部分的景物进行有序的安排和设计，这就是园林设计中景语组织的连贯性、秩序性、逻辑性原则，正如文章之有起承转合，手卷之有引首、卷本、拖尾，有其不可颠倒之整体性。所以，欣赏园林艺术要按一定的路线在"游"中"赏"，才能把握一座园林的情感逻辑。

其次，要从不同的时空欣赏园林。以时间而言，春夏秋冬、清晨黄昏，凡时间不同，赏园的感受则不同。园林春季的美特别令人清心，但夏季也令人快意，秋季使人感怀，冬季也充满诗意。以空间而言，赏园有近赏、远赏、俯赏。近赏包括：观石，赏其材质纹理；观水，赏其涟漪清音；观雕塑书画之雅致。远赏包括：观山的轮廓层次，观水的辽阔走向，观楼塔亭榭之布局，观园林外景与内景的配合。俯赏包括：中国园林一般有山，山上有亭或观望台，可登山俯看园林全景，把零散的景点串联起来欣赏，获得对园林整体的审美感受，使欣赏达到高潮。还可以在不同气候条件下欣赏园林，感受不同的旨趣。

最后，欣赏园林要视觉、嗅觉、听觉统一感受。走进一座园林，第一感觉特别重要。虽然一时说不出所以然，但感到心旷神怡，感到新鲜，感到不虚此行，就是好园林。但这种感觉不是单一的，必须实现视觉、嗅觉、听觉多种感觉的联觉。从视觉上欣赏园林，要看它是否布局得当，各部分之间是否协调，大小、高低、曲直是否有致，还要看其工艺是否精细。从嗅觉上欣赏园林，要体会空气是否清新，水质有无异味，四季是否有花香，是否沁人肺腑。从听觉上欣赏园林，要体会喧闹与静谧是否恰到好处，水流声、鸟鸣声、乐曲声是否悦耳。中国园林，北方以雄阔称誉，如颐和园；南方以优美柔和著名，如苏州园林。扬州园林有南北融合的风格，以雅健闻名。当然，同一类型的园林又各有不同风格，如同样是苏州园林，拙政园水域布置适宜，借景处理恰当，亭阁结构奇巧；留园以园内建筑布置精巧、奇石众多而知名。因此在欣赏中要通过比较加深认识。

（2）经典园林艺术作品欣赏

欣赏作品：拙政园

苏州的园林建筑，是江南私家园林的典型代表。它早在春秋时期就出现了，到了明

东园的涵青亭

清两代，极其兴旺鼎盛，清末苏州已有各色园林170多处，现保存完整的有60多处，主要有沧浪亭、狮子林、拙政园、留园、网师园、怡园等。

拙政园是苏州园林中极有代表性的一座私家园林，距今已有500多年历史，是江南古典园林的代表作品，与北京颐和园、承德避暑山庄、苏州留园一起被誉为"中国四大名园"。

拙政园位于古城苏州东北隅，是苏州现存最大的古典园林，占地78亩。全园以水为中心，山水萦绕，厅榭精美，花木繁茂，充满诗情画意，具有浓郁的江南水乡特色，素以清秀、玲珑、古朴、典雅的独特艺术风格著称。

拙政园至今仍保持着明代园林的疏朗典雅，是江南古典园林的代表，也可以说是中国古典园林的代表，被誉为"中国私家园林之最"。

花园分为东、中、西三部分，东花园开阔疏朗，中花园是全园精华所在，西花园建筑精美，各具特色。

中部是拙政园的主景区，总体布局以水池为中心，亭台楼榭皆临水而建，具有江南水乡的特色。池水面积占全园面积的五分之三。池广树茂，景色自然，临水布置了形体不一、高低错落的建筑，主次分明。总的格局保持明代园林浑厚、质朴、疏朗

中园的廊桥"小飞虹"

的艺术风格。以荷香喻人品的"远香堂"为中部主景区的主体建筑,位于水池南岸,隔池与东、西两山岛相望,池水清澈广阔,遍植荷花,山岛上林荫匝地,水岸藤萝纷披,两山溪谷间架有小桥,山岛上各建一亭,西为"雪香云蔚亭",东为"待霜亭",四季景色因时而异。远香堂之西的"倚玉轩"与其西船舫形的"香洲"遥遥相对,二者与其北面的"荷风四面亭"成三足鼎立之势,都可随势赏荷。倚玉轩之西有一曲水湾深入南部居宅,这里有三间水阁"小沧浪",它以北面的廊桥"小飞虹"分隔空间,构成一个幽静的水院。

西部水面迂回,布局紧凑,依山傍水建以亭阁。起伏、曲折、凌波而过的水廊、溪涧是苏州园林造园艺术的佳作。主要建筑为靠近住宅一侧的"三十六鸳鸯馆",是当时园主人宴请宾客和听曲的场所,馆内陈设考究。晴天由馆内透过蓝色玻璃窗观看室外景色,犹如一片雪景。三十六鸳鸯馆的水池呈曲尺形,其特点为台馆分峙,装饰华丽精美;回廊起伏,水波倒影,别有情趣。另一主要建筑"与谁同坐轩"乃为扇亭,扇面两侧实墙上开着两个扇形空窗,一个对着倒影楼,另一个对着三十六鸳鸯馆,后面的窗中又正好映入山上的笠亭,而笠亭的顶盖又恰好配成一个完整的扇子。与谁同坐轩取自苏东坡的词句"与谁同坐,明月、清风、我"。其他建筑还有留听阁、宜两亭、水廊等。

东部原称"归田园居",归园早已荒芜,全部为新建,布局以平冈远山、松林草坪、竹坞曲水为主,配以山池亭树,仍保持疏朗明快的风格,主要建筑有兰雪堂、芙蓉榭、天泉亭、缀云峰等,均为移建。拙政园的建筑还有澄观楼、浮翠阁、玲珑馆和十八曼陀罗花馆等。

拙政园水面广阔,景色平淡天真、疏朗自然。楼阁轩榭建在池的周围,其间有漏窗、回廊相连,园内的山石、古木、绿竹、花卉构成了一幅幽远宁静的画面,富有诗情画意。渺渺池水以闲适、旷远、雅逸和平静氛围见长,曲岸湾头,来去无尽的流水,蜿蜒曲折,深容藏幽而引人入胜;平桥小径为其脉络,长廊逶迤填虚空,岛屿山石映其左右,使貌若松散的园林建筑各具神韵。整个园林建筑仿佛浮于水面,加上木映花承,在不同境界中产生不同的艺术情趣,如春日繁花丽日,夏日蕉廊,秋日红蓼芦塘,冬日梅影雪月,无不四时宜人,处处有情,面面生诗,含蓄曲折,余味无尽,如同人间仙境。

欣赏拙政园时,根据拙政园的构思以及具体的设计,可以直入中园,再及西园、东园，具体按照以下路线游览：入口—障景假山—远香堂—倚玉轩—松风水阁—小沧浪（倚玉轩之西）—清华阁—净深亭—得真亭—香洲—澄观楼—别有洞天—柳阴路曲—见山楼—绿漪亭—吾竹幽居—海棠春坞—玲珑馆—嘉实亭—晚翠。

拙政园意在"抒失意之情"和"发隐居之志"，游者按其景区先后顺序、连贯关系，一路欣赏由香洲、澄观楼、别有洞天、柳阴路曲、见山楼诸景语所组成的一幅长山水画卷，可以将所有景语的象征意义加以连贯，从而感受到拙政园园主的思想感情：表拙者之品、抒失意之情、发隐居之志、悦归田之娱、怡晚年之乐、赞拙者之德。把握了这一思想感情就能感悟到拙政园深远的意境。

3. 雕塑艺术

（1）雕塑艺术欣赏要领

雕塑是雕与塑的合称。雕即雕刻，在拉丁文中，雕刻（Sculpture）指用凿子在石头或大理石上的劳作；塑，古希腊指以石膏、黏土、陶土制作模型的活动。前者是在原材料上"减"去不必要的部分以显露出雕刻家心中意象的活动；后者主要是在原材料基础上添"加"同类材料（添加过程也有"减"）塑出雕塑家心中意象的活动。不过，雕与塑常常合而为一。总的来说，雕塑是一种通过雕或塑的活动，以实体性物质存在形式再现事物形象的三度空间静态艺术。

雕塑可分为圆雕、浮雕和透雕（镂空雕）三大类。从雕塑的发展看，先有圆雕，后有浮雕、透雕（镂空雕）。浮雕又可分为高浮雕、半浮雕和浅浮雕。高浮雕如法国吕德的《马赛曲》，半浮雕如古希腊的《吹笛少女》，浅浮雕如中国汉画像砖雕《车马出行》。浮雕是雕塑向绘画发展过渡的产物。透雕（镂空雕）如中国传统工艺镂空玉佩。根据所用材质的不同，又可把雕分为金属雕、石雕、象牙雕、木雕、玉雕等；把塑分为石膏塑、黏土塑、陶土塑等。雕塑又可以分为"单独的雕塑"和"群雕塑"两类：前者如古希腊的《米洛斯的维纳斯》；后者如古希腊的《拉奥孔》，中国的《人民英雄纪念碑》浮雕、潘鹤的《艰苦岁月》等。

雕塑艺术具有以下特点：

第一，以人体为主要表现对象。雕塑的表现对象有三个系列，一是神，二是人，三是动物。其中以人体为主要表现对象，因而人们把它看作"人的最早的艺术"，而因为它表现静止的人体姿态，因而被称为"冻结了的形体模拟"，或称为"静止的舞蹈"。

第二，表现观念、情感比建筑艺术明晰，但较单纯、概括。建筑艺术表现观念、情感较模糊，只是一种象征。雕塑通过人的形体直接寄寓某种观念和情感，已表现出较大的明晰性，例如《米洛斯的维纳斯》就寄寓了爱情的观念。但是，雕塑所表现的观念、情感又是单纯而概括的。我们说《米洛斯的维纳斯》表现的是爱情，但这不是具体的爱情，没有什么复杂的内容，它表现的也仅仅是爱情，这种爱情是单纯的、高度概括的。正如莱辛所说："对于雕塑家来说，女爱神维纳斯就只代表'爱'……"[1] 这又是由肉体不足以充分表现人的内在精神生活决定的。

第三，雕塑的美主要表现于瞬间的形姿和神韵。雕塑以人体为主要表现对象，人的内在精神和性格主要是通过语言、形姿和神韵表现出来的，雕塑是无声的艺术，因此它主要是通过对象的形姿和神韵来表现人的内心世界；同时人体雕塑又是凝固的人体，所以它必须抓住对象最富于特征的瞬间形姿和神韵加以表现。最成功的雕塑，总是以最富于艺术魅力的形姿和神韵表现了人的性格特征或内在精神，如《命运之神》的活力与不朽、《米洛斯的维纳斯》的爱与美的精神品质、《掷铁饼者》《拉大弓的大力士赫拉克勒斯》的气势和力量、《卡拉卡拉像》的冷酷残忍（以上均为古希腊作品）、《大卫》（意大利米开朗琪罗作品）的英武刚毅、《巴尔扎克》（法国罗丹作品）的豪放自信等，正是通过它们最富于特征的瞬间形姿和神韵而充分显现出来的。

要指出的是，19世纪末20世纪初，欧洲的雕塑艺术出现了以抽象派为代表的各种艺术流派，一般通称为现代派。抽象主义雕塑的共同特点是表现主观的情绪，而不是客观的具象。现代派雕塑家们追求新的艺术形式，明显与传统雕塑艺术的表现手法不同。如被人们赞誉为20世纪伟大的雕塑家的英国亨利·摩尔，他的《国王与皇后》《斜卧像》等，已经完全把人体抽象化。20世纪60年代，形式丰富多彩的抽象雕塑已遍布欧美许多国家的广场、公园、十字街口等地，今天更是遍及全世界各个角落。这表明，雕塑的艺术追求和表现形式已经发生了巨大的变化。

欣赏雕塑艺术应从以下五个方面去把握：

第一，体积。雕塑作为三维空间的实体，用体积组织形象，用体积的语言、体积

---

① 莱辛. 拉奥孔[M]. 朱光潜，译. 北京：人民文学出版社，1979：54.

罗丹 《思想者》

的分量、体积本身的美来感动人,让人感受到体积的美,感受到三维空间的美。同时,雕塑家通过体积和体积变化,包括体积各部分的搭配、组合、协调,使作品具有节奏感和韵律感,所以欣赏雕塑首先要有实体的体积意识。雕塑欣赏的体积意识主要是人的形体意识。如欣赏米开朗琪罗的《挣扎的奴隶》要注意具有冲击力的三角形体,欣赏罗丹的《巴尔扎克》要注意其坚实、雄伟的形姿,欣赏黎明的《橘子洲青年毛泽东像》要注意其如同一座隆起的山体的胸像和如同斜突的大地板块的肩膀的形态,等等。

第二,象征。雕塑作为塑造静态空间形象的艺术,只能表现人物动作或事物静态的一个瞬间,形象单纯,不作复杂精细的描绘,不可能充分地叙述人物命运、描绘人物的性格,更不能直接表达艺术家要表达的思想感情,其表现的意义、主题或寓意是通过形体象征的。所以,欣赏雕塑作品就必须善于感悟形体形象所蕴含的象征意义,这就是欣赏的象征意识。例如《米洛斯的维纳斯》象征爱与美,罗丹的《思想者》象征对人类的痛苦的思考等,如果欣赏者缺乏这种象征意识,就只会停留在对作品的浅层感受上。

第三,动态。雕塑虽然以静态的造型,以一个瞬间不动的形象呈现给观赏者,但是正如雕塑家罗丹所说,雕塑家往往要表现人体的运动,要表现出"从一个姿态到另一个姿态的转变"。就是说,即使是完全静止的雕塑也存在着一种内在的运动,一种不但在空间,也在时间上持续和伸展的动态状态。人们在欣赏的过程中,从雕塑一个瞬间的造型上想象静态向动态的转变,想象人物行为连贯、持续的活动过程,才能从中感受到雕塑作品表现出的活力和精神,使冷冰冰的物质材料塑造出来的雕塑作品成为能够让人产生情感的形象,从而具有更大的艺术魅力。

第四,材料。雕塑艺术品选择材料非常讲究,雕塑的形式美首先表现在物质材料本身具有的天然形式美的因素上。这些属于物质材料原生态的朴素、天然、简单的形式美,是自然形态的形式美。雕塑使用的物质材料有不同的质感,大理石的细腻润滑、花岗岩的粗糙坚硬、木料的质朴和纹理趣味等，可以和一定的造型及情感表达恰当地结合起来。如罗丹塑造的《欧米哀尔》就是用青铜作为材料的，增添了作品的沧桑、悲凉的意味；而他塑造的少女《思》及一对青年男女的《吻》采用的是大理石材料，给人一种纯洁无邪的感觉。所以，雕塑用什么材料，与作品表现的对象特点和艺术家要表现的思想感情或主题是不可分割的，欣赏者欣赏一件雕塑作品时一定要了解作品采用的材料。

第五，环境。雕塑作品所处的自然环境、人文环境是我们欣赏雕塑艺术时要特别注意的重要问题。雕塑作品大多是为某一特定环境制作的，置于室外就要与环境（日影、天光、地景、建筑等）发生关系，例如《橘子洲青年毛泽东雕像》坐落于橘子洲头，这首先是历史的选择，而这一选择的意义是深远的：湘江哺育了毛泽东、橘子洲培育了毛泽东的革命胸怀、岳麓山铸造了毛泽东的意志等。所以，欣赏雕塑作品时，欣赏者必须具有环境意识。

（2）经典雕塑艺术作品欣赏

欣赏作品：《艰苦岁月》（潘鹤）

新中国雕塑史上，在表现革命历史题材方面，产生了很多优秀的作品，著名雕塑家潘鹤1956年创作的《艰苦岁月》就是其中一件非常优秀的作品。《艰苦岁月》是潘鹤为中国人民解放军建军30周年美术展而创作的作品。这一作品是中国20世纪50年代的经典之作，已成为"百年美术"收录的作品之一，作品原件现存于中国革命军事博物馆。

《艰苦岁月》表现的是一位红军老战士和一位小战士，在艰苦岁月里坚持斗争的革命乐观主义精神。老战士吹奏起快乐的笛子，嘴角微溢着笑意，小战士托腮倾听，仿佛被笛音带往他所憧憬的美好的世界、美好的生活。艺术家用富于流动感的、质朴的手法，塑造出艰苦环境中红军战士不畏艰苦、信念坚定、开朗豁达、充满革命乐观主义精神的光辉形象，深深地感染着观众，在观众心灵中激起了强烈的共鸣。

潘鹤 《艰苦岁月》

《艰苦岁月》遵循了现实主义的创作方法，以写实的手法塑造人物，具有强烈的真实性。现实主义创作方法最重要的特征是，坚持真实地再现生活，真实地反映客观世界的现实本质和历史本质，并真实地表现艺术家主观世界的情感。《艰苦岁月》首先坚持了这一创作原则，真实地再现了艰苦战争年代中红军战士的形象，真实地反映了红军战士崇高的革命理想和斗争精神，并自然而然地通过这两个人物形象的塑造表现了雕塑家内心对红军战士、革命事业的深厚情感和对美好生活的共同向往。

《艰苦岁月》又具有浪漫主义特征。作品在现实生活的基础上，对特定的情节进行了理想化的加工、提炼，塑造了理想化的生动的红军战士形象，表现了他们对未来希望的渴望和坚定的革命必胜的信心。作品中战士们面对艰苦的生活，没有被困难压倒，而是苦中作乐，充满了幻想和对美好事物的回忆与憧憬，极具浪漫诗意。

雕塑家潘鹤创作技巧高超，《艰苦岁月》中两位红军战士的形象刻画栩栩如生：老战士那由于饱经风霜和长期战斗生活，由于常常深思而深深刻在面孔上的皱纹，那只有长年繁重的劳动才足以磨炼成的粗大的双手，那一身破旧的军装，那精瘦却十分有力的筋骨，都刻画得非常细腻，充分反映了老战士不平凡的生活经历，表现出一个老红军坚强的性格美；小战士信赖而亲密地倚在老战士的身边，仰首瞩望着远方的姿态，以及入神地倾听着并进入美好遐思的表情，把一个年轻革命战士对于美好未来充满向往的形象刻画得惟妙惟肖。

从形式结构上看，雕塑家非常重视对比。例如，作品在构图形式上，采用三角形构图，通过一老一少两人所坐的位置，形成一高一低的鲜明对比；在人物形象上，形成一老一少的年龄对比，与沉着老练和天真幼稚的性格对比；一个吹笛情真意切，一个聆听凝思遐想，形成动态和情绪的对比；还有笛子和步枪的摆放位置的对比等。作品对比手法都运用得十分巧妙。整个作品的构图和体积起伏，富于流动感，艺术手法自由质朴，艺术形象生动自然。

《艰苦岁月》是一件艺术形象生动自然，意境深远，艺术手法自由质朴，具有抒情诗般风格的艺术作品。

4. 舞蹈艺术

（1）舞蹈艺术欣赏要领

舞蹈是通过提炼加工的、由节奏组织的人体姿态、造型，特别是以动作过程来塑造形象、表现思想感情的动态艺术。有人把舞蹈称作"活动的雕塑""解冻了的雕塑",也有人称之为"可见的音乐"。从文化学的角度,可以称之为一种特殊的"人体文化"。

芭蕾舞者

舞蹈是人类古老的艺术形式之一,其起源至今仍然众说纷纭,不管是图腾说、巫术说、模仿说还是游戏说、劳动说,毋庸置疑的是舞蹈一直以来都是人们交流思想和感情的重要工具。《诗经·大序》说:"诗言志,歌咏言……言之不足,故嗟叹之;嗟叹之不足,故咏歌之;咏歌之不足,不知手之舞之,足之蹈之。"这里所说的"手之舞之,足之蹈之",意为上半身肢体的动为"舞",下半身肢体的动为"蹈",以人体四肢的动称其为"舞蹈";而且还要"情动于衷",才能"手舞足蹈"。也就是说,舞蹈是以表达人的思想感情而赖以存在的。[1]美国当代学者比尔兹利认为,舞蹈可以界定为:当一个动作或一系列动作具有相当高强度的意志性特质即表现性的时候,它就是舞蹈。[2]在现代社会,舞蹈才逐渐成为一门综合的舞台艺术。

舞蹈的审美特征主要有:

第一,具有强烈的表情性。这是由其以人体为媒介的特性决定的。从生理学角度看,人的感情强度到了顶点时,往往通过动作、神态表露出来。我国古代《毛诗序》指出:"咏歌之不足,则不知手之舞之足之蹈之……"《乐记》云:"言之不足,故嗟叹之;嗟叹之不足,故咏歌之;咏歌之不足,不知手之舞之,足之蹈之。"这都是说明动作和舞蹈的表情的优越性。因此,许多美学家认为,与其说舞蹈是再现艺术,毋宁说是表现艺术或表情艺术。

第二,舞蹈的美主要通过动作、姿势(形象的形态)、图形结构以及节奏、旋律等表现出来。动作,即在空间中形象从一种姿势向另一种姿势转变的过程,它是构成

① 雪天,心天. 舞蹈欣赏[M]. 北京:人民音乐出版社,1989:17.
② Beardsley, Monroe C.. What is going on in a dance? [J]. Dance Research Journal, 1982, 15(1):31-36.

舞姿的最基本、最重要的因素。"如果可以把舞蹈说成是活的雕刻的话，那么，舞姿就是舞蹈中雕塑性最强的因素。"[①]而舞姿及图形结构都是借助于动作过程形成的，是活动的。可以说，正是由于人体的全面的自由运动，才形成了舞蹈丰富而独特的动态美，这是雕塑难以与之相比的。动作的美与力度、技术有关，但舞蹈不是体育，不是越有力越好，也不是杂技，杂技主要是技巧性的人体活动（也吸收舞蹈因素），而舞蹈是一种审美化的即美的技巧性的人体活动。

舞蹈是"无言的诗歌，有形的乐章，流动的图画，翱翔的雕塑"[②]，大多数情况下没有台词对白，也没有文字陈述，全凭艺术化的人体动作以无言的情态表现无限深意。舞蹈艺术本身是灵与肉、情与思的美妙结合，是身体与心灵一起飞翔的艺术。只有用"心灵的眼睛"去体会那形式美中所蕴含的情绪与意境，才能真正看懂一部作品，也才真正地看懂了形式的美之所在。比如，芭蕾舞剧《天鹅湖》中最后的经典片段"天鹅之死"，就是一段著名的芭蕾情绪舞。虽然这个片段只有七分钟，但它是形式与情感内容的完美结合，以一种明确的形式承载着多层次的情绪和意境，给人以无限的感怀与遐想，因而成为世界经典舞蹈片段。

观众欣赏舞蹈实际上是通过舞蹈演员的形体语言去体会、感受其酝酿出的某种情绪，融入创设出的特定语境和氛围，从而理解舞蹈所表达的内容和隐喻，产生情感上的共鸣，在精神上得到震撼和启迪。具体而言，舞蹈欣赏可以从以下几个层面入手。

首先最直观的层面是舞蹈形式，舞蹈的形式美主要表现在人体、动作、舞台构图、舞台美术等几个方面。

舞蹈中的人体，是艺术活动中的人体，它既是舞蹈的工具，又是舞蹈艺术美的物质载体，更是观众接受舞蹈美的第一视觉对象。舞蹈的人体是经过严格的专业训练、符合舞蹈艺术要求的人体，它本身就是一种美的欣赏对象。即使一个人从未欣赏过舞蹈艺术，对于美的人体也会怀着愉悦的心情去欣赏。很难想象，身体比例失调或不能自由操纵的呆板的人体，能够完美地表现舞蹈的内容。但是，舞蹈终究不是单纯的人体美的欣赏，而是要通过美的人体去感受美的舞蹈。

---

① 中国艺术研究院外国文艺研究所. 世界艺术与美学（第一辑）[M]. 北京：文化艺术出版社，1983：258.

② 宋丽. 舞蹈欣赏[M]. 郑州：河南人民出版社，2008：6.

动作，是舞蹈艺术表现内在情感的物质材料。但动作本身的形态美的协调感、韵律感、节奏感，以及高难度的技巧等，也具有美的独立性，具有很强的形式美的欣赏价值。一个舞蹈作品，尽管其内容、情感表现都很好，但动作的编排缺少形式美感，缺少协调性、韵律感和节奏感，也就失去了艺术化的肢体动作的标志。因此，它达不到艺术的形态美的基本要求，当然也就失去了引导观众欣赏美的可能。相反，即使作品的内容与情感不甚理想，但美的动作仍然具有一定的审美价值。舞蹈形式因素还有舞美服饰、道具灯光、场景布置、配乐伴奏等。不同舞种的特点差异明显，在舞蹈形式上的气质差别也是巨大的，比如中国古典舞端庄典雅、西方芭蕾舞轻盈优雅、现代舞自由奔放、民族舞多姿多彩……舞蹈应符合所属舞种的基本气质特点，同时在各个形式层面也应具有美感。

其次是舞蹈技术。不管观众之前对舞蹈欣赏是否有所了解，在观看舞蹈时，流畅的舞蹈动作、完美的整齐度等都会引来不少惊叹，也就是我们所说的舞蹈难度系数高。高超一流的舞蹈技术是其能成为艺术的必要条件之一。

再次是舞蹈内容，也可以理解为舞蹈的形象。每个舞蹈都有特定的表达内容，舞蹈演员们通过自己的形体勾勒出舞蹈形象，通过独特的创作手法和表现方式去讲述舞蹈背后的内涵和意蕴，这也是舞蹈欣赏的重点。艺术来源于生活，舞蹈也不例外，既可以表现广袤的自然大地，也可以刻画复杂的社会生活，还可以塑造不同的人物形象，刻画不同的人物性格，以外象化的功力，表达人们内心的喜、怒、哀、乐之情，揭示人物与人物之间的情感纠葛和矛盾冲突。[①]

最后是舞蹈情感。"歌以叙志，舞以宣情"，舞蹈的载体是人的身体，视觉效果更为集中鲜明，观众在欣赏一个个承载着强烈感情色彩的动作和形式美的人体形象时得以自由地想象和联想，体会人物情感的波澜起伏，最终从对舞蹈的直观感受进入对整体的审美观照，从而进入对意境的审美体验。

（2）经典舞蹈艺术作品欣赏

欣赏作品：《只此青绿》

《只此青绿》是2022年中央电视台春节联欢晚会上的一部优秀的舞蹈作品，除了形式

---

① 雪天，心天. 舞蹈欣赏[M]. 北京：人民音乐出版社，1989：19.

舞蹈《只此青绿》

美之外，还创设了审美语境，有意蕴、有灵魂、有生命。

《只此青绿》灵感来自北宋画家王希孟的画作《千里江山图》。《千里江山图》是中国十大传世名画之一，是一幅描绘锦绣山河的鸿篇巨制。画中有重峦叠嶂、奇峰异石，有江河奔流、湖海浩渺，有亭台楼阁、茅居村舍，有茂林修竹、飞鸟行舟……气象万千，气势恢宏。画作继承了传统青绿技法，大胆创新，采用青色和绿色调交织融合的手法，使整个画面显得明快清雅、生机勃勃。受该画的启发，中国东方演艺集团和故宫博物院共同创作出品了诗剧《只此青绿》。诗剧原作讲述了18岁的少年天才王希孟创作"千年一叹，造极一朝"的《千里江山图》的故事。春晚舞台上的《只此青绿》，选择了其中最具代表性的"青绿"色舞蹈篇幅，运用宋代的舞蹈风格和《千里江山图》中青绿色的服饰颜色，配合720度环形屏幕和XR（技术）支持，演绎出传世名画横空出世的绝美篇章。

《只此青绿》的舞台首先击中人们观感的就是"绝美"，体现在舞蹈形式的各个方面，从演员的外在形象到服饰、形体、动作、舞美灯光、镜头语言等都进行了精妙的设计。

《只此青绿》舞美设计

　　舞蹈伊始，只见演员们发髻高耸，身着青绿长衣，端庄、沉静地步入眼帘。高耸的发髻是将山峰拟人化，通过发髻模拟山峰的走势；衣服的颜色是《千里江山图》青绿交织的配色，服饰的细节上也参考宋代的样式，尽可能"还原"宋代的特征。舞者的冷冽面庞和沉静气质、收放自如的动作，都让观众沉浸式地体验到画中的沉寂和历史的沉淀。在灯光映衬下，舞台上呈现的仿佛正是画中的场景。在舞蹈中，腰身的线条具有独特的美感。这支舞中有个被称为"青绿腰"的下腰动作，令观众惊叹不已，也成为舞蹈中的经典造型。有很多通过描写腰身体现舞蹈之美的诗句，白居易云"杨柳小蛮腰"，李群玉言"南国有佳人，轻盈绿腰舞"，杜牧语"楚腰纤细掌中轻"，张祐说"袅袅腰疑折，褰褰袖欲飞"，元稹说"腰裹柳牵丝，炫转风回雪"。《只此青绿》中的高难度动作"青绿腰"在柔软之中还多了一份俊朗，借以刻画山的险峻、水的蜿蜒，意在通过舞者们的肢体语言、服饰颜色和动作造型，表现古人"心中有丘壑，眼里有山河"的情怀。

　　同时，精妙的舞美设计还原出画作的画绢在历经近千年时光后所呈现的质感与古韵，而通过舞台背景的渐次变化，再配合舞者们的绝美演绎，完成了对于画作作者高超技艺与笔墨创作的意象体现，从而让观众在一种沉浸式的氛围中赏画、赏人，穿越时空，与古人对话，与名画对话。[①]舞者们通过静待、望月、垂思、独步、险峰、卧石等一系列颇具禅意和丰富想象力的情景动作，展现千里江山，舞蹈语言和绘画语言达到了完美的统一，也完成了对舞蹈内容的阐释和对舞蹈形象的塑造。这就是《千里江山图》画中的意境，也是"茫茫远山黛，点点群青来"的古韵。

　　2022年春节联欢晚会舞蹈《只此青绿》导演韩真曾这样表述："我们编排当中那些有棱角感的动作，它们能够联想到

诗剧《只此青绿》原作镜头之一

---

① 寇正. 立象明意的艺术魅力——2022年春晚舞蹈节目《只此青绿》探析[J]. 中国广播电视学刊，2022（05）：108-110.

某个画中的山河、日月，或者是山石的错落，以及层峦叠嶂的延绵不断的山峰，如果能够有这样的情境的转换或者代入感的话，我觉得跟观众达成了一种共鸣。"在完整版诗剧《只此青绿》中，当看到王希孟最后哭泣，看到宏大音乐背景下每位舞者定格，那一刻大家能更加体会到这部作品的震撼之处。

舞蹈《只此青绿》这部作品带给观众的不仅是高难度的舞蹈、超越感官的视觉享受，更有对自然的敬畏和对中国文化自信的共鸣。

5. 绘画艺术

（1）绘画艺术欣赏要领

绘画是运用色彩、线条和构图，在平面内反映现实美，表达审美感受的造型艺术，"通过线条和色彩的有机组合，能更直接、更丰富和更具体地表现人的情感和精神观念"[①]。

绘画的审美特征主要有：

第一，绘画通过有形有色的平面艺术形象反映生活和表现画家的情思。和雕塑、建筑艺术比较，绘画也创造可视的空间形象，都是造型艺术。但雕塑、建筑是以物质实体的形式存在于三维空间中的立体形象，具有可触摸性，人们可以从不同方位，取不同视角对它进行观照；绘画则摆脱了物质实体的存在形式，在二维空间即平面上展开形象，不具可触摸性，也只能正面观照。但它可以通过色彩以及光线的明暗和透视法给人以量感和质感，唤起三维空间的幻觉。如中国画通过量色的浓淡创造远近空间，从而形成一种立体感。

第二，绘画能较丰富地刻画和表现人物形象以及反映现实生活。

第三，绘画对线条的运用更加灵活，因而比雕塑更能丰富地刻画人物形象。别林斯基说："绘画可以表现整个人，甚至还可以表现他的内心世界。"[②]以《蒙娜丽莎》和《米洛斯的维纳斯》比较就可以看出，后者对人物性格的表现是较单纯的，前者却十分丰富，已刻画了一个富于个性的性格、品性和气概。

---

① 柯汉琳. 美的形态学[M]. 广州：中山大学出版社，2008：222.
② 别林斯基. 别林斯基选集（第三卷）[M]. 满涛，译. 上海：上海译文出版社，1980：1.

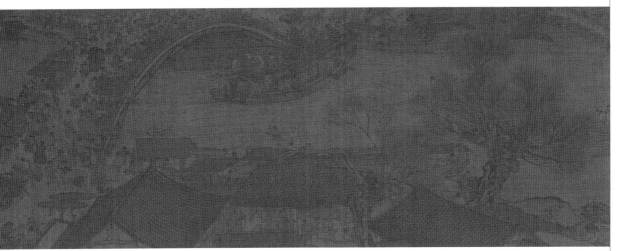

《清明上河图》局部

　　此外，绘画能较广泛反映社会生活事件。如中国十大传世名画之一的《清明上河图》，这是一幅规模宏伟的社会风俗生活的全景式风俗画，它真实地反映了900多年前北宋京城汴梁（即今开封）的世俗生活场景。全画可分为三部分：序幕是疏林薄雾中形形色色的人从京郊踏青扫墓归来；中段是繁忙的汴河码头，粮船云集，人来人往，车水马龙，熙熙攘攘；后段是热闹的市区街道部分，以高大的城楼为中心，两边的屋宇鳞次栉比，各色人等、各种交通工具穿插其中，绘声绘色。全画共涉及人物五百多位，牛、马、骡、驴等牲畜五六十匹，车轿二十多辆，大小船只二十多艘。特别是画中人物，衣着神情各异，其间穿插各种活动，富有戏剧性。这是雕塑所难以达到的。

　　第四，绘画的美主要通过线条、色彩等来表现。线条是绘画最基本的手段，没有线条就没有绘画形象。线条虽然是抽象的，但它具有很强的表现力。康定斯基就说，线有一种"内在声音"，"线条是诉诸心灵的"[①]。在绘画中，表现宁静之感，一般采用平卧线；表现欢乐，宜用上升线；表现忧郁，宜用下降线。介于三者之间的线，将产生其他无限变化的感觉。总之，线条具有无穷的表现魔力，它可以直接创造某种美，如细线、曲线可以创造阴柔之美，直线、粗线可以创造阳刚之美等。线条还可以创造动态美、空间美、立体美、节奏美。

---

① 康定斯基. 艺术中的精神[M]. 李政文，魏大海，译. 北京：中国人民大学出版社，2003：23.

色彩是绘画的最重要的手段。雕塑一般不采用色彩，绘画一般要采用色彩。雕塑和建筑都不像绘画那样和色彩有密切的关系。虽然这三种艺术都与光有密切的关系，而唯独绘画才真正用色彩作为它的媒介。康定斯基认为，色彩是研究绘画的出发点，绘画的审美功能只能存在于色彩呈现的纯形式中。一般来说，色彩能够直接影响到心灵，引起心灵震动。有的艺术家认为，有丰富的色彩，就有完美的形式。

色彩通过明暗处理、浓淡处理和对比调配，可以获得充分的空间表现，可以造成真实感，而且可以直接表现某种情感。所以，西方画家把色彩看作"感情的语言"。例如，红色可以表现热烈、热情、喜悦、激动；黄色可以表现希望、快乐；绿色可以表现生命、朝气、安宁、和平；黑色可以表现悲哀、痛苦、庄严、稳定……所以，色彩不仅被作为描绘对象的手段，也常常被作为某种感情的象征。

绘画艺术欣赏是人们以艺术形象为对象的审美活动，是一种高层次的认识活动，是人类精神生活的重要内容。既然是一种认识活动，它就必须遵循人类认识活动的一般规律。人类的一切认识，都是一个由浅入深、由表及里、由局部到整体、由感性到理性的过程。而且，这种过程在认识活动中并不是一次就完成的，它往往需要多次的循环往复，逐步地深入，直至揭示事物的本质，才算是对一幅画进行了真正的欣赏。

第一，对绘画作品的点线面组合、色彩构成、空间构成、构图和材质等形式本体要有比较全面的了解。

第二，在绘画作品中，线条、色彩、形状等形式因素以及它们构成的"象"是作品的形式层，这些形式因素本身可以具有某种意味，需要对作品内容予以解读。绘画是静态的视觉艺术形象，受到画面的局限，只能选择最富于表现力的一瞬间进行艺术提炼和概括，并且可以突破时空限制，不管是真实场景还是想象场景皆可入画，所塑造的艺术形象是经过深度提炼和精密构思的结果，所使用的绘画技巧更是画作整体美感构成的重要因素。比如中国画基本上是用线条和大块的墨团、细碎的墨点来造型，讲究"笔情墨趣"，西洋画是以物象在一定光源中呈现的"面"来塑造形体，这些都涉及作者在作画时所使用的不同的绘画手法和技巧运用。

第三，体会作品的意蕴，对相关的艺术精神、哲学精神有所领会和理解。比如中国艺术意境的诞生，在很大程度上得益于中国哲学精神的启蒙与滋养，尤其是山水艺术（山水诗与山水画）受"道""禅"影响极深。傅雷先生说："中国的诗与画，都具有无穷与不尽两元素，让读者的心神获得一自由体会、自由领略的天地。"①欣赏中国画要注重分析作品在"以形写神"中体现了什么精神实质，在"以神达意"中表达了什么思想情感，才有可能深刻体悟其中的艺术意境，因为中国画并不是一幅简单的画，画只是形态，荷载的其实是精神元素。而对于西洋画而言，精神追求则完全不同。达·芬奇在他的《绘画论》中说："最可夸奖的绘画是最能形似的绘画。"相比之下，西方绘画追求真实感、空间感，追求再现客观物象。因此在绘画欣赏时，其主题思想往往要通过绘画作品的典型形象来体现，在形式上追求完美的光色效果和精巧的构图设计。

（2）经典绘画艺术作品欣赏

欣赏作品：《富春山居图》（元代黄公望）

《富春山居图》是元代画家黄公望绘画艺术上的巅峰之作。作者以苍润洗练的笔墨和优美动人的意境展现了富春江两岸的山川风物。画作为纸本水墨，纵33厘米，横636.9厘米，以长卷形式横向展开，整幅画卷景物排列富有节奏感，松紧相连，将富春江两岸初秋之景尽收眼底。峰峦坡陀，绵延起伏，平河远渚，一望无际。怪石长松，飞泉杂树，错落其间。渔

黄公望　《剩山图》（《富春山居图》残卷）

舟村舍，溪桥浅滩，曲径茅亭，目移景迁，风光无限，如身在画中。②

具体来看，首先，《富春山居图》在构图上格外讲究，作者十分注重绘画的章法、布局、经营位置以及各景象的空间感。画作在构图上采用横卷构图，对横移的山峦和树林等运用由平面向纵深扩展的构图方法。这种构图使得整幅画面趋于平缓，突出了山水的层次感和空间感。另外，采用空白的构图方式，使得画中虚实相生，"无画之处皆为妙境也"③。其次，《富春山居图》也体现出黄公望的骨法用笔特点，作者

①　傅雷. 世界美术名作二十讲[M]. 天津：天津社会科学院出版社，2006：52.
②　范淑英，刘山花. 中国风格：中国古代绘画欣赏[M]. 北京：中国纺织出版社，2000：212.
③　赵婷. 黄公望山水画《富春山居图》的艺术特色解读[J]. 大舞台，2014（01）：30-31.

客观表现富春江的山石形貌时，用了多种皴法来表现山林的各种姿态，又以水墨涂出远山遥岸，在墨法使用上枯润结合。画家采用干枯之笔来描绘起伏的山峦，先用淡墨对山体轮廓进行勾皴，然后再稍加用墨对山体进行皴擦，由淡到浓、由枯到润，最后再用浓墨进行点醒，勾皴点染一气呵成。笔墨运用得出神入化，虚实相生，意趣深远。再次，浓淡、大小不一的苔点，疏密有致，既丰富了画面的表现形式，削弱了画面的单一感，又真切地展现了富春江一带多姿多彩的秀美山川，体现出"师法自然"的创作特色。① 最后，《富春山居图》这件作品既是写实的，又是写意的；既是再现，也是表现；既是描述，更是抒情。作品表达出的荒寒的意境，不仅是作者审美心态的外化，同时也代表着元代画家的一种生存态度。② 受社会环境因素的影响，平和、恬淡、幽静，是当时文人画家理想的审美境界与艺术趣味，画中的富春江在实际生活中有避世隐居的文化象征，代表着作者心目中的"世外桃源"，融入了画家自己的主观情绪和思想感情，从而达到了神貌合一、物我一体的境界。纵观全图，整体气氛柔和淡雅，意境辽远空旷，具有一种超然物外、意味悠长的美，"柔、淡、远三者皆具，《富春山居图》的意境无疑是其精神皈依之乡，体现了其脱俗避世的恬静心迹"③。因此，《富春山居图》并不是对山水风光的完全复刻，而是寄托了作者对理想的诗意化表达，是画家心灵和自然合一的艺术形态。

6. 书法艺术

（1）书法艺术欣赏要领

书法艺术是中国独特的艺术。中国的书法艺术是从最初的甲骨文、金文，到篆书、隶书、楷书、行书等字体逐步演变发展的，中国书法发展史也是中国文化历史发展的一个侧影。

由于书法以汉字的发展演变为基础，随着文字的完善化与抽象化，其书写技巧体系才逐渐形成，并进一步注重笔法与结构书写的艺术化。

书法欣赏从点画、结体、章法入手，但这还只是完成了书法欣赏的表面，还应该

---

① 赵婷. 黄公望山水画《富春山居图》的艺术特色解读[J]. 大舞台，2014（01）：30-31.
② 刘继潮. 中国绘画欣赏[M]. 合肥：安徽大学出版社，2007：54.
③ 钟朝芳. 黄公望及其《富春山居图》中的江南文化意识[J]. 文艺研究，2012（03）：155-156.

通过这些可视的笔象阶段进入笔意、进而进入笔境，完成书如其人的整体判断，真正的欣赏才得以完成。

①感知笔象

笔象是进入书法学习与欣赏的基础，是打开笔意之门的钥匙。何谓象？象具有形象的基本含义，也具有动词"像"之含义，"象万物之所宜"。与形而言，象比形高一个层次。象在天，形在地。象隐于内，形显于外。象概括，形具体。象与形而上的"道"相通，形与形而下的"器"相连。所谓笔象，就是书法所展现出来的一切可视的视觉形象的内在形式的综合，是在汉字形象基础上的抽象与概括，包含点画之象、结构之象、幅式之象、墨象等方面。在中国的书学理论中，蔡邕第一次把"形"和"象"作为美学范畴提出来："为书之体，须入其形，若坐若行，若飞若动，若往若来，若卧若起，若愁若喜，若虫食木叶，若利剑长戈，若强弓硬矢，若水火，若云雾，若日月，纵横有可象者，方得谓之书矣。"①形是外在的形状，而象指的是内在富有生命力的形式。笔象是书法审美的基础，它包含了点画之象、结构之象、幅式之象、墨象四个重要概念，以字形为基础，以笔法为核心。任何一个汉字均是由笔画和构架所组成，我们姑且称之为字形。印刷体中的字形是没有生命力的，没有美感可言，因为美感产生的条件不仅仅在于字形，还在于笔意的出现。笔象就是在汉字的构架上加上人的主观条件的影响而产生的。换句话说，就是个人通过笔法的训练之后所呈现出来的笔象，才是书法美感产生的基础，才是书法审美观照的对象。这时的笔象既带有书写者的个人实践，也带有观赏者的情趣。对这种情趣的把握就是书法欣赏的第二个层次——笔意。

②把握笔意

笔意就是由于书法家的个人实践而在笔象中产生的意趣与情调。对于个人而言，具有笔意的书法作品，其笔画之间相互呼应，字与字之间管领应接，整幅作品生机盎然。这就是古人所谓的"气韵生动"。这种"气"就是生机，它是通过笔法中的轻重快慢所形成的一种节律感体现。它是理解了笔法之后，通过对笔法、字法、章法、墨法的个人体验而呈现出来的一种对笔势、笔意的独到选择。沈尹默在《书法论·笔

---

① 华东师范大学古籍整理研究室. 历代书法论文选[M]. 上海：上海书画出版社，1979：6.

势》中说："笔法是任何一种点画都要运用着它,即所谓'笔笔中锋',是必须共守的根本方法;笔势乃是一种单行规则,是每一种点画各自顺从着各自的特殊姿势的写法。"①"法"字含有定局的意思,是不可违反的法则。势则处于活局之中,它在一定的法则下,因时地条件不同,就得有所变易。形是静止的,势是活动的,形是由变化往来的势交织而成的。凡实的形都是由虚的势所往来构成的。点画虽千姿百态,但不能离开势,"意"就是有"意味",由一定的势所呈现出的"有意味的形式"。著名美学家邓以蛰先生提出:"无形自不能成字,无意则不能成书。"②这句话里的形,就是带有了个人情感的笔象,它既将书法与汉字区别开来,又指出了书法艺术的灵魂就在于笔意的营造。

由"象"走向"意"的中介便是"势"。"阴阳既生,形势出矣。"形与势常常是联系在一起的。③康有为在《广艺舟双楫》中说:"古人论书,以势为先。中郎说九势,卫恒说书势,羲之说笔势;有形便有势,兵家重形势,拳术重扑势,义固相同。"④简言之,就是书法之"法"所呈现出的笔法、字法、章法是静止的形态,它是机械的,无趣的。要赋予生命和意趣就必须靠"势""意"来完成。有势就有生命力、感染力。势分笔势和字势。笔势来自线条本身的活跃力和线条的矛盾关系,主要靠呼应、起伏、提按来完成。字势是指字体之势,可以分为个体风格与群体风格两种。从个体风格的角度而言,每种字体均有不同的势。康有为云:"书学与治学,势变略同。周以前为一体势,汉为一体势,魏、晋为一体势,皆千数百年一变;后之必有变也,可以前事验之也。"⑤指的就是字体体势的时代特征与群体风格。

笔象与笔意的结合,使得书法这一概念立刻鲜活起来。但是经典的书法作品,光有这二者还不够,还必须具有一定的风格,最终产生意境,这种境界我们姑且称之为"笔境"。

---

① 沈尹默. 书法论丛[M]. 上海:上海教育出版社,1979:12.
② 邓以蛰. 邓以蛰全集[M]. 合肥:安徽教育出版社,1998:167.
③ 华东师范大学古籍整理研究室. 历代书法论文选[M]. 上海:上海书画出版社,1979:6.
④ 华东师范大学古籍整理研究室. 历代书法论文选[M]. 上海:上海书画出版社,1979:845.
⑤ 华东师范大学古籍整理研究室. 历代书法论文选[M]. 上海:上海书画出版社,1979:753-754.

③体会笔境

笔境是在笔格的基础上产生的，笔格指的就是书法风格。一般是指作品形式构成的审美效果，是一种风采、品格、格调特色。具体而言，就是指书家将其所掌握的字体及其运笔、结体的个性等通过书写而显示出的个人特色。它是书家才识、修养、功力的整合反映。从书法欣赏的角度而言，我们可以把书法的风格简称为笔格。书法作品的形式面目是笔格表现的集中点，书家主体的精神修养则是笔格的灵魂。书法欣赏活动中的"直观感知"侧重的就是对于笔格的形式层面上的把握。

书法风格大体可以归结为阴柔和阳刚两大类型。"大抵阳刚者气势浩瀚，阴柔者韵味深美；浩瀚者喷薄而出之，深美者吞吐而出之。"①概而言之，阳刚之美如雄浑、豪放、峭拔、俊健、刚劲、壮丽、粗率、古朴、老辣等，阴柔之美如含蓄、婉约、飘逸、平和、淡雅、醇和、圆熟、丰润、高远等。

意境理论是我们中国美学的一个根本性的问题，本书前文已有阐述。书法的境界可以称为笔境，可以分为三个层次，唐孙过庭《书谱》："初学分布，但求平正，既知平正，务追险绝；既能险绝，复归平正。初谓未及，中则过之，后乃通会之际，人书俱老。仲尼云五十知命也，七十从心，故以达夷险之情，体权变之道，亦犹谋而后动，动不失宜，时然后言，言必中理矣。"②清刘熙载《书概》云："学书者始由不工求工，继由工求不工。不工者，工之极也。《庄子·山木篇》曰：'既雕既琢，复归于朴。'善夫！"③

境界与风格往往是联系在一起的，正如王国维所说"有境界则自成高格"。汉字体势等形式面目首先表现出来的是笔格，笔格上了一定的层次，即书家具有了一定的审美修养，并在作品中得到了比较充分的反映，那么，这样的书法作品便显示出了一定的境界，即具有了笔境。换句话说，笔格是通过笔法呈现出的形质而展现，一定的笔格就会显示一定的笔境，笔境反映的是书家笔格所达到的高度，它表露的不再是客观景象，而是作者自身的内心精神境界。

例如，宋朱长文在《续书断》中赞颜真卿，他说："其发于笔翰，则刚毅雄特，

① 曾国藩. 求阙斋日记类钞卷下[M]. 清末刊本，1876：6-7.
② 华东师范大学古籍整理研究室. 历代书法论文选[M]. 上海：上海书画出版社，1979：129.
③ 华东师范大学古籍整理研究室. 历代书法论文选[M]. 上海：上海书画出版社，1979：714.

体严法备。如忠臣义士，正色立朝，临大节不可夺也。扬子云以书为心画，于鲁公信矣。"① 这前面一句是说颜书特有的书写风格，即笔格。后面一句则是讲由其特定风格派生的、显示出来的艺术境界，即笔境。

笔境与笔格既有联系，又有区别。笔格对于作者而言，如果低俗，其笔境也必定浅薄，它们之间是呈正比的，这是联系。其区别则是，笔格可有新旧，可有时代、地域之影响，但笔境没有新旧、地域、时代之别，只有层次上的高低雅俗之分。影响笔境的是作者的审美，是作者的思想。

综上所述，笔象是书法的基础，包含了点画之象、结构之象、幅式之象、墨象四个重要概念，它以字形为基础，以笔法为核心；笔意则是由笔象之门进入笔境的中介，包含了笔势与笔意两个重要概念，它以笔力为基础，以笔势为关键；笔境则是体会书法美妙的最终密码，它由笔意与笔格两个概念组成，以笔意为基础，以笔格为关键，象意交融的结果就产生了笔境。如果理解了以上观念，书法的审美最终得以完成。如下图所示：

书法审美图示

对于书法艺术的欣赏，因为个人的喜好及时代的审美趣味而变得复杂，很难达到一个统一的观点，但欣赏作为一种书法技能的重要组成部分，它与创作过程同样重要，书法家的创作过程可以让我们懂得如何选择合适的内容和字体以及创作的幅式，书法欣赏则是对书法创作过程的复原、评价与品味。

（2）经典书法艺术作品欣赏

欣赏作品：《兰亭序》（东晋王羲之）

魏晋后期，以羲献父子为代表的书家是书法史第一个行书艺术的高峰。自此，便形成了一个源远流长的"二王"行草书派——妍美俊逸的"魏晋风度"。《兰亭序》是为代表。

---

① 华东师范大学古籍整理研究室. 历代书法论文选[M]. 上海：上海书画出版社，1979：324.

《兰亭序》体现了一种飘逸之美。

飘逸的文化内涵是道家的"游"。叶郎先生指出，道家的"游"有两个内容：一是指精神的自由超脱。人的精神可以从一切实用利害和逻辑因果关系的束缚中超脱出来。二是指人与大自然的生命融为一体。"道"是宇宙的本体和生命，人达到体道的境界，就是"德"。"游"就是与天和，也就是后来司空图《二十四诗品》中说的"饮之太和"。"游"的这两个内容是互相联系的。人要达到"游"的精神境界，首先必须自由超脱，而这种自由超脱，又必须和"道"融浑为一，即和大自然的生命融为一体。道家的"游"的生命境界，表现为一种特殊的生活形态，就是"逸"。庄子的"以天下为沉浊""上与造物者游，而下与外死生、无私始者为友"，就是对"逸"的生活态度的一个说明。魏晋时期，庄学大兴，所以人们都"嗤笑徇务之志，崇盛忘机之谈"，就是要超脱世俗的事务，追求"逸"的人生。这种"逸"的生活态度和精神境界渗透到审美活动中，就出现了"逸"的艺术。在唐代李白的身上，凝结成一种体现道家"游"的文化内涵的审美意象大风格，就是"飘逸"。

我们读李白的诗，就会感受到一种自由超脱的精神力量。"大鹏一日同风起，扶摇直上九万里。假令风歇时下来，犹能簸却沧溟水。""长风破浪会有时，直挂云帆济沧海。"

"飘逸"作为一种审美形态，它给人一种特殊的美感，就是庄子所说的"天乐"的美感。分析起来，大概有三个方面的特点。一是雄浑阔大、惊心动魄。这是一种超越时空无所不包的大。二是意气风发的美感。庄子的游，是不受任何束缚的，是一种意气风发、放达不羁、逸兴飞扬的美感。三是清新自然的美感。庄子的游是"天地与我并生，而万物与我为一"的境界，也就是人与大自然融而为一的境界，这种境界也就是庄子所说的"物化"的境界。

王羲之的《兰亭序》就属于一种清新自然的飘逸之美。东晋永和九年（公元353年）三月三日，王羲之来到兰亭举行"修禊"之典，参加兰亭修禊的共计四十二人，有书法家、文学家，还有社会名流。大家即兴写下了许多诗篇。王羲之为这个诗集写了序文手稿——《兰亭序》。序文可以看出王羲之受老庄思想影响颇深。全文共二十八行，三百二十四字，章法、结构、笔法都很完美。王羲之的行书在当时独树一帜。历代书家都推《兰亭序》为"天下第一行书"。与汉、西晋的其他书法作品相比，《兰亭序》的书法风格最为明显的是用笔的细腻和结构的多变，王羲之以前的墨

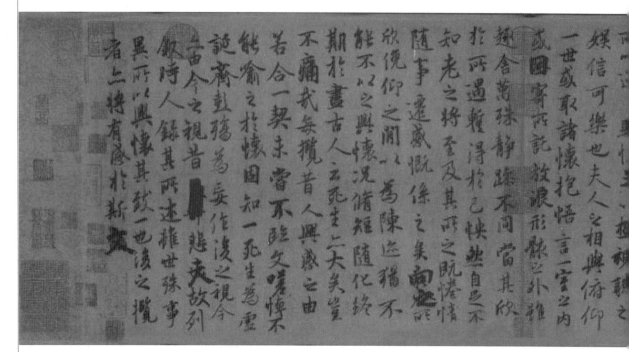

《兰亭序》

迹如西晋陆机《平复帖》、三国吴皇象《急就章》，古拙可爱，平淡冲和，颇见内敛之功，惜无清雅之巧。而存世汉简中虽然有一些笔画跌宕起伏、变化丰富的作品，它们在结构上又较为散乱而乏丽趣。王羲之综合了两者的优点，形成了一个技巧丰富和风格华美的特征。

《兰亭序》在用笔上具有两个特征。一是笔画的细腻。《山谷题跋》说："右军笔法，如孟子言性，庄周谈自然，纵说横说，无不如意，非复以常理待之。"如第五行的"映带左右"四字。"映"的右半部分中，三个横向笔画切入纸面的角度各不相同，细腻而复杂，横折的开头本来应该是顿笔，但在此处变成了露锋入笔，顿笔移到了折处，下面一横的收笔也是与常人两样，与撇画进行了微妙的连接。"左"字的末尾一横，提按明显；"右"字一横画在起笔部位有一个微小的顿。像这样的笔法在此帖中比比皆是，体现出了王羲之对于笔画处理的丰富技巧。二是线形的多变。线形的多变可以"带"字为例加以说明。"带"字头部四个竖画两直两曲，方向、曲度各不相同。从结构来看，虽然整体上看行轴线比较一致，但是它不甘平正、强调敧侧，不甘对称、强调揖让，不甘均匀、强调对比的特征一目了然。以"惠风和畅"为例，"惠"字的头部向左倾斜和"心"字重心转向右下角，造成了上下结构之间的一

种错位，各部分之间的中轴线由垂直变成了倾斜。而"风"字则利用横画的右上耸起，造成与"惠"字方向恰恰相反的一种效果。"和"字分为左右两部分，左部分长，右部分扁，形成了鲜明的对比。至于"畅"则形成了两个三角形的对立。于是我们在四个字中看到了结构的截然不同，这是王羲之有意为之还是无意如此呢？很难做出肯定的判断。此帖结字妍美多变，其中共有二十个"之"字，各不相同，由此可以看到王羲之在行书结体上的变化和技巧的丰富。此文为原文草稿，章法构成方面非常自然，涂改痕迹更增加了章法的不加修饰之美。总的来说，整幅作品笔法一致，首尾贯气，行与行之间呈现出一种渐变的相似，非常恰当地反映出了王羲之当时心手双畅的心情，不激不厉，风规自远，偶尔带着一丝淡淡的忧伤……此帖乃为优美的典范，"五合"的结晶……①

7. 音乐艺术

（1）音乐艺术欣赏要领

音乐是人类文化艺术的一个重要组成部分，是一种以音响、节奏、旋律、调性等为手段，在时间的流动过程中，通过概括性的比拟来展示形象、表现情思的艺术。

音乐欣赏要在了解音乐特点的基础上进行。

首先要知道，音乐是音响的艺术，是乐音通过时间流动给听者带来美的享受，而这种"流动"则是由不同的节奏、旋律、调性等要素有机结合而来。这是音乐艺术的基本特征之一。

---

① 柯汉琳. 大学美育[M]. 广州：广东高等教育出版社，2020：154–162.

节奏是一种音符组合的规律，一般一首作品都会有代表性的节奏型，这就基本奠定了音乐的律动风格和特点。

旋律是由音符的走向线条形成的，音乐中往往也会反复出现一些特点鲜明的旋律，如贝多芬《命运》的"命运敲门"的主旋律激昂有力，令人印象深刻。

调性则是音乐色彩的主因。常用的调式分为大调、小调、民族调式。调式决定音乐的色彩，如大调的音乐明亮开朗，小调的作品具有柔和、浪漫、暗淡等色彩，民族调式作品的民族风格突出，敏感的耳朵可以分辨出来这些音乐色彩的区别。

音乐艺术的表现手段是声音，这种声音有着与自然界的其他声音不同的一些特点。音乐的声音是非自然性的，是通过人的创造性艺术活动创造出来的音响，无论是一首简单的歌曲，还是一部规模宏大的交响乐，都渗透着作者的创作思维。杂乱无章的声音不是音乐。构成音乐意象的声音，是一种有组织、有规律的和谐的音乐，包括旋律、节奏、调式、和声、复调、曲式等要素，总称为音乐语言。这些创造性的因素，都是音乐艺术欣赏要掌握的知识。

其次，音乐既然是声音的艺术，只能诉诸人们的听觉，因此音乐是一种听觉艺术，音乐创造的艺术形象是听觉形象。但欣赏者在欣赏音乐作品的过程中，不仅仅通过想象去把握听觉形象，而且，欣赏者进行的不是单纯的听觉感受，而是整体的感受，通过联想和想象或通感的作用，也可引起视觉形象，进而产生如"见"的欣赏效果。

最后，在传达和表现情感上，音乐因为所采用的感性材料和审美形式——声音最合于情感的本性，可以更直接地"诉说"人的内心生活，表达人的情感。心理学的定向反射和探究反射原理告诉我们，听觉艺术较之视觉艺术更能直接地作用于人们的情感，震撼人们的心灵而被美学家黑格尔称为"心情的艺术"。①正如尼采所说："当语言文字枯竭了，无力表达艺术家的情感时，音乐就开始了。"②

音乐的表情性来自音乐对人的有表情性因素的语言的模仿。人的语言用语音、声调、语气、节奏、语速等表情手段配合语义来表情达意，而音乐的音色、音调起伏、节奏速度等表现手段能起到与语言的表情手段同样的作用。比如"喜悦"，它是人高

---

① 黑格尔. 美学（第三卷·上）[M]. 朱光潜，译. 北京：商务印书馆，2006：333.
② 尼采. 悲剧的诞生[M]. 杨恒达，译. 南京：译林出版社，2007：41.

兴、欢乐的感情表现。一般来说，这种感情运动呈现出一种跳跃、向上的运动形态，其色调比较明朗，运动速度与频率较快。表现"喜悦"的感情的音乐，一般也采取类似的动态结构，如民乐曲《喜洋洋》，用较快的速度、跳荡的音调等表现手段表达了人们喜悦的情感。

掌握了上述特点，就能有效地进行音乐欣赏了。

（2）经典音乐艺术作品欣赏

欣赏作品：《黄河大合唱》（冼星海）

《黄河大合唱》是我国音乐家冼星海最重要的也是影响力最大的一部大型合唱声乐套曲。1939年，冼星海去看望病床上的青年诗人光未然，听其朗诵《黄河吟》，讲述黄河呼啸奔腾的壮丽景象，乐思如潮，一个月之内就完成了该作品八个乐章及伴奏音乐的全部乐谱，写就了这一时代的中华民族的音乐史诗。

《黄河大合唱》以黄河为背景，由《黄河船夫曲》（混声合唱）、《黄河颂》（男高音或男中音独唱）、《黄河之水天上来》（配乐诗朗诵，三弦伴奏）、《黄水谣》（女声二部合唱）、《河边对口曲》（男声二重唱及混声合唱）、《黄河怨》（女高音独唱）、《保卫黄河》（轮唱）、《怒吼吧，黄河》（混声合唱）等八个乐章组成。

冼星海指挥鲁迅艺术学院合唱团排练《黄河大合唱》（1939年夏）来源：延安鲁艺文化园区管理办公室

第四乐章《黄水谣》旋律优美而悲伤，听者仿佛可以看到战争前黄河岸边的麦苗儿肥，闻到豆花儿香，感受到男女老少喜洋洋的场景。而音乐作品描述战争中侵略者的暴行让老百姓妻离子散、天各一方的悲惨，进而把聆听者的思绪带回那个战争年代，感受百姓的悲痛无助和愤怒，体现了音乐艺术以描写人的内心活动为直接表现对象的审美特征。

第七乐章《保卫黄河》，"风在吼，马在叫，黄河在咆哮"，以母亲河黄河的咆哮形象地比喻中国人民的同仇敌忾，表达了保卫黄河、保卫家乡、保卫全中国的决心和毅力，激昂的歌词和雄伟的音响效果让音乐具有强烈的动情性，欣赏者可以在感受音乐的音响美的同时投入和被带动情感。

第八乐章《怒吼吧，黄河》，"向着全中国受难的人民，发出战斗的警号！向着全世界劳动的人民，发出战斗的警号！"，一首合唱音乐作品，不是武器，胜似武器，吹响了统一抗击敌人的号角，像一把利剑，指引着全体军民，奋力冲向敌人，直到取得胜利。

如果聆听者进一步了解了中国抗日战争的历史，了解了冼星海写作这首作品的目的，体会到这部作品在战争年代给人民带来的震撼和激励，认识到这部音乐作品除了音乐艺术美之外，还具有重要的历史价值，这就达到了音乐欣赏的理智层面。

经过八十年的历史沉淀，《黄河大合唱》已经以其磅礴而优美的音响、宏伟的气势、丰富的精神内涵成了中国音乐艺术精品和中华民族坚强不屈的精神符号。

8. 文学艺术

（1）文学艺术欣赏要领

文学是一种语言的艺术，是以语言为媒介材料塑造艺术形象，表现社会内容，表达思想情感的艺术。文学语言不同于那种严格遵循语法要求的"语言系统"的语言，而是一种特殊的"言语"，即发生在人们的对话行为中的语言，这种"言语"具有情感性、审美性、个性和创造性。所以，文学也被称为"言语艺术"。

文学作品从性质上（反映生活的内容或谓描写对象和塑造形象的方式）分为叙事类、抒情类和戏剧类三大类；从存在形态上即从体裁上一般分为诗歌、散文、小说和戏剧四种。

文学作为一种语言的艺术，它的特点主要有：

第一，艺术形象的非直观性。文学是一种以语言为媒介的艺术（或言语艺术），而语言是抽象的符号，它不像建筑、雕塑、舞蹈、绘画、戏剧、影视等采用的媒介材料那样具有直观可感性，因此文学创造的艺术形象具有非直观性的特点。读者必须在阅读文本、捕捉语言承载的生活信息的基础上，通过想象，才能再现出隐藏于语言背后的艺术形象，达到如见如闻的效果。因此，文学作为语言艺术，"可以说是想象的艺术，文学正是利用联想与想象的特点，来取得巨大的艺术效果"①。

必须指出，文学语言是一种对语言系统变形的语言，且常常运用多种修辞手法，如隐喻、暗喻、象征、借代等，所以文学形象所蕴含的思想感情和意义往往具有模糊性、多义性。

第二，反映生活的丰富性。相较于其他艺术采用的媒介，语言的表现功能是最多方面的，语言可以直接表现任何生活现象。无论是外部世界的生活还是人的内心世界的生活；无论是过去的历史的生活还是当下的生活，甚至想象中未来的生活；无论是某一简单的生活片段还是复杂宏大的历史事件，语言都可以去描写它、表现它，而且可以多方面、多角度、多层次地，不受空间和时间限制地描写它、表现它。这正是文学反映生活的丰富性的特点。

第三，超越现实的虚构性。韦勒克认为，"文学的核心性质是虚构性"②。文学是作家的创造，作家往往以生活题材和经验为摹本，在现实的基础上，通过发挥想象力，虚构创造出文学的形象、故事、情节等，不但可营造超越现实的感性世界，增强文学艺术性，而且可以传达作家对生活的理解和对真理世界的追寻和理想。语言多方面的表现功能使文学更具有虚构创造的长处，虚构性是文学的重要特征，是文学作为艺术区别于其他非文学艺术的主要特征。

要指出的是，不同种类、不同体裁的文学作品具有不同的特征，例如在语言上，小说语言多口语化、日常生活化，而诗歌语言讲究韵律，具有音乐性等。

根据文学的一般特点，文学欣赏可以从感知艺术语言—重构艺术形象—体悟艺术意蕴三个层次逐步深入。

①感知艺术语言

欣赏活动往往基于知觉与感知心理的直观感受。对文学作品的语言进行感受和

---

① 柯汉琳. 大学美育[M]. 广州：广东高等教育出版社，2020：215.
② 勒内·韦勒克，奥斯汀·沃伦. 文学理论[M]. 刘象愚，等译. 杭州：浙江人民出版社，2017：14.

理解，是文学欣赏的第一步。如上所述，文学语言具有多义性，往往是日常语言的变形，常用隐喻性、暗示性、象征性语言，如诗歌的语言。鉴赏文学作品，首先要了解文学作品中的语言的含义，对其承载的生活信息进行组合，再现作品中的艺术形象，而这个过程有赖于欣赏者的想象。就是说，要"在想象中产生形象的感知，将作品中的艺术形象图画似的再现于脑海之中，才能进入审美鉴赏"[①]。

②重构艺术形象

艺术形象的重构，源于读者鉴赏时头脑中的艺术形象与文学作品中的艺术形象的差异性，以及这种差异性所造成的艺术鉴赏的变异现象。文学作品鉴赏中，鉴赏者要将主体精神融入作品，对作品中的艺术形象进行重构。卡西尔说："从某种程度上可以说，如果不重复和重构一件艺术品借以产生的那种创造过程，我们就不可能理解这个艺术品。"[②] 这种重构，要求读者从语言、文字符号的解读入手，在整体感知的基础上，进一步想象、联想和创造，它是一种复杂的心理过程的结果，通过唤起表象之间的联系，再现并创造出新的艺术形象。接受美学认为，文学文本就是一个"召唤结构"，它期待着读者在阅读中进行创造性重构。阅读、欣赏的过程就是艺术形象的重构过程。艺术重构不是简单、粗暴地解读艺术形象，而是不脱离文学作品的艺术形象，符合艺术规律地进行艺术形象的重构。

③体悟艺术意蕴

艺术意蕴指的是艺术作品所蕴含的深层意义。艺术意蕴体悟是文学鉴赏的最高境界。艺术意蕴体悟是鉴赏者在文学鉴赏过程中获得的最高的审美体验，是一种情景交融、物我一体的艺术境界。体悟艺术意蕴的过程依次体现为共鸣、顿悟和净化。

共鸣是鉴赏过程中鉴赏者与艺术形象的情感共振。共鸣与鉴赏者特定的社会经验有密切的联系，在意蕴体悟中，鉴赏者需把自己的生活阅历与经验、审美情感与意愿融入文学作品，共鸣往往伴随着强烈的情感活动与丰富的想象活动。

顿悟是鉴赏者在充分理解文学作品的基础上产生的瞬间飞跃。鉴赏者在鉴赏活动中，需要一种直觉性思维，同时需要有觉悟性，在鉴赏高品质文学作品的时候，主客

---

① 柯汉琳. 大学美育[M]. 广州：广东高等教育出版社，2020：219.
② 恩斯特·卡西尔. 人论[M]. 甘阳，译. 上海：上海译文出版社，1985：189.

二者达到高度契合，产生一种突如其来、豁然开朗的审美体验，即顿悟。

净化是鉴赏者通过鉴赏活动，去除杂念、提升人格、自我教育并升华的审美境界。净化不是说教，而是在共鸣与顿悟的基础上，鉴赏者与文学作品所达到的精神的沟通与震撼，进而激发人心灵中潜藏着的真、善、美，不由自主地进入超凡脱俗的审美境界，真正体悟艺术意蕴。

（2）经典文学艺术作品欣赏

欣赏作品：《无题》（唐代李商隐）

无题

相见时难别亦难，东风无力百花残。

春蚕到死丝方尽，蜡炬成灰泪始干。

晓镜但愁云鬓改，夜吟应觉月光寒。

蓬山此去无多路，青鸟殷勤为探看。

结合上面关于文学艺术鉴赏要领的阐述，我们选择晚唐诗人李商隐的一首七言律诗《无题》进行赏析。

诗歌史上，李商隐的重要贡献在于创造性地扩大了诗的抒情艺术。他的诗，语言精美，情韵兼胜，意蕴幽微，旨趣遥深，富有朦胧之美。而最能表达他这种诗歌风格的作品，是他的一组七言律诗，其中以《无题》诗堪称典范。

诗题以"无题"命名，这在诗歌史上是一个首创。李商隐的这类《无题》诗并非写于一时一地，多数描写爱情，或别有寄托，至于具体所寄托之事，无一定论，一般将这首诗视为爱情诗的名作来欣赏。

首先，从语言看，诗歌语言具有朦胧性和多义性。首联写爱情受阻的心境。"相见时难别亦难，东风无力百花残"，写"东风"和"百花"两个意象，一是"无力"，一是"残"，点出了爱情在本该充满希望的春天里却竟然受阻，形成对比。颔联写饱受相思之苦的悲绝。"春蚕到死丝方尽，蜡炬成灰泪始干"："丝"即"思"，使用谐音，暗指相思亦如春蚕吐丝、丝尽而亡一般至死不渝；"泪"，一语双关，表面上指蜡炬之泪，实际上写自己为爱情伤的相思之泪。颈联拟写彼此相思的情形。"晓镜但愁云鬓改，夜吟应觉月光寒"："云鬓"，运用比喻修辞格，以女子的秀发喻青春年华；一

"愁"一"改"，写出了古代女子"女为悦己者容"的情状，一"觉"一"寒"，以有悖常理的感受，写出了凄凉的处境。但诗人放弃了吗？没有。尾联"蓬山此去无多路，青鸟殷勤为探看"中，"蓬山""青鸟"两个意象，源于神话传说，分别比喻意中人居住的地方和传递佳音的女信使，诗人借此表达了对真挚的爱情充满热切的希望。读者要从诗歌语言的隐喻、含蓄描写和表达中去感知诗歌的朦胧之美。

其次，在感知诗歌艺术语言的基础上，融入主体精神，重构艺术形象。读者通过对"东风""百花""春蚕""蜡炬""晓镜""云鬓""月光""蓬山""青鸟"等意象的感知与理解，从片段到完整、从部分到整体，在头脑中唤起一系列陷入爱情中的男女主人公的形象，在这些表象的联系中，通过再现，创造出自己认识到的悲情的艺术形象，"明知相见无期，明知厮守无望，却依然眷恋，依然追求，情愿独自忍受一生的痛苦折磨，至死不渝"[①]，乃至于，读者在诗中男女主人公的真挚而受挫的爱情中看到了自己或身边人的影子。

最后，在感知诗歌艺术语言、重构艺术形象的基础上，体悟艺术意蕴。诗歌由景入情、情景交融，诗中主人公缠绵、执着而又凄凉，其真挚的爱情是人类共同的理想与追求，诗中淋漓尽致、感人肺腑的情感，具有颤人心弦的力量，往往使读者产生情感的共鸣。诗中主人公在绝望中并没有放弃，虽然彼此无路可通，可望而不可即，却寄希望于殷勤的信使代他去探看情人，在渺茫中心存希望。当读者意识到这些希冀时，就是顿悟。接着，读者从诗中男女主人公对爱情的执着而乐观的追求中，深受教育，摈除杂念，提升人格，净化心灵，在物我一体中，进入一种超越功利的审美境界。这就是伴随着共鸣、顿悟而达到的审美极致。

9. 戏剧艺术

（1）戏剧艺术欣赏要领

戏剧是一种由文学（剧本）、音乐、舞蹈、绘画以及灯光艺术等综合而成的综合艺术，是通过演员的舞台表演达到反映生活的叙事目的的表演艺术。戏剧活在舞台上，所以也称舞台艺术。戏剧的表演形式多种多样，常见的包括话剧、歌剧、舞剧、

---

① 方志宏. 文学鉴赏[M]. 北京：高等教育出版社，2013：32.

音乐剧、木偶戏、皮影戏等。在地域上有中国戏剧和西方戏剧，在时间上有传统戏剧和现当代戏剧，在题材上又分为喜剧、悲剧和荒诞剧。戏剧演员通过各种形式的表演，对历史、文学中的故事进行充分的演绎，使观众透过故事情节和戏剧的表演艺术，去领会戏剧中的历史文化和精神思想，感受戏剧的艺术之美，从而厚植美育的土壤。

①品味戏剧语言之美

在古今中外的戏剧之中，戏剧语言一直充当着客观叙事和主观抒情的主体，戏剧角色通常以语言去推动情节的发展。因此可以说，在戏剧中，语言就是一切。戏剧语言具有个性化、动作化特点，欣赏过程要通过语言去把握人物性格和情节发展；同时要注意不同内容的戏剧其语言风格各不相同。戏剧的语言通常融合了通俗化语言及富有文采的书面语言，雅俗兼备，既有生活气息，又具有文学底蕴，能够给学生提供丰富的审美资源。教师可以通过课堂情境的创造，带领学生进行戏剧语言的探究及情景演绎，走进人物语言和戏剧旁白之中，去体会戏剧语言的优美措辞、不同风格的语言特色以及故事讲述和情感表达的语言呈现形式，带领学生领略文字之美，提高审美感受能力。

②感受舞台呈现之美

戏剧舞台呈现能够带给学生最直接的视觉冲击，在戏剧表演艺术中，舞台的场景布置，服装、道具的使用，以及人物的神态动作都是戏剧舞台呈现的一部分。舞台的场景布置、服装、道具等通常都会契合戏剧的时代背景，以及戏剧故事发生的背景、人物身份等，具有时代气息，让学生充分了解当时时代的审美特点。而在人物的演绎技巧中，学生可以进一步通过人物的神态动作去领会人物内心的情感和故事的情节发展，从而去领略其中所呈现出的肢体艺术和表演艺术。所以，在舞台呈现这一部分，教师可以着重带领学生去感受戏剧的"道化服"及演员表演中的艺术之美。

③体会戏剧冲突与思想文化之美

戏剧冲突也称为"冲突律"。对于戏剧而言，曲折的情节和充满戏剧性的冲突是不可或缺的，也往往是戏剧中最引人入胜之处。戏剧通过冲突来推动情节的发展，将故事推向高潮，同时也体现着人物思想情感的变化。所以，没有冲突就没有戏剧，在一部戏剧之中，作者通过冲突将时代的各种典型特质突显出来，塑造了各类典型的人物形象，也将作者自身的情感融入其中。教师在带领学生欣赏戏剧艺术时，更应当带领学生去感受戏剧中表层的或深层的戏剧冲突，让学生走进那个时代，去体会时代的气息以及作者所传达出来的情感、品质，在对作品的审美体验中，在对作者的情感关照之下，形成积极健康的审美取向，建构正确的人生观和价值观。

（2）经典戏剧艺术作品欣赏

欣赏作品：《玩偶之家》（〔挪威〕易卜生）

戏剧是综合艺术。美国剧作家阿瑟·米勒也说过，戏剧的使命是探究社会生活中的人们如何能够生活得更好这一永恒的命题。从戏剧的内容上看，戏剧呈现的是人生命中最重要的瞬间，它主要是通过演员塑造的角色，在舞台上来探讨人类生活的状态。在戏剧作品中所谓重要的瞬间指的是舞台上人物情感生命最丰富的时刻，它能够再造我们日常的、丰富的生命状态和情境。易卜生的《玩偶之家》正是把握住人物情绪的最高点，从矛盾冲突中体现男人、女人对生命的理解不同，和他们对美好生活同样的向往。《玩偶之家》戏剧导演也指出这是女主人公娜拉觉醒的过程，也是观众们认清自己和自己生存环境的过程。有些戏剧可看，有些戏剧可思，这就是戏剧的魅力。

《玩偶之家》是"现代戏剧之父"易卜生的作品，剧中主人公娜拉和海尔茂的人生，百余年来，也一直在我们的生活中不断上演。

戏剧采用插叙的方式，设置悬念，前半段展示的是娜拉轻松幸福的家庭生活，身为妻子，娜拉心甘情愿为丈夫付出所有，对丈夫更是言听计从。娜拉的丈夫海尔茂则称娜拉为"我亲爱的小鸟"，他希望她每日唱歌跳舞，做一只无忧无虑亦不会"思考"的天真单纯的小鸟。但生活并非一直平静的，他们看似和谐美满的婚姻很快面临一场考验。之前为了给丈夫治病，出于无奈的娜拉擅自和丈夫的"死对头"柯洛克斯泰借了一笔高利贷，并伪造父亲的亲笔签名。她并没有和海尔茂坦白这笔钱是借柯洛克斯泰的，而是谎称是父亲借钱给她的。海尔茂大病初愈上任银行经理后，便辞退了柯洛克斯泰。丢掉工作的柯洛克斯泰深知海尔茂重视名誉与社会地位，为了报复他，就把娜拉借高利贷、伪造签名的事情写信告诉海尔茂，最终造成海尔茂夫妻分手。但我们分析可知，娜拉和海尔茂最终分道扬镳的原因，并不是海尔茂那几句伤人的话，而是他们的相处之道。娜拉和海尔茂之间的冲突正是这部戏剧最主要的冲突。他们之间关于男权思想和女权思想的交锋是围绕妇女在家庭和社会中的地位和权利来展开的。海尔茂将妻子视为自己的附庸，并没有给予妻子平等的尊重；而娜拉不甘心充当丈夫的玩偶，想要争得同男子一样的权利，故而二者之间爆发了激烈的冲突，这也启发观众对自己生活处境的反思。

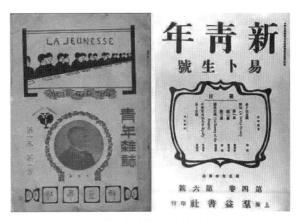

《新青年》杂志封面

人物的内心冲突也是这部戏剧矛盾冲突的重要表现形式。就如2019年在中国国家话剧院上演的戏剧《玩偶之家》开头，娜拉快活地吹着泡泡，这暗示着娜拉对生活抱有幻想，对爱情婚姻怀有浪漫主义期待。易卜生在创作时擅长描写人物的内心冲突，如娜拉在受到柯洛克斯泰的要挟之后，既害怕海尔茂知道，又期待奇迹会发生。这些心理活动的表现使人物丰满立体，更具魅力，又使得剧情跌宕起伏，引人入胜。

戏剧结束时，娜拉对海尔茂说了声"再见"，便拿起手提包从门厅走了出去，观众只听见楼下"砰"地传来关门声，幕就落了。这"砰"的一声既宣告了戏剧的结束，又唤起了新的悬念，即娜拉出走后会怎样。这就引发了大家的思考，从而加深人们对作品主题的理解，拓展了戏剧的表现外延。

10. 影视艺术

（1）影视艺术欣赏要领

影视艺术是一种运用现代科技手段，以蒙太奇、声音、画面、故事情节为表现手法，通过使用移动图像塑造视觉形象，表达思想感情，从而实现视觉和听觉观赏的现代艺术的综合性视听艺术。影视艺术包含了建筑、音乐、舞蹈、绘画、书法等艺术形式。

影视艺术的审美特征主要有：

第一，视、听觉的感官性。影视艺术是视听艺术，影视是通过画面和音响效果，直接作用于观众的视觉和听觉，观众通过视、听觉感知影视作品形象，感知影视作品中的叙事、抒情、表意，通过视、听觉享受艺术，获得审美愉悦。

第二，时空再造的无限性。影视艺术是时间和空间艺术的综合体。从内容和组织表达来说，"电影能够最大限度地摆脱现时空的束缚，具有极致的时空灵活度和重构性"①；从某种意义来讲，"电影是时空的艺术，时空是电影主要的表现手段和审美特征之一，电影的时空表现可以实现无限的可能性"②。从时间来看，影视中的时空表现形式是灵活的，观众并不需要真正进入影视的时间，影视中的时间可以无限变化，观众可以随着摄像机的运动，不断转换时空，从而把握现在、过去、未来的时空，体会影视艺术时空再造的无限性。

第三，故事与形象的假定性。影视艺术都来源于生活，真实性是影视艺术的生命。逼真性和写实性是影视最基本的审美特征。普多夫金说："电影是这样一门艺术，它为力求现实主义地再现现实提供了最大的可能性。"③但观众在欣赏影视作品时，心里预设的前提是，这是一个虚构的故事。因为，"电影虽然可以逼真地再现客观世界的影像和声音，却不能对客观世界进行完全镜像式重复再现"。因此，"与电影艺术逼真性相对立又相联系的是电影的假定性"④。假定性，即艺术虚构，包括故事与人物形象的虚构，影视中的故事及故事中的时间、地点、人物、事件都非现实存在。

第四，画面的运动性。与其他视觉艺术相比，建筑、雕塑、绘画是静止、凝固的艺术，而电影是运动的视觉艺术。运动性是影视最典型的审美特征。雷内·克莱尔说："如果确实存在一种电影美学的话，那么，这种美学是在法国，在卢米埃尔兄弟发明摄影机和影片的同时诞生的，这种美学可归结为两个字，即'运动'。"⑤影视画面的运动性，以有节奏性的视觉运动，最具美学特性与魅力。电影画面运动的节奏性包括摄像对象、摄像机的运动、蒙太奇运动等。

影视艺术家要充分发挥影视艺术特性，展现影视艺术的真实性、生动性与审美性。

---

① 柯汉琳. 大学美育[M]. 广州：广东高等教育出版社，2020：256.
② 李伟权. 影视鉴赏[M]. 北京：清华大学出版社，2018：7.
③ 普多夫金. 影片中的演员[A]// 普多夫金论文选集[C]. 罗慧生，译. 中国电影出版社，1982：170.
④ 李伟权. 影视鉴赏[M]. 北京：清华大学出版社，2018：11.
⑤ 巴拉兹. 电影美学[M]. 何力，译. 北京：中国电影出版社，1978.

对影视艺术进行欣赏，主要把握以下两个要点：

①影视语言

影视语言包括画面元素、声音元素、蒙太奇与长镜头。画面元素借镜头以构图，表现某一特定的主题内容和视觉效果，并通过视觉运动，反映主题风格，形成镜头语言。画面元素中，色彩与影调是重要元素。电影的色彩基调，能够引发写实、写意和写情三个层次；根据明暗分布的不同，影调上的高调与低调、软调与硬调、暖色调与冷色调等，能展示不同影视的画面信息及其效果，给观众不同的审美体验。

声音元素是解读电影的一个重要密码。影视的声音包括人物的对白、音乐和其他各种效果声，这些声音在影视的主题与内容揭示中，起到表意传情的作用，它是沟通影视与观众的直接桥梁。

蒙太奇和长镜头是影视中不可或缺的表现手法。蒙太奇手法将碎片化的拍摄材料剪辑成为更具思考性、更有深度的镜头，营造影视画面效果。电影理论家爱森斯坦说："将对列镜头组接在一起时，其效果不是两数之和，而是两数之积。"蒙太奇常用的镜头拼接手法有切、划、圈、拉、淡入、淡出等，其中以"切"为最多，蒙太奇手法能让影片产生抒情、叙事和象征等多重效果。

长镜头更具真实感，它擅长将真实的故事进行超现实记录，能展示时空连续的完整性，将客观的事件、完整的现实还原给观众，以更好地展示影视的纪实功能。

②影视叙事

电影的叙事包括人物角色、结构框架、矛盾冲突三个要素。欣赏一部电影，观众往往首先捕捉的信息是电影讲了一个什么故事，故事中的人物如何。其次是故事是怎么讲的，故事中的矛盾是如何展开的。

成功的人物塑造，往往建立在造型的基础上，是典型而有代表性的，影视通过塑造典型的人物形象，以表现主题。对影视人物的鉴赏，除鉴赏人物角色、类型外，还要分析人物的妆容、服饰、表演，以及人物间的关系。

结构是展现故事的内部框架。电影结构呈现出整体性、立体性与层次性等特征。[①]影视的结构，是评价一部电影是否优秀的根本因素。鉴赏影视的结构，包括布局的矛

---

① 李伟权. 影视鉴赏[M]. 北京：清华大学出版社，2018：24.

盾冲突、人物的反应、敌对势力的相互进攻，以及高潮、结局等。

冲突是构成故事情节的基本因素，是电影叙事的灵魂。影视一般围绕一个主要冲突而展开，表现为起承转合，围绕情节段落，把故事推向一个又一个高潮，并在最后的高潮处结束全剧。

（2）经典影视艺术作品欣赏

欣赏作品：《海上钢琴师》（〔意大利〕朱塞佩·托纳多雷导演）

电影《海上钢琴师》是意大利导演朱塞佩·托纳多雷导演的一部剧情长片，该片1998年10月28日在意大利上映，2019年11月15日在中国大陆上映。影片以主人公朋友马克斯的视角，讲述了一位名叫"1900"的音乐天才传奇浪漫的一生。1900的一生未曾离开过"弗吉尼亚"号邮轮，他是现实与理想的化身，在自我选择、坚守、归宿的探求中，最终永远与船一起融入无尽的大海中。影片极具浪漫主义色彩，主题内涵隐晦，文本解读具有多义性色彩。影片上映的1998年，正处于世纪末，主人公取名1900正含此意，《海上钢琴师》被称为世纪回眸之作。

黑格尔说："真正不朽的艺术作品，当然是一切时代和一切民族所能共赏的。"作为经典文艺片，《海上钢琴师》不以炫人耳目的画面、令人惊心动魄的特技、惊险刺激的情节为卖点，而以深厚的人文关怀和生命哲理为看点，打动人心，演绎不朽。欣赏影片，有利于培养鉴赏者的审美能力，塑造审美人格。

鉴赏这部电影，首先，我们从其电影语言入手。

从画面看，影片画面唯美，色彩搭配出彩。影片的背景是大海，主色调是蓝色，隐含着人类对大海的敬畏与感恩；画面的第二个主色调是黑灰色，故事从1900出生后被遗弃开始讲述，那里充满着陈旧和污渍，黑灰色暗示着沉重的时代感；金色是第三

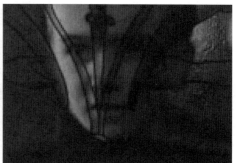

电影《海上钢琴师》剧照

个重要的色调，1900在船上弹奏钢琴曲时，船上金碧辉煌的富人生活场景，描绘出悠闲享受的生活场景。色调搭配的主次之分，有利于推进情节的发展。

从声音看，影片所展现的人物的语言和音乐的声音都独具特色。

一是人物语言。主人公1900的语言抽象而富含哲理。比如"城市那么大，看不到尽头"，"我生于船，长于船，世界千变万化"，"琴键是有限的，你才是无限的"，"陆地对我来说是一艘太大的船"等。影片中人物的语言与现实生活的语言存在一定的差距性。比如，人物的独白。影片以1900的一段长达5分钟的独白结尾，在船即将炸毁之际，1900用晦涩的语言解释了自己为什么不下船，观众只有读懂它的内涵，才能与之共鸣。

二是音乐。影片以钢琴曲为音乐背景，穿插了多次1900的钢琴演奏，其中有三个场景的钢琴曲意蕴悠扬而深刻。一个是钢琴曲 *Magic Waltz*（《神奇的华尔兹》），韵律优美、浪漫而令人心旷神怡，马克斯遭遇晕船，1900用移动的钢琴弹奏了一曲轻松愉悦的旋律，治愈了马克斯的晕船症；一个是技艺高超的四手联弹钢琴曲 *Enduring Movement*（《不朽的乐章》），1900以高难度的绝技还击了傲慢的爵士乐鼻祖Jelly（杰利）的挑战；还有一个场景是缠绵悱恻的 *Playing Love*（《爱的奏章》），是坠入情网的1900为心中女神即兴谱写的优美而充满深情的乐曲。三个音乐场景环环相扣，塑造人物，渲染气氛，突出主题。

三是蒙太奇和长镜头。影片运用了平行、颠倒、复现、连续、心理等蒙太奇手法。影片主要运用的是平行蒙太奇，以马克斯多年后回忆中的1900和现实中的马克斯寻找1900的下落而展开双线交叉、分别叙事，最后汇成一个完整的故事，完整展现1900传奇的一生。在镜头的运动上，影片用一组缓慢的长镜头，营造出了一种诗一般的舒缓、优美的情境，以完整展示剧情。

其次，鉴赏《海上钢琴师》的叙事艺术。

第一，从人物角色看，《海上钢琴师》的主角是1900。弃婴1900暗示了"人经历由'无根'向'有根'渐变、由'抽象'向'现实'跃迁、由'工具'向'目的'升华的典型，以此为实证材料澄清人的存在、人的本质以及人的价值的真实所指"[①]，

---

① 高鹏飞.《海上钢琴师》中人物形象的透视分析[J]. 电影评介，2020（21）：62-65.

1900是一个有着命运与性格双重悲剧典型的高贵的悲剧形象，他是人类永恒孤独的象征，角色具有象征意蕴。观众在鉴赏影片时，需要一定的审美鉴赏力与判断力，以理解影片主题。

第二，从结构框架看，影片分三层叙事。第一层讲述了小号手马克斯与好友1900之间的难忘故事，为寻找1900埋下伏笔；第二层讲述了1900传奇一生的故事；第三层讲述了一个不幸的人从大海中看到希望的故事。

影片采用"双线"叙事，一条以过去的回忆为线索，讲述马克斯穷困潦倒的情状和对1900的营救过程；另一条以现在为线索，通过讲述马克斯找寻1900的过程，展现1900的成长经历和心路历程。两条主线共同推进，揭示了1900传奇而悲剧的一生，最后两条线索自然会合，透过悲剧的结局，表现了对心灵自由的向往和追求。

第三，从矛盾冲突看，影片演绎了两个冲突。首先是人物命运中理想与现实的冲突。1900说："如果你走上陆地，你就再也听不到那样的音乐。"揭示了理想与现实永远无法两全的矛盾冲突。其次是影片中所展现的两种对立世界之间的冲突。一个是以1900所在的"弗吉尼亚"号为象征的海上世界，另一个是以马克斯与"游客们"为代表的陆地世界，展现了陆地与海洋、动摇与坚守、流俗与叛逆、欲望与无欲对立的矛盾关系，并在矛盾对立中指向未来。

可以说，《海上钢琴师》无论在电影主题，还是艺术形式上，都充满了传奇性。

阅读
推荐

作为一名美育教师，美育的水平、能力的提高离不开读书，离不开阅读美育理论及相关的学科理论知识的书籍，没有一定的阅读量就不具备起码的美学素养，也就不可能更好地承担学校美育的重担。

作为专业教师，必须尽可能广泛阅读美学或相关的中外古今的经典著作，如亚里士多德的《诗学》、鲍姆加登的《美学》、康德的《判断力批判》、黑格尔的《美学》，中国的《诗序》《乐记》《诗品》《文心雕龙》《二十四诗品》等，但作为中小学教师，不必要也不可能广泛涉猎，可以有选择、有重点地阅读。

美学史上，美育及相关理论和知识的书籍汗牛充栋，下面分类介绍、推荐部分著作供阅读参考。

（一）美育、美学理论及相关著作概说

美育、美学理论及相关著作，我们分为几类介绍。

（1）美育学与美学原理类

美育学或美学原理指的是关于美育或美学的有一定体系的基本理论和基础知识。美育学方面的著作有席勒的《美育书简》，史密斯的《艺术感觉与美育》，中国曾繁仁的《美育十五讲》、杜卫的《美育论》、杨恩寰的《审美教育学》、张法的《美育教程》等；还有专门的大学美育教材，如黄高才的《大学美育》，柯汉琳、林钰源的

《大学美育》等。美学原理方面的著作就不胜枚举了，可以把鲍姆加登的《美学》、黑格尔的《美学》等列入美学原理的范围，但这些著作并非美学基本的、基础的理论"编著"，而是专门化的学术研究论著，克罗齐的《美学原理》，阿多诺的《美学理论》、帕克的《美学原理》等大体也如此。中国当代的美学原理基本是"编著"，即吸收中外古今相关的美学基本理论和基础知识，编写形成一定体系的著作，多作为高校教材使用，如王朝闻主编的《美学概论》、蔡仪主编的《美学原理》以及后来蒋孔阳、朱立元主编的《美学原理》、叶朗的《美学原理》、滕守尧的《美学十五讲》、尤西林主编的《美学原理》、柯汉琳的《美学原理》等。

这些美育学或美学原理著作，有的是某一学派的理论观点，有的是个人的一家之言，但都有一定的影响力，或受到比较广泛的认同。例如"文革"后第一部高校美学教材——王朝闻主编的《美学概论》，基本上就属于当代中国以李泽厚为代表的"美是实践的产物"的"实践派"美学观点，后来多数美学原理著作也可以说属于这个派别；蔡仪主编的《美学原理》则是属于以蔡仪的"客观美论"为旗帜的美学派别的美学观点。这两本美学概论、原理产生了广泛、深刻的影响。

此外，有的著作是就某一美学的基本理论问题撰写的有一定系统知识体系的专著，也可列入原理类，如席勒的《秀美与尊严》、贡布里希的《艺术与错觉》、桑塔亚那的《美感》、里德的《艺术的真谛》、朱光潜的《悲剧心理学》等。

（2）美育与美学史类

美育与美学史类著作指的是对西方或中国美育、美学发展历史的主观描述（目前还没有世界通史类的美育与美学史）。美育史方面，中国有曾繁仁主编的《中国美育思想通史》（九卷本）、陈育德编著的《西方美育思想简史》、涂途编著的《西方美育史话》等。西方美学史方面，西方有鲍桑葵的《美学史》、李斯托威尔的《近代美学史评述》等；中国当代有朱光潜的《西方美学史》（上、下卷）、蒋孔阳的《德国古典美学》、朱立元主编的《现代西方美学史》、朱狄的《当代西方美学》等。中国美学史方面，有李泽厚和刘纲纪的《中国美学史》（第一、二卷）、李泽厚的《美的历程》、叶朗的《中国美学史大纲》、朱志荣的《中国美学简史》、杨存昌主编的《中国美学三十年》、祁志祥的《中国现当代美学史》等。这些美学史著作所述有的分别是西方和中国的美学通史，有的是各自的断代史。还有就某个美学问题撰写的美学史书，如艾柯的《丑的历史》等，中国的如谢柏梁的《中国悲剧史纲》等。

（3）美育与美学散论类

美育与美学散论类著作指的是不以建构原理体系为宗旨（当然也有内在的逻辑体系）的单篇论文结集，或采用散文、随笔的书写形式的美学文集。这类著作不计其数，目不暇接。前者如李泽厚的《美学论集》、蔡仪的《美学论著初编》、吕荧的《吕荧文艺与美学论集》、高尔泰的《论美》、周来祥的《论中国古典美学》；后者如朱光潜的《谈美》、宗白华的《美学散步》等。阅读这些论著可以加深我们对美学原理、美育原理和艺术的理解，有助于我们对美育、美学相关问题的学术思考和探究。

（4）艺术史类

指的是对西方或中国艺术发展历史的主观描述的著作。艺术史是美学史的书写基础和主要对象，不了解艺术史就谈不上懂得美学史，当然也不可能理解美育学和美育实践的历史。学习、了解艺术史，是美育教师提升自己的审美素养、艺术素养的重要途径，也是上好美育课特别是上好艺术教育课的重要条件。

艺术史著作同样不计其数，有西方艺术史、中国艺术史、其他各国艺术史，有古今通史，有断代史，有各种艺术综合描述的发展史，有专门就某种艺术进行描述的历史，种类繁多，内容五彩缤纷。比较著名的西方艺术史著作有詹森的《艺术史》、贡布里希的《艺术的故事》，中国艺术史方面的著作有王朝闻的《中国美术史》、苏立文的《中国艺术史》，还有张法的《中国艺术：历程与精神》、意公子的《大话中国艺术史》等都值得阅读。艺术门类史方面，有梁思成的《图像中国建筑史》、潘天寿的《中国绘画史》、迟轲的《西方美术史话》、范梦的《东方美术史话》、周维权的《中国古典园林史》、王子云的《中国雕塑艺术史》、欧建平的《外国舞蹈史及作品鉴赏》等。

下文我们根据中小学教师的实际情况和美育课程的要求介绍12本著作供参考阅读。

（二）美育理论及相关著作阅读推荐

1. 美育学与美学基本理论

〔德〕席勒　著

原著于1795年首次出版

中译本　徐恒醇　译

社会科学文献出版社，2016年版

（1）《美育书简》（中德双语）

德国著名作家、哲学家弗里德里希·席勒于1795年出版的专论审美教育的经典著作，是美育学形成的标志，被后人称为"第一部美育的宣言书"。全书由1793—1794年间席勒写给丹麦奥古斯滕堡公爵的27封信组成，集中地表达了席勒的"人文主义审美教育观"的美学理想，即通过美育达成个人身心的和谐，最后实现社会的改良。该书上承康德美学，下启马克思美学，是西方古典美学向现代美学过渡的重要美学著作。

本书对美与艺术的本质、人性的本质，以及人性与时代、社会之间的关系都提出了自己独到的看法。全书的中心是人的全面和谐，席勒提出了很多值得深思的观点，如：审美能够统一感性与理性；人是分裂的，近代人要通过审美教育恢复人的完整性，这样才能完成人类崇尚自由的理想；艺术的起源是游戏冲动；审美与游戏能解决社会时代分裂的问题以及起到净化人格的作用；等等。

本书提出的观点被广泛归纳为"审美教育论"和"审美游戏本体论"，这些观点对审美教育有着深刻的启蒙意义。本书1904年由王国维介绍到中国来，得到众多美学家、教育家的认同，蔡元培就曾根据席勒的美学思想提出了著名的"以美育代宗教"说。此书可以作为教师实施美育活动的思想指导和理论支撑。

曾繁仁　著
北京大学出版社，2012年版

（2）《美育十五讲》

《美育十五讲》是由北京大学发起、全国十多所重点大学和科研单位参编的一套大型多学科普及读物《名家通识讲座书系》之一。

全书内容由三个部分构成：①美育基本理论和知识，包括美育的性质、美育的学科特性、美育的作用、美育的地位、美育的手段。②美育思想发展史，包括西方美育思想史、中国美育思想史。③当代美育的发展，包括美育与现代科学研究、美育与生态美学研究、美育与当代文化艺术发展、中国新时期美育发展。

本书确立了美育作为感性与情感教育的"人的教育"的基本理念，论述了美育的"人的教育"的特性及其丰富内涵，在理论阐释与实践总结中深入理解和认识"美育"的重要性，可为当下的教育方针和教育改革提供借鉴，也适合广大读者阅读。

本书的特点：①围绕"人的教育"的核心观点，紧扣美育中的重要问题、概念，展开深入的阐发，思路清晰，逻辑严谨。②对中西美育发展脉络做了细致的梳理和阐述，突出各历史时期的代表人物及其美育思想并进行剖析，材料丰富，视野广阔，清晰地勾勒出中西美育的大致发展进程。③有强烈的当代美育意识，表现在特别关注美育的当代发展，如美育与当代脑科学研究、美育与生态审美研究、美育与当代艺术，特别是网络文学、视觉文化艺术的发展的关系，具有浓厚的时代气息。④比较注意通过具体事例和个案说明、阐述理论，具有一定的生动性。

本书每一讲都设计了思考题、知识点和适合非本专业扩展阅读的基本参考书目。

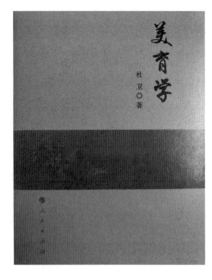

杜卫 著
人民出版社，2022年版

（3）《美育学》

本书是作者在2000年出版的《美育论》的基础上修改、增写的研究美育专著。全书包括绪论和上、中、下三编。绪论分3章，主要内容是关于美育学的建构与范畴和方法、美育学的哲学与美学基础、中国美育思想传统等问题。上编是"美育本体论"，共2章，主要内容是关于美育的性质特征、美育与普通教育的关系、各种审美形态的美育等问题。中编是"审美发展论"，共3章，主要内容是关于个体审美能力、审美意识、个体审美发展及差异性和阶级性等问题。下编是"美育方法论"，共5章，主要内容是关于艺术教育、景观美育、学校美育和美育教师核心素养等问题。

本书的特点：①有完整的理论体系。本书从建构"美育学"知识体系出发，注重交叉学科的知识融通，在哲学和美学的高度上，对美育的性质、发展和功能进行了深入的探索、阐发，从本体论上阐明了美育的价值和意义；同时还对美育的内容、过程和方法进行了全面的梳理，彰显了它们的理论基础及其逻辑关联，从而全面地建构了一个完整的美育理论体系。例如对美育的性质的阐述，本书提出了美育"三义"说，即"感性教育""人格教育""创造教育"，体现了作者对美育的理解的丰富性和深刻性。②时代性突出。本书注意根据新时代美育发展的新趋势新任务展开理论阐述，注意吸收现代性美育理论成果，强调以"审美发展"作为人的全面发展的主导方向，把美育作为培养人的导向性方式，同时对艺术教育及课程展开较充分的阐述，使本书更具时代感。③重视对中国优秀美育思想传统，特别是现代优秀美育思想传统的发掘和吸收，凸显了美育理论的中国特色。④加强了对美育方法论的研究。

本书适用于美育研究者、中小学教师和大学生阅读。

〔德〕鲍姆加登 著
原著出版于1750年
中译本 简明 王旭晓 译
文化艺术出版社，1987年版

（4）《美学》

德国哲学家、美学家鲍姆加登《美学》的出版，标志着"美学"作为一个独立学科的诞生，鲍姆加登也因此被誉为"美学之父"。

"美学"一词的英语是Aesthetics或Esthetics，德文是Asthetik，拉丁文是Aesthetica。德文直译就是"感性学"。

鲍姆加登的《美学》一书原著包括两大部分，即"理论美学"和"实践美学"。德文的中译文作者删掉了其中一些没多大价值的部分，因此中译文没有包括原著的全部内容，而只有"理论美学"部分的重要章节。

本书最重要的内容就是阐述了什么是"美学"。对此，《美学》的第一句话就是："美学是感性认识的科学。"在这个总的定义之外，作者加了四点解释性定义："自由艺术的理论""低级认识论""美的思维艺术""与理性相类似的思维的艺术"。鲍姆加登认为美学研究感性认识，艺术属于感性认识，进而揭示了感性认识与自由艺术的必然联系，即揭示了美的艺术的自由性质等。这些认识在当时是一个理论突破，在今天仍有它的价值。总的来说，四个解释有着内在的联系，是统一的、一致的，但也有矛盾之处。例如，他时而说美学是一种科学或理论，时而说美学是一种艺术。把两个完全不同的概念当一回事，这明显不严谨。

这部著作对于一般读者来说，毕竟有些古旧，也不容易阅读，但它的重要地位却决定了我们不能绕过它。

凌继尧 著
北京大学出版社，2014年版

（5）《美学十五讲》（第二版）

《美学十五讲》（第二版）是由北京大学发起、全国十多所重点大学和科研单位参编的一套大型多学科普及读物《名家通识讲座书系》之一。

全书由十五个讲座报告构成，内容大致包括如下几个方面：①美学的起源和发展历史。②中国美学的特征与发展道路。③美感的性质、功能、特征、构成。④自然美、人物美、崇高、悲剧等审美形态。⑤艺术的历史、性质、作用，以及"人生艺术化"问题。⑥美育问题。此外，本书还简介了浪漫主义的成就，讨论了美的现代生产方式等。

本书的特点：①区别于一般的教材，不追求构建理论体系，但紧扣美学中的重要问题、概念，细致剖析，逻辑严谨，材料丰富，视野广阔。②讲述方式灵活自由，语言生动，说理形象，例证富有趣味性。③突出中国美学。作者结合一些美学具体问题的讨论，言简意赅地概述了中国古典美学的特征，同时着重描述了现代中国美学的发展道路，尤其突出介绍了宗白华与朱光潜的学术道路和美学研究贡献，比较清晰地勾勒出中国美学的大致发展进程。

本书每一讲都设计了思考题、知识点和适合非本专业扩展阅读的基本参考书目。

2. 中西美学史

朱光潜　著
商务印书馆，2011年版

（1）《西方美学史》（上、下卷）

本书是中国现代美学泰斗朱光潜的著作，分上、下两册，全书以历史发展为线索，以代表人物为纲要，系统介绍了西方美学从古希腊时期到20世纪初的发展历史，是中国学者第一部研究西方美学历史发展的专著，是探索西方美学史必读的经典之作，具有开创性的学术价值。

本书按照西方美学发展史的顺序，分为三大部分：古希腊罗马时期到文艺复兴、十七八世纪和启蒙运动、18世纪末到20世纪初。涉及的代表人物有柏拉图、亚里士多德、康德、歌德、席勒、黑格尔、别林斯基、车尔尼雪夫斯基、克罗齐等美学大家，同时也介绍了法国新古典主义、英国经验主义、法国启蒙运动、德国启蒙运动、意大利历史哲学派、现实主义美学等美学流派。最后他还就美的本质、形象思维、典型人物性格、浪漫主义和现实主义等四个关键问题做出历史小结。全书做到点面结合、述评结合、史论结合。

本书忠实于原著，运用了大量的一手资料，关注了美学、哲学、文艺学等学科之间的相互影响，持论公允，深入浅出，为中国当代美学的建设提供了西方美学知识参照系。本书可以为读者提供西方美学经典的学习对象，帮助教师掌握研究方法，并引导教师对西方美学的学术价值进行思考和判断。

李泽厚　著
文物出版社，1981年版

（2）《美的历程》

　　本书是著名哲学家、美学家李泽厚的"美学三书"之一，是"中国美"的经典书籍之一。作者高屋建瓴地把数千年来的中国美学现象、艺术作品和美学理论有机地融合起来，呈现出波澜壮阔又丝丝入扣的"中国美的历程"。该书于1981年初版，多次再版，极具影响力。

　　全书约16万字，共分为十章，分别是龙飞凤舞、青铜饕餮、先秦理性精神、楚汉浪漫主义、魏晋风度、佛陀世容、盛唐之音、韵外之致、宋元山水意境和明清文艺思潮。每一章都选择能代表某一时代的艺术作品，如远古的图腾和歌舞、殷商青铜器艺术、先秦儒道的精神和建筑艺术、楚辞汉赋的浪漫主义、魏晋时期人的觉醒和文人风度、唐宋佛像雕塑艺术、唐诗书法散文的艺术及审美观、宋元山水绘画及艺术论，以及明清的小说、绘画、戏曲艺术等，结合社会经济、政治情况和思想演变去考察理解这些文艺作品，并做出精妙的美学把握。

　　这本书历史与想象并存，考据细致严谨、观点鲜明、可读性强，不仅有助于帮助教师把握中国艺术史进程，提升美学素养，而且有助于激发美学兴趣，打开美学思维，启迪美的情操。

叶朗 著
上海人民出版社，1985年版

（3）《中国美学史大纲》

本书是著名美学家叶朗的名作，是研究中国美学史的必读书，也是许多大学讲授中国美学史的教材。

本书将中国美学发展历程划分为"中国古典美学的发端""中国古典美学的展开""中国古典美学的总结""中国近代美学"四个阶段。全书分为四篇，分别阐述这四个阶段。第一篇包括老子、孔子、庄子、荀子等先秦诸子与汉代的美学思想。第二篇包括魏晋南北朝的"六法"、刘勰的美学思想，唐、五代与宋元时期的诗歌美学和书画美学，明代诗歌书画美学、小说美学、戏剧美学、园林美学等。第三篇主要论述了王夫之、叶燮的美学体系，以及石涛《画语录》、刘熙载《艺概》的美学思想。第四篇论述了梁启超、王国维以及鲁迅、蔡元培、李大钊的美学思想。

本书探讨了中国美学史的整体面貌和中国美学的特色，以"意境"范畴为中国美学的核心，以"意境"范畴的历史生成作为中国美学史发展的主干，发掘了一系列具有中国特色的美学命题与范畴，如"气韵""意象"等。这是建设具有中国特色的美学和美学史研究的学术探索上可贵的尝试和突破，影响深远。

3. 美与艺术散论

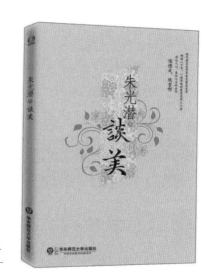

朱光潜 著
华东师范大学出版社，2012年版

（1）《谈美》

本书是朱光潜于1932年以书信形式为青年所写的一本美学入门书。本书不仅谈及审美与艺术创造的关系，也阐述了艺术与人生的关系，集中地表现了作者"要求人生净化，先要求人生美化"的审美理念。

本书一共分为十五章。第一至第三章围绕"美感是什么"展开，探讨了美感的主观性、艺术与人生的距离以及移情三个问题；第四至第六章围绕着美的误区，主要就美感与快感、美感与联想以及欣赏与考证、批评的误解进行讨论；第七至第八章谈了美与自然、写实主义和理想主义；第九章至第十四章引导读者去"创造美"，讨论艺术与游戏，以及创造与想象力、情感、格律、模仿、天赋、灵感的关系；第十五章提出"人生的艺术化"的观点。

朱光潜用极具亲和力的畅谈口吻代替了严肃的学术语气，用晓畅的语言去表达他的审美理想和美学思想，有助于教师了解美的内涵、美的规律，帮助教师从"美的欣赏者"变为"美的创造者"，最后鼓励大家"将美与人生意义相结合"，让大家在进行学术积累的同时，也得到人生的指导。

宗白华　著
上海人民出版社，1981年版

（2）《美学散步》

　　本书是现代美学家宗白华的一本美学文集，收集了宗白华22篇关于美学的文章。该书于1981年初版，作者从个人的体验出发，围绕着美学和文艺一般原理、中国美术史和中国艺术论、西方美学史和西方艺术以及诗论四大部分展开美学思想的论述。

　　在具体的问题上，22篇文章既探讨了中国美学史上的一些重要问题，如美术史的特点和学习方法、古代各类艺术的美学思想、诗与画的分界，又对不同的艺术门类，如音乐、绘画、建筑、书法的特殊规律和具体内容做了深入的剖析；同时涉及一些中西美学概念，比如中国美学里的空灵与充实、意境、虚与实，希腊哲学家的关于形式、表现、净化等艺术理论；最后还有一些具体的篇章，如对敦煌的艺术、康德的美学思想、罗素的雕塑、唐诗与民族精神、新诗等进行个人化的表述。

　　该书虽然没有进行系统的美学体系的构建，但文笔灵动，见解独特，如同在艺术中遨游的精灵一样，将中外美学的独特魅力生动地展示出来，让读者感受到生活的诗意和人生的情趣。该书有利于教师了解中西古典美学的精华，提高美学修养及审美水平，掌握了解艺术的规律。

4. 中西艺术史

〔英〕贡布里希　著

范景中　译

杨成凯　校

广西美术出版社，2008年版

（1）《艺术的故事》

本书是世界著名艺术史家贡布里希（1909—2001）的代表作，被誉为艺术史入门的"圣经"。自1950年问世以来，销售400万余册，修订至第16版，是极流行、极广为人知的艺术史著作之一。

本书分为28个小节，讲述了从古代美洲原始艺术到当代先锋实验艺术的漫长历史，介绍了西方建筑、雕塑、绘画中的基本艺术风格、主要思潮、代表性作品和艺术家。

本书的特点：①作为普及性作品，以"故事"的形式讲述人类艺术的成长过程，具体、生动、灵活，消除了"史"的体式的僵硬和"论"的阐述的抽象，深入浅出，易于被读者接受。②作者学识广博，功底深厚，对各个历史阶段和各个艺术流派的风格特征把握准确，对它们之间的传承与嬗递有深刻的认识，艺术史线索梳理清晰完整，详略得当。③作者艺术鉴赏力高，感受力强，对艺术作品的解读细腻、深入、全面，既突出了作品在构图、用笔、色彩运用等方面的风格特征，以及作品在艺术史上的地位，又深入揭示了作品内蕴的情感与作者个性，富于感染力。④作者的艺术理念先进、开放，注重社会历史环境对艺术发展的影响与制约，强调艺术的人类活动属性，认为艺术是人类探索与创造世界的过程，艺术史是人的历史，而不是经典艺术品的陈列。

本书图文并茂，收录了400余幅艺术作品图片，参考价值很高。

〔英〕迈克尔·苏立文（牛津大学荣休院士） 著
上海人民出版社，2022年版

（2）《中国艺术史》

全书以中国的历史进程为线索，按照器物、绘画、书法、建筑等不同门类，全面而精练地反映了从石器时代到21世纪初的中国艺术全景。该书于1961年首版，多次再版，是牛津大学、耶鲁大学、普林斯顿大学等知名学府的经典中国艺术史教材。

全书分为十一章，分为远古、商和西周、东周和战国、秦汉、三国六朝、隋唐、五代与两宋、元代、明代、清代及20世纪中国的艺术，涵盖了陶器、青铜器、建筑、书法、绘画等视觉类的中国艺术和历史文物，包括了大英博物馆、纽约大都会博物馆、波士顿美术馆、东京国立博物馆等地收藏的中国艺术精品。本书将艺术作品放在中国宏大的历史叙述之中，体现出艺术作品在不同时代的表现形式及特点，强调艺术自主性，倡导回归艺术自身来理解艺术史的演变。

本书能保持国外学者的客观立场，既没有中国人写历史的思想包袱，也没有纯西方艺术理论的套用，而是用全球的视野来观照中国艺术在历史发展中的显著特色。该书史论结合，语言通俗，观点新颖，配以大量的精美插图，使得阅读更加生动和直观。阅读本书能够让教师明晰数千年的中国艺术演进脉络，拓宽知识视野，提升美育素养，掌握鉴赏、理解艺术作品的方式和方法。

后记

Postscript

本书是为中小学教师开展学校美育工作，特别是美育教学工作而编写的一本参考用书。

本书以《美育八堂课》命名，意即阐述、讲解美育的八个问题，实际上包括三个部分的内容：第一部分是美育的基本理论知识，包括美育的性质内涵、学科基础、思想渊源、美育任务、美育特征、美育资源。第二部分是学校美育，包括学校美育的特点、中小学美育目标、美育形式与教学设计、学校美育环境创造、美育评价、美育教师素养。第三部分是艺术欣赏教育，包括各类艺术的欣赏要领和经典作品欣赏示例。此外，本书附加相关书籍的阅读推荐与介绍。从内容上说，本书已涵盖了美育的基本理论和学校美育的基本问题，对中小学教师实施美育具有参考价值。

本书的编写思路、特点，主要有以下几点：

1. 以普及为基调，在探索中体现美育新理念

本书的阅读对象主要是中小学教师，因此写作上既要考虑理论知识的普及性，又要体现一定的学术性，但始终以普及性为基本色调，涉及的问题主要是基本理论和知识，并注意采用学界普遍认同的美育基本概念、基本原理展开阐述。对一些具体问题的理解，本书在吸收了中外现代美育研究新成果的同时，也力图体现编者的新理念、新认识。例如关于"美育"概念，一般说是18世纪末德国哲学家、美学家、戏剧家席勒首次提出来的，这种说法是

就西方而言的。其实中国文化古籍中早就出现了"美育"一词了：收入于清代陈梦雷编纂的《钦定古今图书集成》第二卷礼乐总部的魏徐干的《中论·艺纪》中，徐干在论述"艺"的教育意义在于其"事成德"与育"艺能"的统一时指出："美育人材，其犹人之于艺乎？"可见，中国"美育"概念的提出远远早于席勒。所以，本书的表述是"在西方"第一个提出美育概念的人是席勒。又例如，关于美育的学科定位，本书在阐述了它与美学、教育学的关系之后，提出美育是"美学的教育学"又是"教育学的美学"的观点。再例如，关于"美育的任务"，本书把这一问题放在人类关于"人格理想"或"理想人格"的探求的前提下展开阐述，认为美育的总体目标就是与德育、智育、体育等共同参与建构真、善、美统一的理想人格；进而指出，美育作为美的教育，其任务不同于善的教育、真的教育，它侧重于"审美情操教育""创造教育""艺术个性教育"三大任务。这些提法具有一定的新意。

2．立足学校美育，注重美育课程和活动的设计

本书的编写目的是不仅要让我们的中小学教师更好地掌握普通的美育理论知识，而且要更切合实践需要，帮助教师们更好地实施学校美育，特别是美育课程及课堂美育课和课外美育活动课的设计、组织。为此，本书以音乐美育、绘画美育、语文美育为例，设计了三个课堂美育教学方案；又以一次文艺晚会、一次社会访谈、一次旅游活动为例设计了三个课外美育活动（艺术美教育、社会美教育、自然美教育）方案；还阐述了学校美育的评价标准与方法等。这些内容实操性较强，对教师具体如何实施美育具有参考价值。

3．突出艺术美育，重视艺术经典的欣赏介绍

美育不等于艺术教育，但主要方式是艺术教育。基于这一认识，本书既阐述了美育资源的多样性，论述了自然美、社会美和艺术美的特征及其美育功能，突出了艺术美的特殊美育功能的介绍，同时设置了专章阐述各类艺术的审美特征、欣赏要领，并提供了经典作品的欣赏案例供参考。这一内容有助于教师更好地运用艺术这一最重要的美育"利器"实施美育。

4．理论阐述深入浅出，内容呈现图文并茂

美育理论和与之密切相关的美学、艺术学、教育学和心理学等，其理论都比较抽象、深奥；美育学本身是一门交叉学科，是上述多学科理论知识的交融，所以对一些美育理论问题的理解、掌握并不那么轻松。基于这一认识，本书在写作意识上强调深

入浅出，力图用通俗化语言表述深奥的理论，避免高头讲章式的经院做派。同时，为了更好地配合文字内容、加强对有关审美现象的直观感受，本书特别注重文字与图片相结合，体现了图文并茂之美。

参加本书编写工作的人员有从事美学、美育、艺术学、教育学和中小学语文教育研究与教学的大学教师及个别在读的博士、硕士。

作为主编，本人在高校从事美学研究与教学多年；美育著述方面，"美育丛书"之一的个人著作《日常审美心理》于20世纪80年代出版；2016年开始主编中小学美育教材《美育天地》和《大学美育》，并先后于2019年、2020年出版（《美育天地》于2020年由广东省教育厅评定通过列入广东省中小学地方教材目录）。《美育八堂课》的编写就是在此前本人美学教学的体验积累和已有美育理论著述的基础上，结合新时代的要求，吸收时人美育研究成果和根据中小学美育的实际进行构思和写作的，有的内容吸收、采用了本人主编的《大学美育》相关阐述（例如本书"艺术欣赏"中书法艺术欣赏部分就采用了书法家吴慧平教授在《大学美育》中相关部分的阐述）。特此说明。

本书虽标示为中小学教师美育用书，但内容也完全适合于其他美育工作者和大学生阅读参考。

本书编写期间，出版社领导非常重视，出版社美育编辑部主任兼责任编辑王效云女士认真负责的工作精神和付出令人感动，谨此表示衷心感谢！

柯汉琳

2023年2月15日

于暨南园苏州苑